谨以此书纪念钱学森回国七十周年

破浪

钱学森的回国历程

1950~1955

张现民——著

中共党史出版社

图书在版编目（CIP）数据

破浪：钱学森的回国历程：1950—1955 / 张现民著 . -- 北京：中共党史出版社，2025. 9. -- ISBN 978-7-5098-6850-8

Ⅰ . K826.16

中国国家版本馆 CIP 数据核字第 2025RG2237 号

书　　名：破浪——钱学森的回国历程（1950—1955）
作　　者：张现民

出版发行：中共党史出版社
责任编辑：王媛
责任校对：申宁
责任印制：段文超
社　　址：北京市海淀区芙蓉里南街 6 号院 1 号楼　邮编：100080
网　　址：www.dscbs.com
经　　销：新华书店
印　　刷：北京中科印刷有限公司
开　　本：710mm × 1000mm　1/16
字　　数：266 千字
印　　张：21
版　　次：2025 年 9 月第 1 版
印　　次：2025 年 9 月第 1 次印刷
书　　号：ISBN 978-7-5098-6850-8
定　　价：55.00 元

目录

导 论

钱学森回国历程研究，主要研究钱学森从1950年回国受阻到1955年成功回国之间的历史。这五年是钱学森克服重重阻力、忍辱负重、不畏艰难归国的辛酸史，也是钱学森爱国主义的最集中体现。这五年在钱学森的人生历程中占有非常重要的地位，是钱学森人生轨迹的一个重大转折。然而从目前研究看，无论其回国的过程还是细节，仍存在很多盲点和疑点甚至被误解的地方。人民科学家钱学森作为我们党一名优秀共产党员的代表和爱国知识分子的杰出典范，其回国不仅是我们党历史上的一个重要事件，而且也是一个伟大的里程碑，开启了我国航天事业发展的奠基性篇章。

在钱学森回国前，我国的科技人员、研究人员以及技术工程师虽然对火箭、导弹有所耳闻或者有些许了解，但都没有见过真正的火箭、导弹，正如著名火箭专家梁思礼在其著作中所言："除钱学森外，谁都没有见过导弹和火箭，简直是两手空空，一张白纸。"[①] 他还在接受专访中说："我觉得如果没有钱学森在1955年回国，中国导弹的研制进程不可能这么快。"[②] 导弹研制作为一项非常复杂而艰巨的工程，

---

① 梁思礼:《致年轻的一代航天人——纪念航天事业创业三十周年》，航天工业部编:《航天事业三十年科技经验篇》，1988年版，第2页。

② 2007年6月26日，钱学森图书馆筹建人员在中国航天科技集团大厦采访梁思礼。

其起步发展之困难可想而知。

追往抚今，见微知著，正是包括钱学森在内的一批留学生的回国，使新中国在百废待举的情况下，在较短时间内大大提高了自身的战略影响力，改善了我国的国际地位。以钱学森为代表的老一辈科学家的坚定回国，是实现民族振兴和社会进步的关键一步。邓小平在20世纪80年代曾经说过："如果六十年代以来中国没有原子弹、氢弹，没有发射卫星，中国就不能叫有重要影响的大国，就没有现在这样的国际地位。这些东西反映了一个民族的能力，也是一个民族、一个国家兴旺发达的标志。"① 习近平总书记在纪念欧美同学会成立100周年讲话时明确指出："百余年的留学史是'索我理想之中华'的奋斗史，一批又一批仁人志士出国留学、回国服务，大批归国人员投身中国共产党领导的伟大事业，在中国革命、建设、改革的历史画卷中写下了极为动人和精彩的篇章。"② 如今，在实现中华民族伟大复兴的征程中，如果没有这些老一辈科学家回国服务，没有这些杰出科学家的精忠报国，人民就不会有今天的幸福生活，中国也不会有当今的国际地位。

一、课题研究的价值和意义

（1）补缺作用。自从钱学森回国后，有关其回国的报道和文章从未间断过。最初是新闻报道，内容简短。20世纪80年代以来，国内陆续发表了相关文章，但基本上是框架式的，或者说是概要式的陈述，最多也只有数千字而已。一些细节描述，如钱学森为什么执意回

① 《邓小平文选》第2卷，人民出版社1994年版，第148页。
② 习近平：《在欧美同学会成立100周年庆祝大会上的讲话》，《人民日报》2013年10月22日。

国？行李是怎样被查扣的？美国当局又是怎样对钱学森行李进行检查的？钱学森是不是一名共产党员？美国当局就驱逐钱学森召开的听证会是怎样的？钱学森在听证会上是怎样利用自己的智慧同美国移民局进行斗争的？美国当局是如何决策释放钱学森的？钱学森回国与日内瓦会谈以及中美大使级会谈的关系怎样？对这些问题涉猎较少，论述寥寥无几，且对钱学森回国历程完整性的描述及回国细节的刻画都相对欠缺。

（2）纠错作用。虽然近些年部分报刊就钱学森回国也发表了一些文章，但对一些细节的描述，很多是想当然或者出于臆造，甚至出现以讹传讹的现象。本书将对目前关于钱学森回国相关问题出现的误传或者不准确的地方进行勘误与纠正。例如，1955 年 6 月 15 日，钱学森写给陈叔通的那封信，所有文章几乎千篇一律地认为，陈叔通收到那封信后直接交到了周总理的办公室。这一论断看似有道理，因为陈叔通当时担任全国人大常委会副委员长，他有条件也有机会将信亲自交给周总理。但是根据新近解密的档案，我们发现，陈叔通收到信后，直接转交中国科学院副院长竺可桢，然后由竺可桢转交中国科学院党组书记、院长张稼夫，最后由张稼夫呈送国务院副总理兼外交部长陈毅，陈毅再指示外交部争取援救钱学森回国。另一个事件更是几乎全国一个声音，那就是在日内瓦举行的中美大使级会谈中，中方代表王炳南拿着钱学森写来的那封信，利用那封信与美方代表约翰逊进行斗争。在“铁证”面前，美方代表无言应对，随后报告美国国务院，美国政府不得不释放钱学森回国。这种分析看上去有一定的道理，也符合逻辑，一方面，这封信的确存在，另一方面，外交部的确授意中方谈判代表以此信与美方交涉。但根据著者收集的资料显示，美方签署释放钱学森的正式文件是在 1955 年 8 月 4 日。根据中国外交部档案馆 2006 年公开的资料以及美国公布《美国对外关系文件集》

中有关中美大使级会谈的内容，中国外交部指示王炳南以钱学森那封信与美方交涉以及中方代表切实亮出了钱学森案例，则是在8月8日的第四次中美大使级会谈上。也就是说，美国释放钱学森的消息，中国政府在第四次中美大使级会谈前不得而知。为了弄清钱学森回国与中美大使级会谈之间的关系，著者查阅了很多档案资料，研究发现，研究钱学森回国，应将其放在20世纪50年代中国政府争取留学生归国的背景下进行考察，应放在20世纪50年代中美侨民回国所展开的一系列谈判中进行审视，这样才能得出公允的结论。此部分内容将在本书第六章进行重点论述。

（3）镜像作用。钱学森回国是一个时代的缩影。第二次世界大战结束后，国际社会形成了以苏联为首的社会主义阵营和以美国为首的资本主义阵营分庭抗礼的冷战格局。中华人民共和国的成立更是促使美国加紧对社会主义国家的封锁，一时间，美国国内麦卡锡主义盛行，钱学森也就是在这样的背景下遭到了怀疑。朝鲜战争爆发后，美国加紧了对在美中国留学生的控制，不允许包括钱学森在内的留学生离开美国，特别是对那些有航天专业背景的学生，他们更是明令禁止出境。因为他们害怕苏联和中国从钱学森等中国留学生那里获得美国的航天机密。但是，朝鲜战争中一批美国军事人员被俘，使中国获得在外交上争取主动的难得机遇，为中美非正式谈判的开启提供了可能和条件。中国留学生归国谈判和美国军事人员遣返谈判始终是中美日内瓦会谈和大使级会谈的重要议题之一，并且这两个问题错综复杂地交织在一起。最后经过双方的积极努力和让步，谈判获得重要进展，钱学森也如愿以偿地实现了归国夙愿。因此，钱学森回国在某种程度上是20世纪50年代中美关系的一个真实写照，也是我国在新中国成立初期面临人才短缺、积极争取海外留学生回国的一个典范。

（4）教育作用。钱学森回国是一部吸引海外学子归国实现中国梦以及进行社会主义核心价值观教育的活教材，诠释了中华民族优秀儿女“负笈游学中国梦，科学报国赤子情”的炽热情怀。受中美双方资料的限制，特别是美国档案尚未完全公开，人们在写有关钱学森回国文章的时候，不可能对钱学森回国的过程以及细节作深度描述。另外，钱学森是被行动的对象，也就是美国政府采取决策后对其作出控制或者驱逐的命令，但对美国政府决策的过程以及部门之间又是怎样沟通和协调，这在某种程度上钱学森也不得而知。[①] 只是在当下，在这些档案得以解密并大白于天下后，人们才能从这些文献的字里行间解读那段难忘的历史，而这些细节恰恰是钱学森情系祖国、顽强抗争的真实写照，折射出钱学森强烈的爱国情怀和智慧人生。这些资料恰恰是我们进行爱国主义教育的生动案例。

（5）召唤作用。钱学森回国是对海外学子回国报效进行精神感召的催化剂。钱学森回国的事迹在社会上有相当高的知晓度，但长期以来，资料的张冠李戴以及细节的以讹传讹影响了钱学森爱国举动的可信度和号召力。因此，只有对细节的精心描述和深刻揭示，才能给读者以心灵的震撼和思想的启迪，正是那些生动而鲜活的细节才能切实起到教育作用。在新的历史时期，在社会主义现代化建设的新阶段，中央领导同志已经向海外学子发出了“回到祖国有用武之地，留在国外有报国之门”的号召。2013 年 10 月，习近平总书记在欧美同学会成立 100 周年庆祝大会上的讲话中指出：“在亿万中国人民前行的伟大征程上，广大留学人员创新正当其时、圆梦适得其势。广大留

① 例如，1955 年 8 月，美国司法部同意钱学森回国。但此时钱学森本人对美国是在什么背景下、有什么考量，是怎样决策将其释放等无从知晓，甚至到晚年他也一无所知。在 1984 年的一次整党运动中，他在作自我检查时，还是根据事情发生的先后顺序认定：“美国政府不让我回来，把我监视起来，直到中美两方大使级会谈在华沙举行，第一次会晤之后（大概是八月一日或四号）就接到通知说可以回国了。”

学人员要把爱国之情、强国之志、报国之行统一起来，把自己的梦想融入人民实现中国梦的壮阔奋斗之中，把自己的名字写在中华民族伟大复兴的光辉史册之上。”①

二、国内外研究现状

国外研究现状：自从钱学森 1950 年第一次回国受阻到 1955 年正式回国，有关其回国的报道很多，但主要是新闻报道，且集中于美国《华盛顿邮报》《基督教科学箴言报》《洛杉矶时报》《芝加哥每日论坛报》以及菲律宾《华侨商报》《马尼拉时报》等主流媒体上，内容涉及钱学森私人行李被查扣、身陷囹圄、遭驱逐出境、回国等各环节。以钱学森回国作为专题，对此进行论述的则是美国专栏作家密尔顿·维奥斯特（Milton Viorst）在 1967 年第 9 期《时尚先生》（*Esquire*）杂志发表的一篇记述钱学森回国的文章《钱博士的苦茶》（The Bitter Tea of Dr. Tsien）。1995 年，美籍华裔作家张纯如（Iris Chang）写了一本钱学森英文传记《蚕丝》（*Thread of the Silkworm*），对钱学森回国略有涉及。相对于前面的文章，本书对钱学森回国内容介绍较为详尽，披露了一些珍贵资料，但对钱学森回国的描述仍不是全过程的梳理。

国内研究现状：国内对钱学森回国的最早报道则是钱学森被捕出狱后，中国社会团体对赵忠尧、钱学森被扣表示抗议，主要集中在 1950 年 10 月《人民日报》的几篇报道。1955 年钱学森正式回国的新闻报道，则主要集中在《人民日报》《南方日报》和《解放日报》等。1984 年，我国第一部介绍钱学森的书籍《钱学森在美国》（文洋著）

① 习近平:《在欧美同学会成立 100 周年庆祝大会上的讲话》,《人民日报》2013 年 10 月 22 日。

出版，关于钱学森回国的内容作者作了简要陈述。在此之后，有关钱学森回国的文章陆续发表，但从内容看基本上还是概述式的。近几年，国内出版了很多钱学森研究著作，如《人民科学家钱学森》《走近钱学森》《钱学森传》等，但对钱学森回国研究的文字涉猎很少，有的甚至一笔带过，更没有以“钱学森回国”作为课题的专门研究成果。

三、课题研究的基本方法、主要内容、重点、难点和创新点

本课题采用历史研究方法，对钱学森回国的过程进行全面的历史的分析。首先，从当时的国际背景以及世界形势谈起，1917 年，俄国十月革命取得胜利，人类历史上诞生了第一个社会主义国家，从此开启了社会主义制度与资本主义制度并存相争的时代。苏军在第二次世界大战中所取得的骄人成就，则为社会主义赢得了世界性的声望。第二次世界大战结束后，各式苏维埃政权纷纷建立。尽管雅尔塔协议确立了战后国际关系的基本格局，但美苏之间的合作并未长久延续，而是很快走上了相互猜忌和对抗的冷战道路。接下来一系列的危机加重了这种紧张和不安，造成美国对社会主义制度恐惧和排斥感的加剧，“恐赤症”笼罩着美国社会。针对钱学森是不是共产党员以及钱学森对美国的“忠诚问题”，美国中央情报局、司法部以及国务院有关部门开展了大量的调查取证工作，调查对象既有钱学森工作单位的同事、朋友、领导和其他行政人员，也有钱学森的房东等。

从前期的调查看，基本上没有人怀疑过钱学森的忠诚以及当时他对政治活动的淡漠，但对钱学森与另外一名共产党分子威因鲍姆的友好和亲密关系得到了确认，特别是在司法部联邦调查局的调查材料

中，有一份专门从事安全调查的政府机关档案使他们疑虑重重：钱学森是一名共产党党员，并使用过党名“约翰·M. 戴克”，还定期参加了在帕萨迪纳举行的共产党会议。在风声鹤唳、草木皆兵的“红色恐惧”时代，美国社会对那些被怀疑为“共产党分子”“亲共人员”或“有共产主义思想倾向”的人，凡有任何证据，宁可信其有，不可信其无。他们认为，钱学森是一名共产党员，并且推荐了威因鲍姆进入加州理工学院喷气推进实验室工作。这样，灾难就落在钱学森的头上。

1950 年 5 月 18 日，美国海陆空三军人事安全会议召开，专门研究钱学森案件问题。会议首先就钱学森是否应该被停职展开讨论，参会人员在审阅了他们获得的记录材料以及有关信息后认为，如果将钱学森从加州理工学院停职，证据不足，事实也不明确，不宜作出停职的决定。随后他们开始研究钱学森在国家合同和有关备忘录的名义下进行的涉密和航空研究工作。在研究了有关资料后，经过全体会议讨论，他们一致认为，有理由相信，钱学森从事的涉密和航空研究将对美国的国家安全和核心利益十分不利。他们认为：（一）钱学森曾经是司法部所认定的具有颠覆性质的共产主义组织的成员；（二）钱学森与共产党成员有比较亲密的关系，并对他们持同情态度。全体会议最后决定，就禁止钱学森接触涉密（内部、秘密、机密和绝密）以及航空研究去信加州理工学院。6 月 6 日，三军正式签署了禁止钱学森接触涉密研究通知，并吊销他的涉密研究许可证。当天，联邦调查局委派人员前往加州理工学院造访钱学森，主要询问钱学森参加共产党活动的情况以及他的党员身份问题，虽然钱学森一再否认他曾经是一名共产党员并曾经使用了约翰·M. 戴克的别名。最后钱学森还重申，他的确不知道自己的名字是怎样出现在 1939 年党员登记簿上的。这次联邦调查局的到访使钱学森隐约感觉到“怀疑的魔掌正在伸向我”。

时隔十天，钱学森正式收到了禁止他从事机密研究的通知。当天下午，钱学森就向加州理工学院提出了辞呈。加州理工学院为了挽留钱学森，希望通过向有关部门提出申诉，试图保留他的机密研究许可证。然而，钱学森此时正积极地为回国做准备，他预订了机票，办妥了行李托运事宜。8月21日，钱学森前往华盛顿，一方面参加加州理工学院协助拟于23日召开的申诉听证会，另一方面去拜访了昔日的朋友金波尔。22日上午，钱学森前往五角大楼拜访金波尔。金波尔时任美国海军部副部长，与钱学森相识已久。当得知钱学森从事机密许可证被吊销并且准备回国时，金波尔非常惊讶。金波尔不但完全了解钱学森的科学成就，更了解钱学森在军事上的分量。他还给钱学森找了一名律师。次日，钱学森就去拜会了金波尔介绍的律师鲍特。鲍特在了解了情况后说，为了在这次听证会上进行有效的辩护，达到理想目的，他需要一些时间做进一步的准备，如果在23日举行听证会，时间过于紧张，建议延期举行。鲍特于是建议钱学森最好第二天上午再去金波尔处，告诉他希望无限期推迟听证。8月23日上午，钱学森再次来到金波尔的办公室，把同鲍特会见的情况向金波尔作了简要的介绍。金波尔听后，同意帮助协调。在金波尔的协调下，司法部同意听证延期。钱学森希望美国当局撤销对他的怀疑，然后光明磊落地离开美国。带着这样的期待，他搭乘重返洛杉矶的航班。就在钱学森离开金波尔办公室后，这位海军副部长立即拿起电话，打给位于华盛顿的司法部，告诉他们，以钱学森所具备的学识，无论如何也不能让他离开美国。

8月23日晚，钱学森到达洛杉矶国际机场，一位移民局的调查人员早就在那里等他。钱学森一出机舱，那位调查人员便向他出示了一份文件——司法部的命令，不准钱学森离开美国。第二天海关人员查扣了他的行李。随后，美国司法部检察人员加紧了对钱学森的监视。9月6日下午，美国司法部移民归化局人员叩开了钱学森的家门，向其出示了逮捕令。钱学森被遣送到离洛杉矶有数十里之远的特米诺岛上。为了弄清事实真相，加州理工学院校方以及学校为钱学森聘用的辩护律师库柏四处努力，积极援救钱学森。美国司法部及军方有关部门最后同意在囚禁钱学森的特米诺岛上举行一次非正式的听证会，以了解案件情况。

正是通过举行这样一个非正式的听证会，再加上加州理工学院校方以及部分军方人员的争取和努力，钱学森才于9月23日以1.5万美元的高额保释金被释放（但长期被监视）。钱学森从特米诺岛被保释后，案件并没有因此终结。根据司法部意见，他们要对钱学森驱逐案举行正式的听证会，以确定对钱学森具有法律效力的处置意见。随后举行了四次正式听证会。针对驱逐钱学森问题，司法部召开的四次听证会，真可谓层层深入、环环相扣、步步推进。听证会先就钱学森的基本情况，让钱学森本人出庭，随着讯问情节的开展，依次传唤有关证人出庭。从美国司法部就钱学森驱逐案所召开的四次听证会来看，既有像路易斯那样坚持钱学森是一名共产党员的证词，也有像罗莎诺夫那样坚持钱学森不是一名共产党员的辩词。关于钱学森参加的闭门会议，有些证人说见到钱学森参加，但又指出，一些很可能成为成员的“潜在”人员也可以参加这样的会议。关于党员证上出现的“钱学森”的名字以及“约翰·M. 戴克”的名字，海恩斯供认不讳地称是自己的手迹。根据这些调查，移民归化局很难就钱学森是或者不是共产党员作出明确的判断。在移民归化局没有确凿证据的前提下，美国检察官还是选用了不利于钱学森的证词，最终在最后一次听证会结束后十天，即1951年4月26日，美国司法部移民归化局作出了将钱学森驱逐出境的判决。

针对司法部作出的驱逐判决，钱学森的辩护律师库柏提起申诉。

1951年5月23日，库柏向美国司法部移民归化局提交了一份长达72页的申诉书，抗议移民归化局作出驱逐钱学森的判决。

针对库柏提出的申诉，司法部移民归化局决定于9月17日在华盛顿国会东街东北区临时大楼10号2058房间（East Capitol Streets, N.E., Temporary Building X 2058房间）就已有的证据举行口头辩论。库柏代表钱学森出席了口头辩论，钱学森本人缺席。但美国华盛顿移民归化局仍于1952年2月8日下发了维持原判的决定，最后命令："根据法律以及在听证会上对其的指控，这位外国人应该被驱逐出境。"但命令同时指出："命令的执行可以暂缓一段时间，以等待进一步的指示。"1952年2月16日，钱学森在得知华盛顿维持其原来判决后，明确表示希望在移民上诉委员会（隶属于司法部）见证下进行一次口头辩论。

根据加州理工学院院长杜布里奇的意见以及与库柏商定的结果，2月26日，钱学森正式向美国司法部移民上诉委员会提出上诉。

虽然钱学森提交了上诉请求，并且库柏也代表钱学森在司法部移民上诉委员会面前进行了口头辩论，11月26日，司法部华盛顿移民上诉委员会还是驳回了钱学森的上诉请求。1953年初，司法部移民归化局对钱学森作出了假释的决定。假释期间，钱学森须定期向移民归化局报告行踪，不得离开洛杉矶；如果离开需要提前申请，获得批准后方能离开。这一时期，联邦调查局人员有时候会半夜造访，看看钱学森是否在家。有时候会电话访问，如果钱学森耽误了接听电话，联邦调查局人员就会叩开钱学森住所的门亲眼看一看他在不在，是否"出逃"。他们有时也会在钱学森毫不知情的情况下闯入他的办公室。另外，钱学森的邮件也被查看，电话也受到监听。钱学森的一些朋友和同事有时因为拜访钱学森也会受到联邦调查局人员的审问。

为了避免引起更多的麻烦，也为了不给周围的同事或其他人带来太多的不便，钱学森很少参加各种社会活动，也很少与人打交道，只是保持着与身边几个特别亲近人员的交往。钱学森只好将精力放在非涉密的科学研究上，全身心投入工程控制论和物理力学两门学科的创立上。

1954 年，朝鲜战争停战后，美、苏、英、法、中五大国召开谋求和平解决朝鲜问题和恢复印度支那和平问题的日内瓦会议。日内瓦会议议程除会议确定的商讨朝鲜问题和印度支那问题外，参加国还在会外利用一切机会就他们共同关心的问题与有关方面展开双边或多边会谈。其中侨民回国问题就是中美代表团磋商的一个重要议题。日内瓦会议之初，美国国防部锁定两个人不能回国，其中之一就是钱学森。

到 1955 年 6 月，中美两国都在积极准备即将到来的中美大使会谈。经过艾森豪威尔总统、国务院、国防部以及参谋长联席会议的多次磋商，特别是美国极想赎回那些滞留在中国的美方人员，最终他们于 1955 年 6 月 10 日达成了同意钱学森回国的原则性意见。在 1955 年 8 月的中美大使级会谈期间，美国司法部最终下发了同意钱学森回国的通知。9 月 17 日，钱学森一家乘“克利夫兰总统号”踏上了回归祖国的航程，实现了他多年来梦寐以求的归国夙愿。

从事该课题研究的重点和关键是档案资料的收集。2009 年 9 月，钱学森图书馆筹建人员前往美国加州理工学院档案馆、麻省理工学院档案馆、美国国家档案馆太平洋分馆、美国国家档案馆新馆开展了为期 15 天的资料扫描与复制工作。虽然从美国西海岸跑到东海岸征集了大量资料，但还有一些材料没有来得及复制。2013 年 12 月，钱学森图书馆再次派员前往加州理工学院档案馆、麻省理工学院档案馆以及美国国家档案馆波士顿分馆复制有关钱学森的资料。这两次征集共扫描资料 1500 余页，主要涉及钱学森案件问题，成为开展本研究的核心资料。再就是，钱学森回国后，好友马勃教授收集了很多与钱学森有关的资料。2008年，郑哲敏赴美访问时，马勃让其将这些资料带回国内。另外，著者还在2013年暑假前往香港收集钱学森回国抵港时的有关报道，并从美国杜鲁门总统图书馆、艾森豪威尔总统图书馆、中国外交部档案馆以及广东省档案馆复制了大量有关钱学森回国背景或其他方面的档案资料。所有这些都为课题研究奠定了坚实、丰厚的资料基础。

课题研究的难点则是将碎片化的档案通过一定的线索梳理出钱学森回国的全过程。首先要把这些资料翻译出来，由于牵涉的部门较多、人员较多，梳理时有一定的难度。翻译的工作量也很大，尤其是法律方面的专用名词、专业术语众多。其次，更为重要的是将从很多渠道获得的碎片化的档案，通过历史的逻辑把它们之间的联系勾连起来，将事件的来龙去脉还原出来，从而将钱学森回国的全过程作一个全景式的呈现。

课题研究的创新点除利用新材料、梳理全过程外，还说明了新的问题。说明新问题主要表现在对细节的勘误。例如，钱学森出狱保释金并非加州理工学院或老师集资，而是由钱学森学生的妻子出资。这些保释金也不是直接用现金支付的形式，而是用于购买美国的国库券。此外，还有前面述及的钱学森与大使级会谈因果关系的重新解读，以及对钱学森的调查并没有随着他的回国而终结，等等。

鉴于前期有关钱学森回国过程研究出现的一些细节残缺、深度不够以及以讹传讹现象，考虑到当下对钱学森回国研究有其重要的时代价值和现实意义，特别是2008年，中央领导同志就钱学森图书馆的陈展内容发表讲话时明确指出，要把钱学森回国的曲折经历反映出来，使其成为进行爱国主义教育的生动教材。鉴于此，著者利用美国国家总统图书馆的资料以及美国国家档案馆、美国有关高校档案馆和中国外交部新近公开的大量第一手档案资料，在系统整理和研究的基础上，把钱学森回国的全过程真实地反映出来，以还原那段扑朔迷离的历史，突出表现钱学森回国的“曲折”历程和“艰难”经历以及钱学森克服重重阻力毅然回国的“韧劲”，是钱学森赤子情怀的最真实写照。

史论结合是史学研究的基本方法，也是著者从事本课题研究所遵循的基本准则。但在梳理钱学森回国的全过程中，著者力求不过多进行论述，而是强调用详尽的事实去叙述历史，让档案诉说历史，用曲折的过程见证艰辛，让读者在细细阅读和慢慢品味中去感悟、去体会。诚如我国著名历史学家沈志华先生在接受访谈时所言：“历史学的主要功能就是把过程搞清楚：历史上到底发生了什么事情？真实的过程是怎样的？历史学的责任是提供给你一个真实的过程，还原历史的本来面目。”①

① 郑文丰、沈志华：《沈志华：有钱又“有病”的历史学人》，《贵阳日报》2011年11月21日。

第一章

“惧红”时代的来临及钱学森惨遭怀疑

1917 年，俄国十月革命开启了社会主义制度与资本主义制度并存相争的时代。第二次世界大战结束后，各式苏维埃政权纷纷建立，俨然呈现出要和资本主义分庭抗礼的架势。尽管雅尔塔协定明确了战后国际关系的基本格局，但美苏之间的合作并未长久延续，而是很快走上了相互猜忌、分庭抗礼的冷战道路。接下来一系列的危机加重了这种紧张和不安。1949 年 8 月底，苏联的第一颗原子弹爆炸，打破了美国的核垄断地位。10 月，中国共产党领导的中华人民共和国宣告成立，中国共产党在中国大陆取得了决定性胜利。11 月，美国高级外交官艾尔杰・希斯（Alger Hiss）突然宣称，他在作为美国国务院工作人员期间，曾经是一名共产主义间谍。1950 年 2 月，英国宣布，克劳斯・富克斯（Klaus Fuchs），一位英国最顶尖的科学家，将最重要的原子弹秘密传给了苏联人。这样，“恐赤症”进一步加剧，笼罩着美国社会。约瑟夫・雷芒德・麦卡锡（Joseph Raymond McCarthy）宣称，背叛到处存在，一时间，麦卡锡主义开始盛行。就是在这样的背景下，钱学森被怀疑是共产党间谍，中央情报局组织力量就相关人员进行了一系列的调查。

第一节 谍案四起与忠诚调查

1945 年初，美国战略情报办公室特工在美亚英文杂志社的办公室发现了数百份标有“机密”印戳的政府文件。随后，联邦调查局秘密接手调查，通过窃听和潜入等非法手段发现了一批“同谋者”，涉案人包括该杂志的出版商和国务院的一名工作人员约翰·谢伟思（John Service）。[①] 该案的曝光，成为战后美国笼罩“共谍”疑云的前奏。

1945 年 11 月，继伊戈尔·古琴科（Igor Gouzenko）在加拿大自首并曝光苏联间谍网之后，伊丽莎白·本特莉（Elizabeth Bentley）向联邦调查局自首，并指认间谍 80 多人，涉及财政部副部长哈里·怀特（Harry White）、财政部官员内森·西尔夫马斯特（Nathan Silvermaster）、高级外交官艾尔杰·希斯等政府高官。[②] 联邦调查局迅速展开调查，并对主要嫌疑人进行监控；他们还将此列为高度机密，尝试让伊丽莎白·本特莉与之前的间谍网继续联系，以期待更多收获。但苏联方面很快察觉到此事，不仅切断了与她有关的联系，连那些受到监控的人也变得警觉起来。[③] 此事更使联邦调查局等情报部门对“共谍”和“内鬼”的存在深信不疑。

---

① Ellen Schrecker, *The Age of McCarthyism: A Brief History with Documents*. Boston: Beford / St. Martin’s, 2002, pp. 31–32.

② Ellen Schrecker, *The Age of McCarthyism: A Brief History with Documents*. pp. 32–33.

③ 本特莉变节的消息如何为苏联人所知，至今说法不一。有人认为本特莉在与华盛顿情报站站长见面后被对方察觉；也可能是克格勃在司法部的特工向苏联方面发出了警报。参见 Christopher Andrew and Vasili Mitrokhlin, The Sword and the Shield: *The Mitrokhin Archive and the Secret History of the KGB*. New York: Basic Books, 1999, pp. 142–143。

1946年，“维诺那计划”（VENONA Project）[1]成功破译之前截获的苏联电文，证实苏联在美国军事、外交等重要部门均有招募间谍，而且涉嫌的349名美国人多为美国共产党员，成为情报部门坚信“共谍”存在的力证。当时，联邦调查局还查获一本名为《在美国和第三国征募美国人的实践》[2]的克格勃训练教材。教材中标示的渗透目标上至总统班子和国家安全委员会，下至各类社会及政治团体组织，甚至还包括各类能接触科技、经济情报的私营企业雇员。但由于维诺那计划始终被严格保密，甚至连杜鲁门总统都未曾得知该计划的存在，因而导致“共谍”疑云尽管越聚越浓，却始终未向公众证实。

从1947年起，司法部对本特莉指认的一批政府高官提起控诉，但由于间谍案的特殊性，双方僵持了近一年时间而始终没有进展。1948年夏，国会接手本特莉案，负责调查的非美活动委员会传唤了多名证人。8月3日，《时代》杂志的资深编辑惠特克·钱伯斯（Whittaker Chambers）在听证会上指认艾尔杰·希斯是秘密共产党员[3]，却被希斯以诽谤罪反诉于庭上。[4]之后，钱伯斯主动承认自己和希斯都曾是苏联间谍，还提交了希斯在1938年托他转交苏联的4份手写备忘录和67份打印文件。经专家鉴定，文件上确为希斯的笔迹，

---

① 1943年，美国战争事务部军事情报部门担心苏联单方面与德国媾和，收集并组织破译众多发自苏联及发往美国的国际电报，即“维诺那计划”。参见［美］约翰·海因斯、哈维·克莱尔著，吴妍妍、吴锡林译：《维诺那计划：前苏联间谍揭秘》，群众出版社2004年版。已公开的电报可在FBI的网站上查阅。http://www.nsa.gov/public info/declass/venona/dated.shtml.2011年12月。

② 教材上写明“经苏联部长会议国家安全委员会第一管理总局首长批准，根据‘101’学校编辑出版计划出版”，已查明作者是：Y. M. 勃鲁斯洛夫、N.S. 斯克沃尔佐夫、L.A. 贝佐夫、V.M. 伊凡诺夫和N.G. 久科夫。该教材收录在［美］约翰·巴伦著，沈思清译：《克格勃——苏联秘密警察全貌》，辽宁人民出版社1985年版，第476—511页。

③ *Whittaker Chambers Testimony before HUAC, August 3, 1948*, in Ellen Schrecker, *The Age of McCarthyism: A Brief History with Documents*. Document 5, pp. 138–139.

④ *Alger Hiss, Testimony before HUAC, August 5, 1948*, in Ellen Schrecker, *The Age of McCarthyism: A Brief History with Documents*. Document 5, pp. 140–141.

艾尔杰·希斯

文件内容也与希斯在20世纪30年代使用的打字效果相吻合。希斯案不啻为“共谍渗透美国政府”的流言提供了力证，也加剧了民众对共产党人的敌对情绪。根据调查显示，到希斯案定案时，有近70%的美国人希望取缔美国共产党。[①]同时，身居政府高位的本土精英，竟然与苏联间谍活动扯上了瓜葛，这既成为“美国主义”等爱国宣传随后被反复宣扬的重要原因，也导致部分美国人对“共谍”流言深信不疑，并为国内大规模清扫“共谍”提供了时代环境。

早在1947年曝出多起间谍案后，杜鲁门政府就已经采取多种措施来应对危机，力图挽回政府信誉。3月21日，杜鲁门总统签署第9835号行政令，在联邦政府的行政机构发起“忠诚—安全计划”（Loyal-Security Program），要求调查那些“与共产党有联系或同情共产党的人士”以及“涉嫌颠覆活动的组织和个人”。忠诚调查不仅指向政府机关，而且高等学校也成为他们怀疑或调查的对象。

关于忠诚调查，史学界有一个基本观点：美国的忠诚调查开始于杜鲁门政府时期。从学理意义分析，如果作为一种运动或者至少是一种大规模的行动，忠诚调查始于杜鲁门时代没有什么异议，甚至可以将其锁定在杜鲁门发布的第9835号决议上。针对这样一种观点，著者认为，这可以看作是忠诚调查的狭义概念。但如果从广义概念看，忠诚调查是美国政府对居住在美国本土的本国公民以及外国侨民

① American Institute of Public Opinion, *The Gallup Poll: Public Opinion, 1935—1971, Vol.2 1949—1958.* New York: Random House, Inc, 1972, p. 873.

对美国忠诚情况所开展的调查，是美国有关部门颁发证件或者审核有关人员从事某一活动所履行的手续，因而成为美国维护其安全利益的重要举措，其起始时间可能要向前推进多年。

何时开始对钱学森开展忠诚调查，我们不得而知。但是从我们发现的美国档案看，在第二次世界大战期间就曾经对其进行调查，这是因为钱学森要参与美国的机密研究，必须通过美国有关部门的调查。经过初步调查并经部分人员的担保，1942 年 12 月，钱学森获得了从事机密研究的许可证。钱学森获得美国机密研究许可证，不仅是其导师西奥多·冯·卡门（Theodore Von Kármán）极力推荐的结果，也是钱学森研究能力被美国军方认可的重要体现，同时也反映了美国在第二次世界大战期间对航空科技人才的迫切需要。

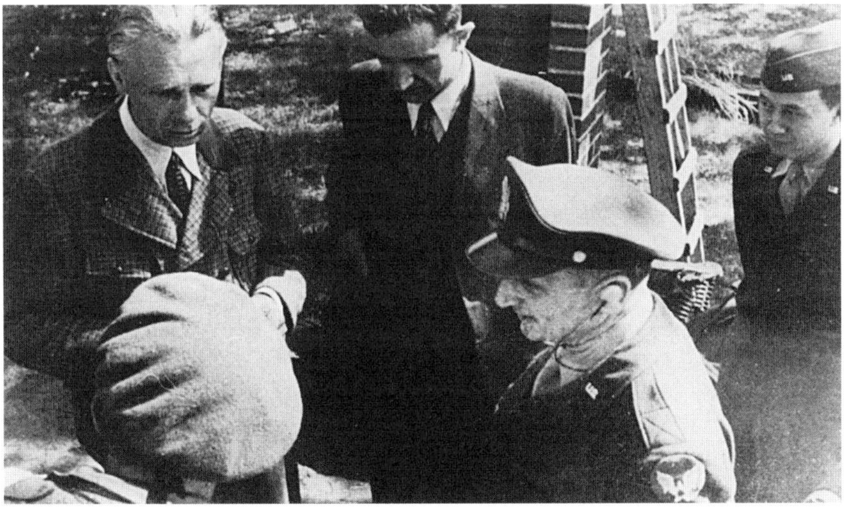

1945 年 5 月，钱学森随从冯·卡门前往德国考察。

第二次世界大战欧洲战事虽然还没有正式结束，但美国军方派出了以冯·卡门为团长的航空顾问委员会赴欧洲考察团，钱学森作为顾问委员会成员随从。这样一项重要的军事考察活动，特别是在当时特殊背景下，美国军方不仅对参与本次军事调查行动的唯一一名外国人钱学森开展调查，而且对参加这项活动的所有人都要进行调查，连冯·卡门也不例外。考察团返美后，考察团成员就他们考察的内容以不同的专题完成了13卷本的考察报告《迈向新高度》，其中钱学森参与撰写了5卷。由于钱学森在本次考察活动中的突出表现，1945年底和1946年初，美国陆军航空兵司令亨利·哈利·阿诺德（H. H. Arnold）和陆军兵工署署长坎贝尔（Campbell）分别签署嘉奖令，称赞钱学森对美国航空所作出的杰出贡献。[①]1946年2月13日，阿诺德还以个人名义向钱学森致感谢信。

就在各种荣誉接踵而至的时候，怀疑也悄然来临。如果说在军事考察前对其进行忠诚调查是例行公事，尚情有可原，那么在其后进行的忠诚调查则明显带有敌对色彩和怀疑成分，是美国社会思潮发生转变的表现。1946年10月至12月，美国陆军最高司令部波士顿军事基地分别向麻省理工学院、联邦调查局、海军情报局及美国西格玛赛科学学会去函，了解钱学森的有关情况。在复函中，这些单位只是通报了钱学森的个人基本情况，而没有提供任何对钱学森不利的信息。

第二节　钱学森被怀疑与麦卡锡主义的兴起

杜鲁门签署的9835号行政命令打响了在全国范围内对雇员开展忠诚调查的发令枪。随着忠诚调查计划的大规模开展，一时间美国社

① 1945年12月21日，美国陆军航空兵司令亨利·哈利·阿诺德签署嘉奖令。嘉奖令称，他（指钱学森）对这个国家以及欧洲的喷气和火箭推动作出了优秀而全面的调查，同样还有对喷气机、火箭性能原理所做的宝贵的原创性理论工作。他的这些工作对喷气推进领域是一种无可估量的贡献。此外，他还着手应用原子能来进行推进的可能性的研究。1946年2月1日，美国陆军兵工署署长坎贝尔将军签署嘉奖令。

会变得越来越糟糕。他们不仅将矛头指向国务院等政府部门，而且也波及美国高校。加州理工学院生活着很多外国人，他们还从事着高度机密的研究工作，特别是这样一所以聚集古怪而独立不羁的科学家而著称的高等学府，不可避免地更加受到关注。西德尼·威因鲍姆（Sidney Weinbaum），加州理工学院化学系助理研究员、俄裔科学家，在调查中被发现是一名共产党党魁、帕萨迪纳党小组的核心人物。调查人员并且发现，钱学森与其关系密切，对共产主义充满同情，而且征订了共产党报纸《人民世界日报》（*Daily People's World*）[①]。他们还认为，威因鲍姆来喷气推进实验室工作是钱学森推荐的结果，由此怀疑钱学森也是帕萨迪纳党小组的成员。

随后，联邦调查局以及军事部门人员对钱学森开展了一系列的调查，主要包括查看文件和人员调查，其中所调查的人员不仅包括与钱学森关系密切的麻省理工学院、加州理工学院的科研和行政人员，而且包括钱学森的房东等社会人士。

1947 年 3 月 17 日，美国第 108 号反情报支队波士顿办事处人员大卫·K. 博伊斯（David K. Boyce）专门前往麻省理工学院注册部，查看钱学森档案。档案表明，钱学森在 1935 年 9 月至 1936 年 9 月期间就读于麻省理工学院，在那里毕业并获得航空工程硕士学位。记载还表明，钱学森是一名有能力、思想坚定的学生，对工作抱有很大的兴趣。当天，大卫·K. 博伊斯还拜访了麻省理工学院航空实验室米勒教授。米勒教授说，自从他 1946 年 9 月入职以来，他就和钱学森在科研方面密切合作，在工作上他和钱学森配合得比较默契；他经常发现钱学森精力充沛地投入到科学研究工作中，没有理由怀疑钱的

①《人民世界日报》为美国西部共产党的党报。

忠诚。[①] 而后，博伊斯还联系了钱学森所参加的美国科学学会，如美国科学促进会以及西格玛赛科学学会，得到的均是对钱学森的正面反映。

随后，反情报机构华盛顿区特别代表哈里 · J. 布朗（Harry J. Browne）通过访问很多人来了解钱学森。这些访谈的对象大部分是钱学森以前的朋友、邻居、研究合作者和领导等，涉及钱学森在麻省理工学院和加州理工学院学习、工作、生活所接触的人员等。他们坚持对钱学森的信任，认为不用怀疑钱学森对美国的忠诚。他们还说，钱学森内心很平静，个性沉稳，是一位出色的科学家，对政治不感兴趣，从来没有谈论过政治问题。

虽然美国军方在 1946 年和 1947 年就开始对钱学森产生怀疑，但除一情报机构发现钱学森征订过共产党报纸《人民世界日报》外，均没有发现他的思想具有共产主义倾向。

1949 年，世界形势的发展进一步加剧了美国对共产主义的恐惧。苏联第一颗原子弹试爆成功，打破了美国的核垄断地位。中国国民党的溃败更增强了美国对共产主义的担忧。他们对怀疑是共产党员以及亲共产党的个人加大了调查的力度，钱学森也不例外，对其调查的范围更为广泛，次数更为频繁，报告更为繁多。

1949 年 5 月至 8 月，联邦调查局人员对与钱学森接触甚密的几个朋友进行了专门询问。这些被调查人员都陈述了他们与钱学森共处时所了解的钱学森的情况。从调查的情况来看，各种意见都有，包括钱学森对共产主义同情的说法。例如，阿尔布雷克特阐明，在这个事件中关于钱学森有一点特别值得注意：他每次都出席这个小组的会议

---

① David K.Boyce, S/A, Boston Field Office 108th CIC Detachment, Memorandum for the office in Charge, reproduced at the National Archives.

（指共产党小组，即加州理工学院122专业组——著者），毫无疑问的是，在进行赞成共产主义的讨论时，他都在场。同时，他还看到钱学森出席了很多次这样的会议。因此，对阿尔布雷克特来说，钱学森对威因鲍姆极端支持共产主义是持同情态度的。[①]

关于钱学森与威因鲍姆的关系，一位告密者说，由于钱学森、西德尼和安格林纳·威因鲍姆（Angeline Weinbaum，为西德尼·威因鲍姆夫人——著者）在一段时间内相互通信，这引起了他的注意，通信的语气表明他们是长久的朋友。除此，这一信息来源还注意到，威因鲍姆夫人在威因鲍姆被喷气推进实验室雇佣前曾与钱学森通信。通信表明，钱学森在威因鲍姆获得喷气推进实验室职位过程中，是有帮助的。威因鲍姆在接受联邦调查局特工人员调查时，调查局人员都认为，钱学森与威因鲍姆是长久的朋友。他们还认定：由于钱学森当时是喷气推进实验室的部门主管，所以威因鲍姆得到了实验室的工作。[②]

但联邦调查局人员则从另外一位告密者那里得到一种迥然不同的认识。这位告密者说，在加州理工学院，有些人的确表现了“左”倾主义，甚至有亲共产主义倾向，但钱学森并不赞同他们的观点。钱学森与威因鲍姆友谊的基础也只是钱学森对威因鲍姆比较欣赏而已，但钱学森并不欣赏威因鲍姆夫人。威因鲍姆夫人则喜欢夸大她与钱学森之间的友谊，他们的友谊并没有像威因鲍姆夫人所说的那样深厚。那位告密者还说，正是因为钱学森对威因鲍姆的友好，才使钱学森与威因鲍姆的家庭建立了联系。从与人交往的立场看，钱学森是一位忠诚可靠的人。他和威因鲍姆的关系纯粹是建立在老交情的基础上，与政治意识形态无关。告密者还提供了以下信息来支持她的意见：钱学

① Federal Bureau of Investigation, File 65–4857, reproduced from the National Archives.
② Federal Bureau of Investigation, File 65–4857, reproduced from the National Archives.

森不支持共产主义的原则。她说，偶尔听到钱学森对前面所提及的共产主义小组持贬低的态度。

为深入了解钱学森的情况，联邦调查局人员约访了加州理工学院工程系主任林德瓦尔的秘书，也就是钱学森房东的女儿埃斯特·吉尔伯特（Esther Gilbert）。吉尔伯特说，多年前，她就知道威因鲍姆和他的夫人非常信仰共产主义，她也知道钱学森与他们的关系比较密切，这使她担忧这种关系会给钱学森带来不利。吉尔伯特女士解释称，她个人认识钱学森多年，这其中的大部分时间是钱学森在加州理工学院并与她的父母爱德华·吉尔伯特夫妇一起住在布恩纳洛马东街360号。在她看来，由于威因鲍姆夫人的进攻性策略，钱学森和威因鲍姆之间的关系不言而喻。她还进一步解释说，威因鲍姆夫人是一位要求非常多的人。她认为钱学森实际上没有对威因鲍姆夫妇表达出的政治观点给予丝毫赞同，而纯粹是基于对老朋友的忠诚，与他们保持一定的联系。吉尔伯特女士还进一步指出，虽然多年来，她对钱学森非常了解，但从来没有机会同他讨论问题，所以也无从了解钱学森的政治倾向和种族主义思想。她还说，钱学森性情含蓄，说话温和。她从来没有和学校身边熟悉的人说，她曾与钱学森有过关于政治问题的讨论，也的确没有这样的讨论。①

联邦调查局人员还访问了加州理工学院喷气推进实验室材料部主任波尔·迪韦（Pol Duwez）博士、加州理工学院喷气推进实验室秘书帕特丽夏·琳（Patricia Line）、加州理工学院数学教授亚里士多德·迈克尔（Aristotle Michael）博士、加州理工学院喷气实验室人事部主任沃尔特·墨菲（Walter Murphy）、加州理工学院喷气实验室研究工程师弗朗西斯·奥德尔（Francis O'Dell）。这些被访人坚持认为，

① Federal Bureau of Investigation, File 65-4857, reproduced from the National Archives.

他们从来没有听到过钱学森有支持或赞同苏维埃的意见。他们还认为，尽管他们与钱学森的关系相当密切，但他们从来没有与钱学森讨论过这种政治问题，也从来不认为钱学森可能支持这种信仰。

1949 年 8 月 8 日，中央情报局驻洛杉矶分局致信钱学森学习、工作所在警察局——帕萨迪纳警察局、麻省坎布里奇警察局，请他们协助查阅有关钱学森的记录。8 月 12 日、15 日，这两个警察局分别复函指出，没有查到这方面的记录。8 月 18 日，中央情报局人员到联邦调查局洛杉矶分局查看有关钱学森的文件。他们在报告中这样写道:“所调查文件主人的真实姓名是钱学森，他的共产党名字是约翰 · M. 戴克（John M. Decker），于 1938 年加入共产党，拥有 1939 年号码为 1004 的党员证。1939 年，他在加州理工学院时，隶属于共产党专业组，出生于中国，是一名学生。”①

同年 9 月 27 日，第 108 号反情报支队人员唐纳德 · A. 科菲（Donald A. Coffey）前往康奈尔大学会见了威廉 · R. 西尔斯（William R. Sears）教授。西尔斯是康奈尔大学航空工程系教授，被钱学森列为人品保证人。西尔斯说，自从 1937 年，他就认识钱学森，那时候他们俩都在加州理工学院读书。西尔斯说，在此之前，钱学森就读于麻省理工学院。西尔斯继续说，钱学森是中国籍学生。西尔斯将钱学森描述成为非常聪明的人，个性很好，又正直，在第二次世界大战后期对美国帮助很大。当时，钱学森是加州理工学院的（副）教授。钱学森的父亲，还有其他亲戚居住在中国，他曾在 1947 年夏天回国探亲。就在这次探亲中，他遇到自己心仪的姑娘并结婚。他的妻子是一位很有天分的音乐家，曾经在欧洲学习音乐。西尔斯把钱学森夫妇描述成深受西方文化影响的一对伴侣。第二次世界大战后期，钱学森被美国空

① Gorge A. Dip, 115th CIC Detachment, Agent Report, reproduced at national archives.

军聘为研究人员，被许可接触涉密（秘密及以上）资料。西尔斯还说，除了可能谈起中国的形势外，回想不起与钱学森谈论过任何政治问题。西尔斯不相信钱学森对斯大林和共产主义的苏联体制持同情态度。西尔斯说，他完全信任钱学森能毫不保留地为政府完成所有任务，包括保密性质的任务，因此希望推荐他做这些工作。西尔斯还说，如果钱学森不努力奉献于工作和不忠诚于美国政府，他不会接受他的工作，他就是这样的人。西尔斯不知道任何有损于钱学森的事情。[①]

10 月 3 日，第 108 号反情报支队人员约瑟夫 · F. 利卡斯（Joseph F. Likas）会见了麻省理工学院航空工程系秘书伊丽莎白 · 肖（Elizabeth Shaw）。肖是钱学森的职业推荐人。她告诉利卡斯，从 1946 年 10 月 1 日到 1949 年 6 月 30 日，钱学森被聘为副教授[②]。此后，他来到加州理工学院接受了教授职位。她还说，钱学森是一位优秀的教员。[③]

同一天，约瑟夫 · F. 利卡斯还会见了麻省理工学院航空工程系教授萨特思维尔 · 奥伯（Shatswell Ober）和约翰 · R. 马卡姆（John R. Markham），他们都是钱学森的人品保证人。

萨特思维尔 · 奥伯说，他从 1935 年钱学森还是学生时就认识他。在 1946 年到 1949 年，作为麻省理工学院的研究导师同钱学森合作。钱学森性格好，生活习惯也好，值得信任。虽然钱学森是中国公民，但他相信钱学森在一定程度上是很忠诚于美国的。萨特思维尔 · 奥伯还说，钱学森从来没有表达过任何有悖美国政府民主形式的政治倾向与观点。鉴于钱学森对政府的信任，他推荐了钱学森从事涉密研究工作。萨特思维尔 · 奥伯说，他确实不知道钱学森是哪个组织的成员。就钱学森是否征订过共产主义报纸，他也不能提供任何相关

---

① Agent Report, File No.1A–407204, reproduced at the National Archives.
② 从 1947 年 3 月起，钱学森担任麻省理工学院教授。
③ Agent Report, File No.1A–407204, reproduced at the National Archives.

信息。

马卡姆说，自1935年钱学森从中国来美国学习，就读于麻省理工学院时，他就结识了钱学森。钱学森是一位很有才华的学生，是公认的高才生，对科学和技术问题表现出极大的兴趣和才能。1936年，钱学森离开了麻省理工学院来到加州理工学院攻读博士学位，到1946年，他一直在加州理工学院。但在1946年，他受邀来到麻省理工学院担任航空工程系副教授。马卡姆继续说，战争期间，钱学森与政府很多机构有过合作，接触到了很多涉密甚至绝密资料。马卡姆说，从1945年到1948年，钱学森是美国空军科学咨询团成员，他没有听说过任何对钱学森的怀疑言论。在麻省理工学院任教一段时间后，钱学森返回中国并结婚。后来又回到美国。一年之前，钱学森和他的妻子访问了马卡姆的家，当问到对共产党领导的部队在中国北部取得胜利有什么意见时，钱学森说，对中国人民来说，在共产党领导下的人民的生活比在国民党领导下的人民的生活要好些。大体意思就是这样。马卡姆说，作出这样的评论完全没有任何情绪，他相信是钱学森自发说出的，而不是精心考虑的观点。除了针对以上所作出的评论外，马卡姆说，他回想不起和钱学森讨论过其他政治问题，表达出什么观点。马卡姆还说，他不能回忆起钱学森征订过共产主义的任何报纸，对这个事情更不能提供任何准确的信息。在会见快要结束时，马卡姆说，钱学森性格很好，值得信任，没有任何证据表明钱学森反对美国的民主政治。①

1950年，“反共”和“共谍”已成为共和党和民主党竞选时最常谈到的热门话题之一。1950年1月4日，联邦调查局人员联系到在加州理工学院与钱学森一起从事科学研究的一位同事。此人说，在过去的时间里他们只是研究工作方面的接触，他只是从科学研究的角度

① Agent Report, File No.1A–407204, reproduced at the National Archives.

对钱学森比较了解。他还说，在交往过程中，他没有在任何场合与钱学森谈论过政治问题。因此可以推测，钱学森对政治不感兴趣。如果他对政治感兴趣的话，他会利用很多机会挑起政治话题进行讨论。他还补充道，无论从他本人的角度，还是从其他人获得的信息来看，没有任何事情引起他的注意，他相信钱学森对美国是忠诚的。同一天，联邦调查局人员还联系了钱学森借住时间最长的房东伊丽莎白·吉尔伯特（Elizabeth Gilbert）女士。吉尔伯特说，从 1941 年 1 月到 1946 年，钱学森就住在这里。① 那时，钱学森单身。从 1949 年 6 月起，她再次成为钱学森的房东，因为钱学森从波士顿回到加利福尼亚，并租下了她大部分房间。钱学森和他的妻子、孩子居住在这里。吉尔伯特女士还说，自从钱学森从波士顿回来后，由于他已经结婚，她很少同钱学森交谈，也很少有机会接触钱学森的妻子。即便有机会同他妻子交谈也仅限于日常客套话。吉尔伯特女士说，钱学森在单身的日子里，租住在她家中。吉尔伯特女士认为，她对钱学森非常了解。她还进一步说，在这期间没有什么使她对钱学森的忠诚产生怀疑。②

经过对这些被调查者的访谈，联邦调查局以及情报局人员虽然没有对钱学森的忠诚产生怀疑，但对威因鲍姆的共产主义倾向印象十分深刻："威因鲍姆很明显是这个小组的主席，他侃侃而谈共产主义，还分发共产主义印刷品。"帕森斯还清楚地记得这些资料内容含有"资本""国家和革命""共产党宣言"等词汇。③

2 月 9 日，共和党人约瑟夫·麦卡锡在西弗吉尼亚的惠灵镇演讲时，声称自己有一份"隐藏在政府中的共产党间谍名单"，要求彻

① 指阿塔迪纳布恩纳洛马东大街 360 号。

② Federal Bureau of Investigation, File No.65–4857, reproduced at the National Archives.

③ Federal Bureau of Investigation, File No.65–4857, reproduced at the National Archives.

查。[1]随后，一篇“国务院藏有205名共产党间谍”的报道被多家媒体转载。麦卡锡言之凿凿的战斗宣言与此前一些政客空泛的口号不同，他明确指出国务院中藏匿有间谍，而且连具体人数都一清二楚。这样的态度无疑是处于焦虑之中的人们所急需的，也为人们指明了矛头所向。麦卡锡很快成了反共产主义的代言人，包括保卫美国的爱国主义、各种动机的反共主义以及各式政治投机主义在内的多种力量，齐聚“麦卡锡主义”名下，迅速席卷了整个美国。

约瑟夫·麦卡锡

1950年3月，联邦调查局人员加紧了对钱学森的调查。3月7日、14日，亚瑟·C. 威滕伯格（Arthur C. Wittenburg）和威廉·C. 帕特森（William C. Patterson）在理查德·艾伯特·罗莎诺夫（Richard Albert Rosanoff）家中会见了罗莎诺夫。在这两次会见中，罗莎诺夫欣然承认，在1938—1939年，自己是加利福尼亚帕萨迪纳共产党

① *Speech at Wheeling, West Virginia,* William K. Klingaman, *Encyclopedia of the McCarthy Era, “Appendix V: Speech at Wheeling, West Virginia, Senator McCarthy, Joseph. February 9, 1950”*. pp. 434–435.

122专业组成员，但1939年6月以后就再也没有与共产党联系，因为那时他已经离开了加州理工学院。罗莎诺夫说，确信西德尼·威因鲍姆是这个组织的成员，而他本人也是威因鲍姆将其招募进入这个组织的。他还说，很明显，威因鲍姆是这个组织的领导。在整个校园，大家都知道，威因鲍姆不仅是共产党成员，而且在思想上亲共产主义。针对钱学森，罗莎诺夫确定地说，他对钱学森没有任何印象。他还说，如果钱学森是这个组织成员的话，由于他是一名外国人，一定能回想起他。①

1950年3月13日，亚瑟·C.威滕伯格和威廉·C.帕特森在加利福尼亚州卡尔弗城休斯机场会见了爱德华·弗曼（Edward Forman）②。弗曼说，在20世纪30年代中期，他和加州理工学院的其他研究生（其中包括钱学森）一样，开始从事喷气推进领域的实验研究工作。研究初期阶段，钱学森是空气动力学专业的研究生。随着实验的推进，特别是实验所需费用的增加，这个火箭组织不得不从那些愿意提供资助的人那里获得援助，也会从他们那里获得咨询和建议。这样，弗曼开始熟悉威因鲍姆。弗曼说，由于这些接触，他对威因鲍姆和钱学森都比较熟悉，但是，他从来没有注意到在威因鲍姆和钱学森之间有什么特别的友谊。他对钱学森的记忆主要是关于科学讨论的情况。他回忆说，钱学森是一个寡言少语的人，除讨论他所从事的科学问题外很少讨论其他事情。弗曼还说，他回忆不起任何能够证明钱学森具有亲共产主义倾向的例子，也回忆不起钱学森与学校的共产主义组织有任何形式的联系。③

由于古斯塔夫·阿尔布雷克特曾声称看到钱学森出席过共产党

① Federal Bureau of Investigation, File No. 65–4857, reproduced at the National Archives.
② 爱德华·弗曼，时为卡尔弗城休斯机场一位电气工程师。
③ Federal Bureau of Investigation, File No. 65–4857, reproduced at the National Archives.

会议，这一次为了证实这一说法，他们再一次联系到古斯塔夫·阿尔布雷克特。但是，这一次，阿尔布雷克特一反常态，否认过去的说法。他说以前有关钱学森的信息是在误解的情况下提供的。他还宣称，自己过去说过，自从1938年以来，他本人同钱学森关系密切，因为那时他们俩都是加州理工学院的学生，但这并不意味着钱学森曾经参加过共产党的会议。阿尔布雷克特还说，经过一段时间的认真考虑之后，现在可以肯定地说，在他参加的会议中，钱学森都没有参加过。①

从前期的调查来看，基本上没有人怀疑过钱学森对美国的忠诚以及当时他对政治活动的淡漠。但经过这些调查，威因鲍姆的共产党员身份、组织者地位以及共产主义倾向却得到了确认。然而，在联邦调查局的调查材料中，有一份专门从事安全调查的政府机关档案使联邦调查局人员疑虑重重：钱学森是一名共产党员，使用党名“约翰·M.戴克”，定期参加在帕萨迪纳举行的共产党会议。这个机关的文件还显示，弗兰克·J.马林纳（Frank J. Malina）也多次参加了这些会议。

在风声鹤唳、草木皆兵的“红色恐惧”时代，美国社会对他们所掌握的证据——针对他们所怀疑的“共产党分子”“亲共产党人士”以及“有共产主义思想倾向的人员”等的任何证据，宁可信其有，不可信其无。对于钱学森的调查，他们最终得出结论：钱学森是一名共产党员，并且推荐威因鲍姆进入加州理工学院喷气推进实验室工作。就这样，灾难落在了钱学森的头上。

---

① Federal Bureau of Investigation, File No. 65–4857, reproduced at the National Archives.

第二章

灾难落在了钱学森头上

正当钱学森接受加州理工学院院长李·A. 杜布里奇（Lee A. DuBridge）的邀请[①]，去母校加州理工学院工作，并担任最年轻的戈达德教授[②]之时，正当钱学森踌躇满志地筹划古根海姆喷气推进中心的未来发展蓝图之时，一片阴霾在逐步向钱学森逼近。他那激动而兴奋的科学心灵，不可避免地被卷入政治旋涡之中，永远不能像过去那样平静地生活了。虽然多数被调查者深信钱学森对美国的忠诚，但美国军方、海关以及联邦调查局等部门在事实不清和证据不足的情况下，因对钱学森生疑已久，还是对钱学森采取了行动。他们先是吊销了钱学森从事机密研究的许可证，然后下命令禁止其离境，随后查扣

① 1948 年底，丹尼尔—佛罗伦斯·古根海姆基金会在普林斯顿大学和加州理工学院筹建古根海姆喷气推进中心，以培养喷气推进和火箭工程人员。这两个学校的主要领导都认为钱学森是这方面的最合适人选。但钱学森最终选择了自己的母校——加州理工学院，并于同年 10 月 7 日致函杜布里奇，同意接受邀请。次年 9 月，钱学森赴任加州理工学院古根海姆喷气推进中心主任。

② 古根海姆基金会规定，担任古根海姆喷气推进中心的主任都被冠名为“戈达德”教授。

了他的行李等。就这样，灾难无情地落在了钱学森头上。

第一节　机密研究许可证被吊销

经过联邦调查局和有关部门的前期现场查档以及调查盘问，大部分被调查人员对钱学森的人品以及政治倾向都给予了很高的评价，但是联邦调查局人员仍然怀疑钱学森是共产党员、共产党间谍，认定钱学森是共产党帕萨迪纳 122 党小组成员。

122 党小组是美国共产党在洛杉矶帕萨迪纳区的一个支部，被称为 122 支部。该支部纯粹是一个教授集团，除个别学生参与其中外，其他的参加者都是高级知识分子。钱学森在加州理工学院认识了一位朋友——威因鲍姆博士。他是乌克兰人，于 1922 年从乌克兰工学院和卡柯夫学院转到美国。1924 年在加州理工学院取得科学学士学位，然后离开学校，在私人企业公司里当了四年药剂师。1927 年入美国国籍，成为一名美国人。1928 年结婚。一年后重返加州理工学院读研究生，后获得药物学博士学位。他在化学方面颇有成就，在应用物理学方面也很有名。他曾将量子力学应用到分子上去，是电子结晶结构、固体物理和热传导方面的专家。威因鲍姆与马林纳关系密切，而钱学森在“自杀俱乐部”①初创时期就见过他。另外，因为威因鲍姆也非常喜欢音乐，所以他们三个人经常一起去洛杉矶音乐厅听洛杉矶交响乐团的演奏。

缘于相同的兴趣，钱学森经常到威因鲍姆家中做客。除音乐欣

① “自杀俱乐部”，是钱学森、马林纳等对火箭研究有浓厚兴趣的研究人员自发组成的业余研究小组。他们在加州理工学院校园做实验时，经常发生爆炸，实验室遭到破坏，甚至楼道还烟雾弥漫，因此得名。

赏外，他们还谈论世界大事、马克思主义、社会主义等话题。不过这样的聚会本身没有任何固定的形式，大家可以自由交谈。那时正值1938年，希特勒攻占奥地利，而墨索里尼宣称全力支持这位纳粹领袖，西班牙内战打得如火如荼，日本也正将魔爪伸向中国的苏北地区以及河南的开封等地。在美国，经济大萧条笼罩着整个社会。大战的阴影穿越大西洋和太平洋，紧紧占据了美国知识分子的心灵。波谲云诡的世界局势催生了很多话题，有关中国的话题自然引起钱学森的极大兴趣和异常关切。

但是，随着美国“恐赤”色彩的加剧，特别是那些参加聚会的部分人士被认定为美国的共产党员，第122支部也自然引起美国联邦调查局的注意。他们认定钱学森是共产党员，是共产党的间谍。特别是他们查到了钱学森在一份共产党员登记簿上的“签名”以及那个叫“约翰·M. 戴克”的名字，更使他们疑虑重重。在当时“恐赤症”盛行、麦卡锡主义肆虐的特殊背景下，他们宁可信其有，而不可信其无。

1950年5月18日，美国陆海空三军人事安全会议召开，研究决定钱学森（他们称“约翰·M. 戴克”）案件问题。会议首先就钱学森是否应该被停职展开讨论。参会人员在审阅了他们获得的记录材料以及有关信息后认为，如果将钱学森从加州理工学院停职，证据不足，事实也不明确，不宜作出停职的决定。随后他们开始研究钱学森在国家合同和有关备忘录的名义下进行的涉密和航空研究工作。他们在研究了有关资料后，全体成员一致认定，有理由相信，钱学森从事涉密和航空研究对美国的国家安全和核心利益十分不利。他们认为：（一）钱学森曾经是司法部所认定的具有颠覆性质的共产主义组织的成员；（二）钱学森与共产党成员有比较亲密的关系，并对他们持同情态度。最后，全体成员决定，就禁止钱学森接触涉密（内部、秘密、机密和绝密）以及航空研究致函钱学森工作单位加州理工学院。陆军、海军和空军代表还在会议决议上联名签字确认。[1]

6月6日，三军正式签署了禁止钱学森接触涉密研究通知，并吊销他的涉密研究许可证。当天，三军还指定旧金山普锐斯迪欧美国第六军总部传达陆、海、空军首长意见。随后，第六军总部代表杰克·T. 杨（Jack T. Young）上校将三军决定告知加州理工学院，并通过加州理工学院通知钱学森不准参与或接触任何军方的机密计划。信中说：

附件：一封是禁止钱学森接触航空、涉密合同以及美国陆军、海军和空军信息的书信，另外一封信是通知钱学森的书信。

根据美国产业雇工审查委员会的规定，钱学森有权利在30天内由本人或者通过工会组织、律师等进行上诉。

附件一是美国第六军团总部写给加州理工学院的书信。信中说：

根据美国陆军少将E. P. 帕克（E. P. Parker）、海军少将托马斯·B. 英格里斯（Thomas B. Inglis）、空军上校J. V. 迪利翁（J. V. Dilion）的指示，我们陆军总部接到通知，钱学森现就职于加州理工学院。

以前根据1926年7月2日法案第10（J）章的要求，同意钱学森从事航空研究、涉密合同以及接触陆、海、空军信息，如今，这一

① Army–Navy–Air Force Personnel Security Board C/O The Provost Marshal General Department of the Army, 18 May 1950, reproduced at the National Archives.

约定被否决了。①

附件二是一份杰克·T. 杨代表陆军总部写给钱学森的书信。信中说：

司令部委托我转告你，你已经被剥夺了在海、陆、空部队各部门从事航空制造等相关工作的权利，也不允许从上述部门获取有关信息。我们同时告知你，根据产业雇工审查委员会的规定，你拥有在收到这封信30天内提出上诉的权利。如果未能在规定时间内提出上诉，一旦委员会的决定生效，你应得的薪金损失补偿将受到影响。上诉可以由你本人提出，或者由你所在的工会、工作相关负责人、律师或者其他的法律事务代表提出。你的任何法律代表都可以向我们提出申请，询问被剥夺上述工作权利的原因。如果你决定本人提出上诉，你必须递交一式三份的书面文件。文件原件直接递交至产业雇工审查委员会，地址：The Provost Marshal General, Department of the Army, Washington 25, D. C.；另外两份交至以下地址：The commanding General, Sixth Army Presidio of San Francisco, California, 并在Attention一栏中注明：Assistant Chief of Staff, G–2。提出上诉时你可以选择两种审查中的一种：（1）对相关记录的审查，包括可证明你适合在海陆空部队机密部门进行工作的宣誓书、文献或者任何资料；（2）在你本人出庭，并且产业雇工审查委员会进行有关你的听证会的情况下，对相关记录进行审查，你的辩护律师和证人可以出庭，也可以不出庭。②

① A letter from Jack T. Young to California Institute of Technology, reproduced from the holdings of the National Archives and Records Administration Pacific Region（Laguna Niguel).

② A letter from Jack T. Young to Mr. Tsien, provided by Marble.

第六军总部将这份决议邮寄到加州理工学院，同时还寄了一份文件收到确认单。为了做好文件的确认工作，第六军军部工作人员还让钱学森签字确认收到此文件，并告知，若有什么意见请在指定时间内提出上诉。

6月16日，加州理工学院人事部门收到这封信，随即转至钱学森手中。在钱学森收到加州理工学院人事办公室送来的禁止他从事机密研究许可证的书信时，人事部门主管还让钱学森签了一份收条，以证明钱学森确实收到了该文件。收条称：

钱学森确认收到第六军总部1950年6月6日的来信，禁止在加州理工学院接触航空或涉密合同、涉密信息等。

对这样的决定提出上诉所需要的程序已向我做了说明，另外，我也完全明白在这样的程序中我的权利。①

美国陆军还担心加州理工学院继续让钱学森接触秘密或者机密资料，从事涉密研究，于7月25日特地寄给加州理工学院一封信。信中说："据我们所知，陆军航空兵代表已正式通知你们，钱学森从事机密研究的许可证被吊销。这封信就是向你们确认这一消息，请你们禁止钱学森接触任何涉密军事信息。"②

对钱学森而言，吊销其从事涉密研究许可证绝对是一个沉重的打击。他全面负责的古根海姆喷气推进中心的研究才刚刚起步，钱学森正在一心谋划推进它的建设任务，实现他为中心所确立的宏伟蓝

① Reproduced from the holdings of the National Archives and Records Administration Pacific Region (Laguna Niguel).

② A letter from the U.S.Army Security Officer E.L.Stone to California Institute of Technology, reproduced from the holdings of the National Archives and Records Administration Pacific Region (Laguna Niguel).

图。参与早期喷气推进中心建设的马勃教授后来回忆说："即使我们搬进了航空大楼，但我们不是其中的一部分。钱学森的观点或者他宣称的是，这个中心结合了机械工程、航空和化学工程。我们想要的不是一个独立的学习课程，而是吸收航空学、化学工程和机械工程的学生加盟，他们上一系列的课程。换句话说，我们会成为一个教育中心，而不是学位授予小组。这就是解决问题的方法，直到今天，我认为这是一个非常明智的举动。"[①] 另外，他们还在打算从事加州理工学院和军方的一些合作研究项目。可是，如今，钱学森认为，事实已经摆在面前，联邦调查局人员对他的敌意绝不是个别人员的态度问题，他们正代表了美国政府对他所持的怀疑与敌视；既然美国政府已经抛弃旧日对他的尊敬和褒奖，以怀疑和冷酷的态度对待他，那么在这样一个国度，还有什么值得留恋。[②]

一位钱学森的亲密朋友，喷气推进公司总经理威廉·齐施（William Zisch）后来谈到钱学森从事机密许可证被吊销后的心情：一天傍晚，他到钱学森家找钱学森，当提及有关安全许可证的事，一向沉静、拘谨的钱学森，情绪变得激动，与他连续说了四五个小时，齐施大感惊讶。[③]

钱学森的另外一位老朋友西尔斯在谈及钱学森被吊销从事机密研究许可证的感受时也深有同感。有一回，西尔斯问，为什么非得需要接触机密文件的许可证不可？钱学森对此回答道："没有许可证，就无法承担起在加州理工学院担任古根海姆喷气推进中心教授的责任。"西尔斯认为，这话虽有点夸大，但也体会到安全许可证被撤销

① Shirley K. Cohen, Interview with Frank E. Marble, January–March, 1994, April 21, 1995.

② 杨皓译著：《钱学森事件始末记》（风云书系 13），台北群伦出版社 1986 年版，第 45 页。

③ Iris Chang, *Thread of the Silkworm, A Subsidiary of* Perseus, L. L. C. P. 165.

一事深深伤害了他的自尊。[1] 钱学森的自尊之强在外国人看来有目共睹，朋友们都会记得，在钱学森读书期间，他就很不服气那些外国人，其中也包括美国人。他曾经对美国朋友说："论一个国家（当时的旧中国），我中国比不上你美国，但我这个中国人单个和你美国人比，看谁胜过谁。"[2] 张纯如（美籍华裔作家，著有《蚕丝——钱学森传》）在加州理工学院演讲时指出："在这个国家，他（指钱学森——著者）对自己的名声以及中国的声誉是一个很在意的人。"[3]

钱学森被吊销从事机密研究的许可证，他的心灵受到了极大的伤害。他不免更加想起不久前父亲的来信以及来自中国的希望他回国的电报。关于父亲钱均夫写给钱学森的书信，著者从所掌握的档案资料中没有查到，更没有见到具体的内容。但在美国司法部联邦调查局局长约翰·埃德加·胡佛（John Edgar Hoover）1950 年 8 月 10 日写给美国国防部陆军、海军以及空军有关部门负责人的信函中可以窥见一斑。信中写道："1950 年 8 月 2 日，喷气工程公司总经理威廉·齐施对联邦调查局驻洛杉矶办公室人员说，钱学森告诉他，计划 8 月底返回中国，还收到好几封居住在上海的他父亲的来信，要求他回去，最近还收到一份来自北京一位人士的电报，也要求他返回中国，并参加一个技术代表团。该代表团计划前往民主德国参加一个技术会议。"[4]

钱学森本人在特米诺岛上接受检察人员询问许可证被吊销对其回国产生的影响时说："那件事对我的影响是非常大的。因为我收到我父亲的来信，他老人家早就希望我回国。他的健康状况不好，我很

---

① Iris Chang, *Thread of the Silkworm, A Subsidiary of* Perseus, L. L. C. P. 153.

② 1993 年 6 月 13 日，钱学森同余新河谈话整理稿，钱学森图书馆馆藏档案，档案号：RW- 钱学森 -2009-2。

③ Iris Chang, speech at Caltech, copied from the Hoover Institution Archives, Stanford.

④ A letter from John Edgar Hoover (Director Federal Bureau of Investigation) to Director of Special Investigation (Department of Air Force)，File No.65-58574, reproduced at the National Archives.

早就很清楚，但是我专心于工作。当你专心于工作时，你很少关注个人的一些情况，想那些事。我不能从事秘密工作，这对于我来说是一个很大的震动。我开始思考我的个人问题，是留在美国，还是返回中国。”①

钱学森被吊销从事机密研究许可证的消息不胫而走，在加州理工学院引起轩然大波。无论是教授还是行政管理人员都对这个消息异常震惊。他们都在怀疑，难道钱学森真的是一名共产党员？很多人认为，钱学森是他们见到的最具贵族气息的人。他们还认为，在整个加州理工学院的教职人员里，钱学森是最不可能会被怀疑为一名共产党员的人。

实际上，就在三军正式签署禁止钱学森从事涉密研究文件的当天，即 1950 年 6 月 6 日，联邦调查局人员就到加州理工学院钱学森的办公室造访了他。那一天，加利福尼亚帕萨迪纳小镇下着小雨，联邦调查局人员亚瑟 · C. 威滕伯格及其同事菲利普 · J. 赖利（Philip J. Reilly）在加州理工学院的古根海姆航空实验室拜会了钱学森。钱学森的办公室就是冯 · 卡门当年的办公室，位于古根海姆大楼二楼。办公桌上摆放着几本期刊，桌子后面是一张黑板，上面写着数学方程式。

会谈一开始，联邦调查局人员首先向钱学森表示，他可以在自由而没有任何压力的情况下向来访者发表声明。他们还表示，钱学森也应该完全明白，他所发表的任何声明都是在自愿的基础上作出的。

在这番初步说明和寒暄后，调查人员向钱学森解释道，他们这次来访，主要是让钱学森尽可能发表一个声明，以说明他在 1939 年间是不是一名共产党员。这次，调查人员向钱学森宣称，根据 1939

① Interview with Dr. Hsue Shen Tsien at the United States Immigration Bureau, Terminal Island, California, September 20, 1950, Neutrality Investigation Files, 1948–1988, Folder Title: LA23–24, Dr Tsien Hsue Shen, Box Number:1.

年的共产党记录，钱学森曾经是帕萨迪纳共产党122专业组的一名党员，并使用了别名“约翰·M.戴克”。记录还进一步表明，这个共产主义小组还发给钱学森一本会员手册。

钱学森断然否认自己曾经是一名共产党员。他说：“我非常困惑我的名字是怎样出现在1939年党员登记记录簿上的。”他还进一步表示：“我不是任何政党的党员，鉴于我是一名外国侨民，以及基于这样的身份，我被排除在所有这样的组织之外。”他再一次发表声明称：“我不知道我的名字以及别名是怎样出现在共产党记录簿上的，我更不知道约翰·M.戴克名字的由来。在那期间或者从那以后，我从来没有听说过约翰·M.戴克的名字。”①

当钱学森被问及这期间的一些亲朋好友以及这些朋友的政治倾向时，钱学森说，这期间，没有人向他表达过对共产主义的同情。在1938年至1939年，他最为亲密的朋友有威廉·西尔斯、弗兰克·马林纳、西德尼·威因鲍姆，还有后来的马丁·萨摩菲尔德（Martin Summerfield）。他补充道，在以上所列举的人员中，他最要好的朋友是弗兰克·马林纳。

联邦调查局人员还问钱学森，在上述所列举的人员当中，有没有人表达过对共产主义的同情。对这个问题，钱学森回答说，他们中的一些人可能被认为是左派分子。调查人员接着追问钱学森：“‘左派分子’是什么含义？”钱学森回答说，它不是反动的，他认为左派与民主党的理想以及这期间的罗斯福新政是一致的。

联邦调查局人员接着追问钱学森：“共产主义的概念和含义是什么？”钱学森回答说：“我把它看作一个政治和社会理论，它是一种政府形式，它不是采取议会程序来实现他们的目的。”钱学森还说：

① Federal Bureau of Investigation, File No.65-4857, reproduced at the National Archives.

“苏联共产主义可以被看作是一种独裁的政府形式，它们与民主和自由政府是格格不入的。”

钱学森接着说：“虽然我的朋友们表现出左派的理论倾向，但我不能推测他们可能是共产党成员。”他还认为：“和科学训练一样，除非我掌握了大量鲜明而确凿的事实信息，否则我不能对某个人作出事实的陈述。”

接下来，联邦调查局人员询问钱学森有关威因鲍姆的事情。在调查人员看来，西德尼·威因鲍姆是钱学森推荐并将其接收到喷气推进实验室工作的。他们问钱学森是否负责 1946 年 2 月雇佣威因鲍姆到喷气推进实验室工作一事。钱学森说，雇佣威因鲍姆准确地说不是他的责任。推荐威因鲍姆成为实验室的一名技术人员一事，在推荐之初，他就意识到，由于工作的性质，威因鲍姆会接触到一些涉密资料。然而，他认为，没有理由不推荐威因鲍姆，因为他知道没有什么使他对威因鲍姆对美国的忠诚产生怀疑。联邦调查局人员接着追问钱学森，他现在是否对威因鲍姆对美国的忠诚产生怀疑？钱学森说：“现在我持保留意见。但这主要基于这样一个事实：过去知道威因鲍姆曾经在喷气推进实验室工作时遇到许可证被吊销的问题和麻烦。”钱学森还说：“即使到现在，根据我对威因鲍姆的了解，我也能够证明威因鲍姆对美国的忠诚。”

随后，钱学森就他以前对威因鲍姆的看法作进一步的说明，他说，作为一名科学家，评价一个人的价值或者他是否忠诚，应该以事实为依据。但是，因为事实又不能用在评价一个人的忠诚或政治观点这样一个无形的东西，所以他不能对此作出推测。

随后，钱学森作了一个简要的说明。他说，就美国的政治体制而言，他仅仅是一个公正的观察者，而对此主题一无所知。

在结束当天的会见时，钱学森再一次明确否认自己曾经是一名共产党员，并否认曾经使用过约翰·M.戴克的别名。他最后重申，的确不知道自己的名字是怎样出现在1939年党员登记簿上的。这次联邦调查局人员与钱学森的会谈大约持续了两个小时。

在这次会谈后，钱学森已隐约感觉到形势不妙，所以他断然辞去海军军械实验室继续聘请他担任顾问的请求。1950年6月1日，海军军械实验室人事办公室人事助理G. G.韦尔施泰特（G. G. Wehrstedt）致函钱学森，希望他在未来的一个年度里继续担任实验室顾问的职务，并于6月8日前将签好的合同邮寄给他们。[①]6月14日，钱学森致函海军军械实验室机械部主任R. J.西格（R. J. Seeger），要求辞去海军军械实验室顾问职位。钱学森在信中没有提及受怀疑一事，而是说："我现在已来到西海岸，与你们实验室的研究工作再进行联系比较困难。另外，我发现自己也不适合作为顾问提供建议或者开展研究。因此，希望利用年度结束之际不再担任顾问一职。"[②] 同一天，钱学森复函G. G.韦尔施泰特，并向军械实验室的另一位同事K. C.海耶斯（K. C. Hayes）表达了辞掉海军军械实验室顾问的意向。

同样，联邦调查局6月6日的来访以及会谈的内容，促使钱学森开始作出回国的打算。这可以从他于6月19日再次接受联邦调查局人员的询问中看出来。在这次询问中，钱学森回答说："在1950年6月6日，调查人员第一次联系我时，我就认识到'怀疑的魔掌'正在伸向我，因此立即作出了辞职的决定。"[③]

就在收到自己从事涉密研究许可证被吊销的决定当天，钱学森更加坚定了回国的决心。钱学森作出的第一反应就是从加州理工学院

---

① 海军军械实验室当时不知道三军人事安全已于5月18日召开会议，禁止钱学森接触涉密研究。

② A letter from Tsien Hsue Shen to R. J. Seeger, provided by Marble.

③ Federal Bureau of Investigation, File No.65-4857, reproduced from the National Archives.

辞职，回到中国去。于是当天下午，他拜会了自己的好友——加州理工学院工程系主任弗雷德·林德瓦尔（Fred Lindvall）博士，向他讲述整个事情的来龙去脉，并说出自己下一步的想法。他说："我觉得我在美国已经不受欢迎了。"林德瓦尔博士对发生这样的事情感到惊诧，同样对钱学森作出回国的决定也感到诧异。林德瓦尔博士认为，钱学森必须留在美国继续进行科学研究工作，只有在这样的环境下，他的能力才能得到最大程度的发挥，如果失去他，将是整个美国科学界的损失。①

第二天，即6月17日，一位告密者就向联邦调查局报告说，他从一个政府机关了解到，钱学森已从加州理工学院辞职，计划返回中国。当天，联邦调查局人员威滕伯格通过电话联系上了钱学森，询问有关他从加州理工学院辞职的情况。钱学森说，他从加州理工学院辞职是非正式的，并解释说："我只是向加州理工学院机械工程系系主任弗雷德·林德瓦尔博士提出辞职的想法，因为这是当时留给我唯一能做的事情。"钱学森还解释说："当时林德瓦尔博士没有表达什么意见，我后来也不知道辞职的请求是否得到校方的准许？"威滕伯格追问钱学森："倘若辞职请求被批准，你打算干什么？"钱学森回答说："如果辞职申请得到批准，我打算回到中国。"威滕伯格还问钱学森："是否可以抽个时间单独会见一次？"钱学森回答："除了上面所说的，我没有什么再补充的了。"但是钱学森又说："我可以和调查人员谈一下辞职以及回到中国的想法。"这样联邦调查局人员就和钱学森把会面的时间约定在6月19日。

6月19日，联邦调查局人员亚瑟·C.威滕伯格和同事菲利普·J.赖利如约来到加州理工学院钱学森的办公室。这是亚瑟·C.

---

① 杨皓译著：《钱学森事件始末记》（风云书系13），台北群伦出版社1986年版，第46页。

威滕伯格和菲利普·J. 赖利第二次来加州理工学院造访钱学森。此时，钱学森正在办公室等待他们的到来。会谈一开始，调查人员要求钱学森就 1938—1939 年参加共产党活动做更详尽的说明。钱学森说，说到这个问题，他的确想作一个严正的声明：

在过去的十余年时间里，我的确是一位受欢迎的客人。为此，我还引以为荣。诚实地甚至可以毫不夸张地说，我相信我的到访对双方都有利，特别在第二次世界大战时期。无论是战时还是战后，我对这个国家的科学发展作了很大的贡献。但是现在，最初受欢迎的地位不复存在，一股疑云笼罩在头上。接下来唯一能做的绅士一点的事情就是离开这里。①

钱学森还重申了他前两天在电话中所说的会见林德瓦尔博士的事情。

钱学森还说，在他来到美国之前，对共产主义理论也只是有一些偶然的、零零碎碎的了解，或者只当作茶余饭后的消遣。但在与威因鲍姆或与马林纳的谈话中，从他们使用的词语不难分辨出来，和他交往的一些朋友确实表达了“左”倾倾向，但是也不能或者不希望从中得出什么结论。会见中，钱学森多次申明，由于他不能确认那些朋友的共产党员身份，所以他也不能对朋友们的信仰作出任何推测。

当联邦调查局人员询问钱学森是否于 1938—1939 年订阅了《人民世界日报》时，钱学森回答说，这一期间他的确订购了这份报纸，但是不记得是谁向他推荐了这份报纸。钱学森说，订这份报纸，只是因为相对于其他报纸而言，这份报纸更多地表达了对中国的同情。

---

① Federal Bureau of Investigation, File No 65–4857, reproduced from the holdings of the National Archives and Records Administration Pacific Region（Laguna Niguel）.

接下来，联邦调查局人员问钱学森："在你的朋友当中，谁有可能提议你加入共产党？"钱学森回答说："威因鲍姆、马林纳和萨摩菲尔德都有可能。"但是钱学森再次强调，那仅仅是一种推测。他说，那是因为他根本不知道他的朋友现在或者过去是共产党员。关于钱学森与这些朋友之间的关系，钱学森说，与这些朋友都可以进行坦诚、直率的交谈。钱学森还说，就他看来，这些朋友的信仰与共产主义的路线一致，但是他认为在没有全面确凿的证据面前，他仍然不能说他的朋友可能就是共产党员。

关于威因鲍姆，钱学森再次指出，是他推荐威因鲍姆担任这样一个职位，让威因鲍姆得以进入喷气推进实验室工作，从而可能接触到涉密研究。但是他可以毫不犹豫地证明，就他所了解的情况来看，威因鲍姆对美国是十分忠诚的。

在这次访问中，联邦调查局人员再次紧紧抓住钱学森的党员身份不放，询问钱学森，为什么他的名字出现在党员登记簿上。钱学森回答说，他的名字出现在党员证上完全是可能的，他也不怀疑那份记录现实存在的真实性，但是他的确不知道他的名字是怎样出现在党员登记簿上的，如果对这个问题做一些推测也没有什么意义。

关于从加州理工学院辞职一事，联邦调查局人员也是关注有加。对此，钱学森回答说，他目前没有从林德瓦尔博士那里就辞职问题得到进一步的消息。调查人员询问钱学森："是什么力量或者是什么动因使你作出这样一个重大决定的？"调查人员还问钱学森："是否还有什么其他因素促使作出回国的决定，难道是机密研究许可证被吊销？"钱学森回答说："据我所知，许可证仍然有，是一个临时许可证。我只是想尽快知道对我的案件接下来有什么处置意见。"①

---

① Federal Bureau of Investigation, File No. 65–4857, reproduced from the holdings of the National Archives and Records Administration Pacific Region (Laguna Niguel).

当加州理工学院收到吊销钱学森从事机密研究许可证的通知时，担任学院教工委员会主席的欧内斯特·华森（Earnest Watson）博士并不在学校。不仅辞掉教员要报告教工委员会主席，就是所有教工的权利受到影响也要向他报告。直到6月20日华森博士出差归来，担任学院人事主管的詹姆斯·N.尤尔特（James N. Ewart）才将军方吊销钱学森从事机密研究许可证的消息报告给他。当天，钱学森也拜会了华森博士。1969年1月20日，华森在接受加州理工学院档案馆馆员拉里·雪莉（Larry Shirley）采访时专门谈及钱学森的这次来访。华森说："有一天，他来找到我，说：'我准备回国。'我说：'天哪，为什么你想回国？你在这里不是很快乐吗？'他说：'我从小就接受这样的教育：如果你是客人，你没有理由冒犯主人。在这个国家，我是客人，现在是一个不受欢迎的客人，所以我准备回国。'"①钱学森把事情的经过一五一十地向华森博士介绍了之后，华森明白了事情的原委。

作为加州理工学院教工委员会主席，华森非常关心学校出现的有好几位教授被控告为共产党员的事情。虽然从当时看，钱学森并没有被控告触犯了什么罪，但华森已经感觉到事态的严重，特别是钱学森已经向其提出了辞呈。华森在6月22日写给加州理工学院理事詹姆斯·R.裴吉（James R. Page）的信中谈及钱学森时说："就像我告诉你的，目前没有针对钱学森教授的任何控告。我们仅仅收到吊销他从事机密研究许可证的信函。他也告知我们，他打算辞职，然后返回中国。华盛顿方面正在采取措施探明军方是否需要这样一位航天奇才为其服务。我认为这么优秀的专家不为美国所用，或者（让其回国）甚至为俄国所用，都是不符合美国国家利益的。尽管如此，我仍认

① Larry Shirley, Interview with Earnest C. Watson, January 20, 1969, reproduced from Caltech Archives.

为，现在我们不应作出任何举动，仍需更多事实为证。”①

华森清楚地知道，钱学森是一个自尊心很强的人，自然无法容忍被诬陷的冤屈，但他始终不相信钱学森是一名共产党员。他后来回忆道：“这事一点证据也没有，但是他们（指联邦调查局人员）继续追索他。自此之后，他开始因朋友而受累。大家都替他抱怨。”当时担任加州理工学院国外学生委员会主席的贺拉斯·N. 吉宾（Horace N. Gilbert）教授也回忆道：“钱学森一点也没有不忠于美国的表现。他对中国家庭的忠诚，尽管更甚于对美国的忠诚，但那是中国家族关系非常密切的缘故。美国以警察国家的方法对付他，对他的伤害相当大，使他觉得在美国不受欢迎是意料之中的事。”②

当时加州理工学院院长杜布里奇并不在帕萨迪纳，钱学森就没有向他报告。只有等他回来，也就是数周之后，钱学森才把被吊销从事机密研究许可证的事报告给杜布里奇院长。杜布里奇对国防部作出吊销钱学森从事机密研究许可证的决定感到惊诧，也深为不满。杜布里奇在接受加州理工学院档案馆馆员朱迪思·R. 古德斯坦（Judith R. Goodstein）采访时说：“当这个控告第一次被提出时，钱学森到我的办公室，我对他说，我很不理解。”杜布里奇还问：“你与共产党组织有一些接触吗？”钱学森说：“那些人只是进行社会性的聚会而已。当我来到这个国家时，是作为一个陌生人，两三个加州的朋友邀请我参加了一些社会聚会，参加过几次。”钱学森还说：“大家讨论过一些政治问题，但这都是对一些基本问题的讨论。我只是把它们看作纯粹社会问题的讨论。我根本没有参加任何与共产党有关系的活动。”③

① Caltech Archives, Lee A. DuBridge Papers (Box 100, Folder 4), LAD 100.4 (1950, 6.22).

② 古熊等：《我们的钱学森——二十年来中国大陆科技发展概况》，香港现代出版公司 1970 年版，第 57 页。

③ Judith R. Goodstein, Interview with Lee A. DuBridge, February 19, 1981.

密尔顿·维奥斯特在其《钱博士的苦茶》那篇文章中指出："杜布里奇虽然希望钱学森继续留在加州理工学院工作，但他没有试图劝阻钱学森取消他的计划。和加州理工学院的其他同事一样，杜布里奇认为，对钱学森的惩戒是一个可怕的错误。如果一些权威人士认识到这个问题，这个错误将得到纠正。他认为钱学森是一位很正直的人，不会进行伪装。他也想象不到钱学森会在共产党员的身份问题上说谎。杜布里奇只是希望钱学森能够理解，即使他回到中国，他们仍欢迎钱学森在任何时间回到美国，并随时可以恢复他在加州理工学院的职位。然而，杜布里奇知道，如果钱学森的名誉遭受到这样的诋毁，他不会想到再回来。最后，杜布里奇想尽一切努力把事情弄个水落石出，于是他劝说钱学森，如果要脱离洛杉矶的骚扰，直接通过华盛顿索回许可证的话，应该到华盛顿为恢复许可证作最后努力。"①

华森也向尤尔特交代说，学院应该就钱学森被吊销从事机密研究的许可证提出上诉。华森还说，考虑到钱学森在科学领域的名望，应请求华盛顿就吊销钱学森从事机密研究许可证进行重新审查。

第二节　申诉听证

钱学森认为，他即使决定回国，也要留个清白，按照美国的程序离开美国。于是钱学森采取了第二种方案，请求国防部产业雇工审查委员会就从事涉密研究召开听证会，但他没有直接与产业雇工审查委员会联系，而由自己的服务单位——加州理工学院出面交涉。

杜布里奇觉得，如果重新要回钱学森的安全许可证，最好的办

① Milton Viorst, The Bitter Tea of Dr. Tsien, Esquire: September, 1967.

法就是为他举行一场听证会，请产业雇工审查委员会人员列席会议。1950年6月19日，加州理工学院非教学人员办公室主任J. N. 尤尔特受学校委托致函美国国防部产业雇工审查委员会，向其提出上诉，询问禁止钱学森从事国家机密科学研究的原因。1950年7月5日，产业雇工审查委员会行政办公室主任弗朗西斯·M. 雷（Francis M. Wray）复函尤尔特，并将信件抄送给钱学森。信中说：

你6月19日要求撤销禁止钱学森参与国防部涉密信息和承包项目的信件已收到。需要指出的是，你提出你本人及其他证人将一同为钱学森来产业雇工审查委员会进行申诉。

本案一套完整的材料一旦提交至委员会，钱学森将要就禁止他参与机密研究的理由提供一份声明，并确定就申诉所要召开的听证会的日期。①

尤尔特在收到邮件后立即向杜布里奇院长作了汇报并将邮件转给他。杜布里奇得知情况后，还是为钱学森案件积极努力，他不希望失去这样一位成就卓著的人物，希望保留钱学森从事机密研究的安全许可证。7月14日，杜布里奇复函弗朗西斯·M. 雷，并将钱学森的个人情况写了三页纸附信寄去。杜布里奇在这份背景材料中这样写道：

钱学森于1934年从交通大学获得学士学位。然后来到美国，1936年在麻省理工学院获得硕士学位。1939年，他在加州理工学院获得博士学位。从1935年起，钱学森就一直待在美国。1939年至

① A letter from Francis M. Wray to Mr. Ewart, July 5, 1950, provided by Marble.

1946年，他在加州理工学院先后担任研究人员、助理教授、副教授，然后到麻省理工学院做了三年的教授。1949年，作为喷气推进中心的戈达德教授重新回到加州理工学院，担任这一职务至今。

钱学森是一位非常优秀的学生，在过去的七八年时间里，钱学森成为美国空气动力学，特别是喷气推进领域的权威之一。当古根海姆基金会提供资金创建古根海姆喷气推进中心以及设立喷气推进戈达德教授时，我们去寻找这个领域的最高权威来担任戈达德教授，最后无可争议地认为钱学森是合适人选。

战争期间，钱学森积极参与空气动力学和喷气推进领域的研究，当然被许可从事军事工作，并成为美国陆军航空兵科学顾问团成员。这个委员会在形成美国空军的科学和工程计划过程中起到了重要的作用。这个委员会也因此由航空兵司令员授权完全可以接触机密信息。

鉴于喷气推进在美国国防中的重要性，特别是在这样一个特殊时期，如果钱学森被禁止不能接触涉密军事信息，他的特殊才能就不能贡献给美国的国防事业，因此，这对美国来说是一个悲剧。

还有另一个因素，那就是，我认为，虽然钱学森待在我们国家为美国服务，但是他很重视在中国的家庭关系。另外，我们知道，家庭关系在中国社会占有重要地位。多年来，他的家庭成员都希望他回到中国。目前来说，他顶住了这些压力。然而，如果他不能在选定的领域继续工作，他将会寻求并且他现在的确正在寻求机会回到中国。如果他的才能不能为美国服务而为中国的当权者服务，那明显是一个更大的悲剧。

最后，需要指出的是，所有这些与钱学森接触过的同事都相信钱学森的人品忠诚和正直。如果他曾经与共产党成员接触，那也可能是在他初来美国时，那时他也需要得到一些人员的友好相待。因此，我建议全面检查他们的交往过程，决定他们的接触是有政治目的还是仅仅属于个人接触。需要特别检查一下，是否有证据表明钱学森对美国有潜在的不忠。我认为，将其排除在国防工作之外对美国国家安全的危害性远远大于利用他的才能服务于国防工作。美国空军和海军能够证实钱学森对美国国防的价值以及他为美国国防事业所作出的伟大贡献。①

7月21日，杜布里奇还给远在法国巴黎的冯·卡门写了一封信，希望通过冯·卡门与军方的特殊关系，设法解决钱学森当前遇到的麻烦。信中说：

我不知道你是否得知这样一个情况：我们收到一份通知，钱学森接触涉密信息的许可证已被美国军方吊销。我们从第六军总部获知，吊销的原因是他们有信息表明：（1）钱学森过去是美国共产党成员；（2）钱学森与共产党成员有比较亲密的关系，对他们持同情态度。

自然，我们所有人员都对此感到惊讶，如今正密切关注局势的发展。不幸的是，很长时间以来，钱学森已经意识到了美国联邦调查局人员对他的怀疑。在我们正式就安全许可证会谈之前，他提出从加州理工学院辞职，然后回到中国去。他现在安排拟于9月份回到中国。

面对这样的情况，我们觉得很荒谬。一位美国最为著名的火箭和喷气推进领域专家不仅被剥夺了在这个领域工作的机会，而且这样逼迫他回到中国大陆，共产党政权将得到他的才智。当然，有一种很大的可能，那就是不允许他离开美国。但是，不论怎样，除非这个通知被撤销，如果他不能接触涉密信息，他就不能有效地在喷气推进领

① Caltech Archives, Lee A. DuBridge Papers (Box 100, Folder 4), LAD 100.4 (1950, 7.14).

域工作。

我已经就这个事情与华盛顿的很多领导进行过交流，指出如果钱学森不能为美国服务，那对美国国防将是一个很大的损失。这使我想起来，你也希望把一些情况传递给你在空军的一些朋友，向他们指出案件的重要性，要求他们调查一下这个问题。诚然，钱学森有共产党倾向是一回事。然而，我认为，没有真正的证据表明钱学森对共产主义的同情，或者那也仅仅是在某一时间与可能是共产党员的个人或者同情者进行偶然接触。如果没有真正对钱学森不利的证据，我们应该努力帮他获得许可，继续从事研究工作。[①]

7月27日，产业雇工审查委员会行政办公室主任弗朗西斯·M.雷就案件情况以及拟召开听证会的想法致函钱学森。信函说：

1950年5月18日，美国国防部陆、海、空人才安全局剥夺你接触国防部涉密合同和信息的权利。

产业雇工审查委员会已审阅你案件的所有材料。调查报告表明：你曾经是加州帕萨迪纳122共产主义小组的成员之一，这个小组被国家安全部列为具有颠覆性质的组织。

加州理工学院的J. N.尤尔特先生曾经代表你给我们写了一封信，并对禁止你参与国防部涉密信息和承包项目提出申诉。这个要求得到受理。你可以来华盛顿的产业雇工审查委员会，也可以到委员会驻洛杉矶的代表机构进行听证。

在举行听证会的时候，你和代表你的有关人士都可以参加，就说明你适合于从事国防部的涉密信息以及承包项目等提供口头或书面的证据，也可以两者皆备。

---

① Lee A. DuBridge Papers (Box 100, Folder 4), LAD 100.4 (1950, 7.21), Caltech Archives.

因此，要求你就希望召开听证会的地点通知审查委员会，听证会的日期和具体地点我们将尽快告诉你。

若有什么需要，请将信件邮寄至产业雇工审查委员会主席处。[①]

产业雇工审查委员会经过讨论，初步确定了听证会的日期和开会地点。1950年7月31日，弗朗西斯·M. 雷再次致函钱学森，告知审查委员会的安排。信件还抄送给了加州理工学院的J. N. 尤尔特。信中说：

根据你被剥夺接触国防部合同工作以及信息的权利而向产业雇工审查委员会提出的上诉请求，我委员会已作出安排，派委员哈罗德·R. 斯塔德菲尔德（Harold R. Stadfield）中校前往洛杉矶听取你的上诉。听证会的日期已确定如下：1950年8月23日，周三，上午10时。地点在加利福尼亚洛杉矶南菲格罗亚大街751号，美国地区工程师大楼240房间。

听证会期间，你或者代表你的其他有关人士可以出席，请提交口头或者书面或者两者都有的证据，以说明你有权利接触国防部的涉密信息和承包项目。

如果你或者代表你的其他人士不能按照上述时间和地点出席，华盛顿的产业雇工审查委员会可能根据这个案件中现有的记录和所有从你那里收到的材料作出决定。

你如果出席在洛杉矶召开的听证会，请务必在8月14日之前通知产业雇工审查委员会。所有的邮件请寄往产业雇工审查委员会主席处。[②]

---

① A letter from Francis M. Wray to Dr. Tsien, July 27, 1950, provided by Marble.

② A letter from Francis M. Wray to Dr. Tsien, July 31, 1950, provided by Marble.

但是产业雇工审查委员会7月31日寄出的邮件，到8月4日钱学森还没有收到。眼看着计划回国的日期就在眼前，他还是很希望产业雇工审查委员会能够尽早安排这场听证会。钱学森按照产业雇工审查委员会的要求，于8月4日致函产业雇工审查委员会主席。信中说：

我收到了弗朗西斯·M. 雷7月27日的邮件，他通知我说，我的上诉已经受理。我希望由华盛顿产业雇工审查委员会召开听证会。我由于计划8月底离开这个国家，也希望你尽可能早地安排这次听证会。①

在8月4日的邮件寄出三天后，即8月7日，钱学森收到了产业雇工审查委员会7月31日寄来的邮件。当他看到听证会安排的日期和地点后，感觉听证会还是在华盛顿产业雇工审查委员会总部召开比较好，而不希望在洛杉矶举行。他于当天致函产业雇工审查委员会主席，并将信件抄送至J. N. 尤尔特。信中说：

我在8月4日的邮件中向你说明，我希望由华盛顿的总委员会召开我的听证会。今天，我收到弗朗西斯·M. 雷的来信，他通知我，听证会暂定日期是8月23日，在洛杉矶召开，但是我仍然希望在华盛顿的产业雇工审查总委员会召开。有什么安排请及时通知我。②

8月8日，产业雇工审查委员会行政办公室主任弗朗西斯·M.

① A letter from H. S. Tsien to the Chairman of Industrial Employment Review Board, August 4, 1950, provided by Marble.

② A letter from H. S. Tsien to the Chairman of Industrial Employment Review Board, August 7, 1950, provided by Marble.

雷答复钱学森。信中说：

你8月4日寄出的希望听证会在华盛顿召开的信件已收到。产业雇工审查委员会同意你的请求，现已确定听证会的日期和地点安排如下：1950年8月23日，周三，上午10时，地点为华盛顿国防部大楼2E—832房间。听证会时，你和代表你的有关人士可以出席，并提交关于你适合于从事国防部涉密信息和承包项目研究工作的口头、书面或者两者都存在的证据。如果你按时出席听证会，请务必在8月19日之前通知产业雇工审查委员会。如果你和代表你的其他人士没有按照时间和地点参加听证会，总委员会可以按照案件目前的记录以及在听证会日期前从你那里收到的所有书面信息作出裁决。①

8月12日，钱学森致函产业雇工审查委员会主席，告知可以参加在华盛顿召开的听证会。信中说：

弗朗西斯·M.雷8月8日的邮件收到，信中通知我在8月23日在华盛顿举行听证会。我将按照上述时间出席听证会。②

8月14日，杜布里奇也给产业雇工审查委员会的弗朗西斯·M.雷发了一份电报，确认听证会日期，指出："我们将日期确认为8月23日，除非我再收到你的信息。"③这样就把钱学森被吊销许可证的听证会日期约定于8月23日举行。

① A letter from Francis M. Wray to Dr. Tsien, August 8, 1950, provided by Marble.

② A letter from H. S. Tsien to the Chairman of Industrial Employment Review Board, August 12, 1950, provided by Marble.

③ Lee A. DuBridge Papers (Box 100, Folder 4), LAD 100.4 (1950, 8.14), Caltech Archives.

第三节　打包行李和预订回国机票

钱学森一方面把自己被吊销许可证的情况向学校有关方面作了说明，由学校出面与国防部产业雇工审查委员会沟通召开听证会进行申诉；另一方面也在为回国做准备，开始打包并托运行李，同时预订归国机票。另外，当时好友威因鲍姆的案件更坚定了钱学森回国的决心。1950 年 6 月 22 日，美国的报纸以头条新闻发表消息说，威因鲍姆博士在帕萨迪纳家中被捕。美国政府控告威因鲍姆在加州理工学院从事原子秘密研究的时候，于一年前向陆军部调查人员发假誓，说自己根本不是美国共产党员。美国当局确定，对威因鲍姆的审判定于 8 月举行。好友威因鲍姆被捕给钱学森以极大的震动，让他看到了当时美国政治局势的黑暗，钱学森回国的决心也因此日益弥坚。

一、行李打包

7 月 24 日，钱学森致电位于帕萨迪纳的白金斯搬运和仓储公司，说有一批自己的用品需要打包运往中国，希望对方派一名代表到家中商谈此事。据公司经理哈罗德·塞克史密斯（Harold Sexsmith）回忆："来电话的时候，我们公司的一位职员正在常规性地值班，我就在外面的房间接通了钱学森的电话。"①

翌日，也就是 7 月 25 日，公司经理塞克史密斯亲自来到钱学森

① Statement of C. Harold Sexsmith, Made in the Office of Customs Agent in Charge, Room 308, H.w. Heliman Building, 354 So. Spring St Los Angeles 13, Calif., At 9:20 A.M., September 20, 1950, Neutrality Investigation Files, 1948–1988, Folder title: LA23–24, Dr Tsien Hsue Shen, Box Number:1.

位于阿塔迪纳布恩纳洛马东街360号的家中查看需要打包运输的行李。据塞克史密斯回忆："当时钱学森夫妇都在家，钱学森夫人偶尔会离开，因为她正在照看一位小孩。"

给钱学森行李打包的白金斯公司也是给加州理工学院另一位教授赵忠尧回国行李打包的公司。塞克史密斯首先查看了家中需要打包的物品，他下意识地提及前两天给赵忠尧打包和运输时遇到的问题，说："我们前几天给赵忠尧博士运输，他欲运输的物品通过海关时，出现了一些问题，他因此遇到了麻烦。"他还问钱学森："你认识赵忠尧吗？"钱学森回答说："是的，我认识他。"看到钱学森家中需要打包的物品，塞克史密斯向钱学森解释说："你无须担心，这完全是两种不同的性质。"关于家中打包物品，后来塞克史密斯对联邦调查局人员说："从我在钱学森家中查看的货物来看，我不会觉得他会有什么问题，因为他的货物只是一些日常家庭用品。"

塞克史密斯不仅查看了钱学森家中需要打包的物品，还与他商谈了办公室物品的打包事宜。为了准备办公室物品的打包工作，塞克史密斯还问钱学森准备运哪些东西，体量有多大，这样以便白金斯公司安排合适的集装箱运输办公室的物资，并将其运往公司仓库中。钱学森告诉塞克史密斯，这些货物主要是在加州理工学院自己办公室里的书籍。他还告诉了塞克史密斯书籍的尺寸，并说，根据估计大约需要25个标准尺寸的书箱。

他们还围绕货物怎样打包以安全抵达目的地、货物盗窃保险以及保险费、运输等问题进行了商谈。塞克史密斯告诉钱学森，出口货物必须通过海关，需要办理必要的报关手续。塞克史密斯还问钱学森，是自己安排报关手续，还是希望通过公司海关经纪人办理？钱学森告诉塞克史密斯，希望通过公司海关经纪人去办理所有必要的手续。后来联邦调查局人员询问塞克史密斯关于那次访问钱学森居家的情况，塞克史密斯对联邦调查局人员说：“我们进行了简要而自由的交谈。这仅仅是一次出于好奇、我与所有的客户都会进行一次友好交谈而已。”最后，钱学森和塞克史密斯签署了对家中和办公室物品进行打包的预约单，并初步商定8月4日对家中物品进行打包，并于8月5日对办公室的物品进行打包（后来由于时间有变，钱学森又专门致电塞克史密斯，要求将打包时间修改为：8月18日对家中物品进行打包，8月19日对办公室物品进行打包）。

对出口物品，当事人都要填写一份《出口声明》。塞克史密斯从钱学森家中回来后，就将一份空白的《出口声明》邮寄给钱学森。8月3日，钱学森将填好的《出口声明》回寄给白金斯搬运公司，并附带了一封邮件，就保险以及货物运达地址作了交代。信中说：“暂时邮寄地址：香港九龙秀竹园道6号，黄立富（L. F. Wong）① 收。”并说：“最终目的地是上海愚园路1032弄111号，本人收，这也是我在中国的地址。”

他还在信中特别提醒：“一定要注意运输日期，希望这些行李能够搭乘从维明顿启程，并于8月29日从洛杉矶港出发的‘威尔逊总统号’邮轮。”②

8月18日，按照经双方同意修改后的约定，白金斯公司调度员理查德·恩格里斯（Richard English）派打包员罗伯特·D. 格兰特（Robert D. Grant）还有一些小工，去钱学森家中对盘子、碗等生活用品进行打包，另外对家庭零散物品也进行了初步整理。为了节省时

① 为了查明钱学森所寄行李收件人以及与钱学森的关系，著者利用香港《大公报》通过邮寄地址反查到，此人姓“黄”，又通过百度查到拥有同样地址的另一黄姓人士，为“黄美娴”。后经过《红色华润》作者吴学先终于联系到黄美娴女士。从她那里得知，收件人L. F. Wong为黄立富，是其弟弟。还得知，黄立富为蒋英姐姐——蒋雍的丈夫。

② C. Harold Sexsmith, Shipment to Shanghai, China for Dr. H. S. Tsien, reproduced from the holdings of the National Archives and Records Administration Pacific Region (Laguna Niguel).

间，对家中一些大型家具，他们只是简单包装了一下，然后将其转运到公司的打包房间再精心打包。经过一整天紧张而忙碌的工作，8 月 18 日打包公司基本上把钱学森家中物品的整理和打包事宜完成了。

8 月 19 日，他们按照约定要对钱学森在加州理工学院办公室的物品进行打包，原定办公室物品的打包工作也与家中用品的打包工作一样，在原地进行。当天一大早，钱学森来到办公室，对所要携带行李进行了初步整理和堆积。那天，白金斯公司的调度员派了打包员詹姆斯·乔伊斯（James Joyce）以及几名小工去加州理工学院钱学森的办公室打包。然而，当打包人员抵达办公室时，由于钱学森要急着外出办事，他要求公司打包人员首先将材料放到箱子里，然后带回到公司仓库再完成打包工作。这样，办公室的行李就根据钱学森的意见当天被拖运到搬运公司的仓库里。

二、预订机票

钱学森在从事美国国家机密研究工作许可证被吊销后，就已经感觉到事态的不妙，特别是联邦调查局人员多次上门查证后，他更加感受到“一片疑云正向他袭来”，于是想办法订票返回祖国。他首先向总统轮船公司打听订购“威尔逊总统号”船票的事宜，准备全家乘船先到中国香港，然后再由香港返回中国大陆。但是他从洛杉矶的英国领事馆得知，从这方面取得签证非常困难，许多加州理工学院的中国朋友在办理回国手续时都曾遇到过同样的问题。在此困境下，正当钱学森为回国做准备时，有一位朋友告诉他，西雅图的国际贸易服务协会可以帮助他办理过港签证。

为了稳妥起见，钱学森于 7 月 29 日将回国的决定以信函的形式通知了美国国务院。随后他于 7 月 31 日四处打听这家协助办理一切出境手续的贸易公司。8 月初，钱学森联系到西雅图的国际贸易服务协会，所得答复是，如果他搭乘加拿大太平洋航空公司的飞机，他们可以帮助他安排去香港的过境签证。这样，钱学森就在8月中旬买下了8月29日出发、途经温哥华的加拿大太平洋航空公司的机票。

就在加州理工学院通过各种渠道向国防部申诉听证，并希望帮助钱学森重新取得涉密研究许可证时，钱学森正在为回国做积极准备。此时，钱学森已经预订好了回国的机票，并将托运行李交至托运公司，托运公司也将行李运抵他们的仓库。也就是说，钱学森在前往华盛顿前，已经做好了归国前的一切准备。

第四节　会见昔日朋友和机场被滞

钱学森作为在美国享有较高声望的科学家，加州理工学院校方非常珍惜钱学森这位科学家和航天奇才，希望他继续留在美国，并服务于美国的航天事业。加州理工学院也希望钱学森能够通过上诉为其重新获得国家许可证，以挽留他继续在学校工作。为了上诉，加州理工学院特意安排有关部门积极协助办理此事。校方还推荐弗朗西斯・M. 雷上校，让钱学森与他联系。同时，加州理工学院院长杜布里奇还提议钱学森去华盛顿见一下海军部副部长丹・A. 金波尔（Dan A. Kimball）。杜布里奇建议让钱学森去见金波尔，一方面他认为，金波尔是华盛顿军方级别比较高的官员，去华盛顿可以免除洛杉矶方面所给予的麻烦。另一方面，金波尔不仅是加州理工学院的朋友，而且与钱学森关系甚密，加州理工学院安排钱学森去见他就是希望得到他的帮助。

钱学森一方面要参加在华盛顿为他召开的听证会，另一方面又要在回国前见一下自己的昔日朋友金波尔。8月21日，钱学森离开洛杉矶前往华盛顿。22日上午，他第一个要拜访的就是金波尔。金波尔曾是通用航空喷射工程公司的执行副总裁兼总经理，钱学森是这家公司的顾问，与他熟识。在总统竞选中，金波尔曾协助杜鲁门竞选总统。因此，杜鲁门上台后，于1949年5月13日任命金波尔为海军部副部长。在金波尔的办公室，钱学森将一切情况告诉了金波尔，包括联邦调查局派人去加州理工学院调查他以及他从事机密研究的许可证被吊销的事情。[①] 钱学森还对金波尔说："他们说我是共产党员。"金波尔回答道："钱先生，我不认为你是共产党。我从来就不认为你在什么地方对政治感兴趣。"钱学森接着说："他们已经拿走了我从事机密研究的许可证，我已经无法在学院里做许多我想做的事，我已决定回中国大陆。另外，父亲生病已经很久了，但还从来没有看到过两个孩子。"听到这里，对政治非常敏感的金波尔异常惊讶。金波尔不但完全了解钱学森的科学成就，更了解钱学森在军事上的分量。金波尔最为担心的则是钱学森回到新中国，这样问题就大了。他最惧怕的就是中国高精尖科技武器的研制。另外，在金波尔看来，钱学森作为一名在美国享有盛誉的杰出科学家，他有能力也有可能向美国的敌对势力——苏联提供有价值的资料。因此，他对钱学森说："你不能离开美国，你太有价值了。"钱学森还告诉金波尔，加州理工学院也不愿意他离开美国。金波尔说："我同意他们的意见，他们不应让你回去。我认为你应该留在加州理工学院。"

金波尔极力劝说钱学森留在加州理工学院继续从事科研工作。他说："在未澄清关于国家安全许可证的事情之前，你可以担任数学教授。"他还给钱学森介绍了一位辩护律师保罗·鲍特（Paul Porter）。最后说："你去见鲍特律师，一切就会没有问题。"

---

① 张纯如著，张定绮、许耀云译：《中国飞弹之父——钱学森之谜》，台北天下文化出版股份有限公司1996年版，第262页。

实际上，就在钱学森来华盛顿拜访金波尔之前。金波尔已从不同渠道了解到钱学森将要回国的消息。我们可以从一份档案中得出这一认识。1950 年 8 月 17 日，联邦调查局局长给司法部助理检察长詹姆斯 · M. 麦金纳尼（James M. McInerney）写了一封邮件，汇报了这件事。邮件说："海军上将西德尼 · W. 索尔斯（Sidney W. Souers）通知我，由于钱学森接触了涉密资料，海军部副部长金波尔对试图阻止钱学森回国表达了很大兴趣。"[①] 从这里，我们可以看出，就在钱学森来金波尔办公室前，金波尔已从不同渠道了解了钱学森回国的消息，而且表达了阻止钱学森回国的决心和意愿。

8 月 22 日下午，钱学森会见了金波尔向其介绍的辩护律师。钱学森来到鲍特的办公室后，首先简要介绍了案情进展的基本情况。鲍特说，为了在这次听证会上进行有效的辩护，以及实现辩护所要达到的理想目标，他需要一些时间做进一步的准备。如果在 23 日举行听证会，时间过于紧张，建议延期举行。他还对钱学森说："你最好在明天上午再去金波尔处，告诉他，你希望无限期推迟听证。" 8 月 23 日上午，钱学森再次来到金波尔的办公室，把同鲍特会见的情况向金波尔作了简要的汇报。金波尔表示，同意帮助协调推迟听证会。在金波尔的协调下，司法部同意听证延期，但这一延期推迟了钱学森立即动身返回祖国的计划。

钱学森希望并等待美国当局撤销对他的怀疑，然后光明磊落地离开美国，离开加州理工学院。关于这一点，当时加州理工学院在读博士生、钱学森的好友罗沛霖后来在文章中说："学森对我说，以他在学术界的地位，要回国，他就要正大光明地回，不能悄悄地离

① Hoover Institution Archives, Stanford, CA94305–6010.

开。”[①] 带着这样的期待，他搭乘飞机返回洛杉矶。就在钱学森离开金波尔办公室后，这位海军副部长立即拿起电话，向华盛顿美国司法部通报，告诉他们，以钱学森所具备的学识，无论如何也不能让钱学森离开美国。[②]

1950 年 8 月 23 日，钱学森到达洛杉矶国际机场，此时，一位移民归化局的调查人员早已在那里等他了。钱学森一踏出机舱，那位调查人员就向他出示了一份文件，那是司法部的命令——不准离开美国。时间大约是晚上 9 时 30 分。[③] 移民归化局总稽查艾伦·G. 朱尔（Allan G. Juhl）向钱学森宣布了由司法部移民归化局执行法官赫尔曼·R. 兰顿（Herman R. landon）签署的不准离开美国的命令。命令称：

亲爱的先生：

修正后的一九一八年五月二十二日的法令第二百二十三段甲（美国法典第二十二部第二百二十三段甲）规定“除按总统特别规定的合理条例、规章及命令以及限制与例外以外，任何外国人离开或进入，或企图离开或进入美国”，均为不合法。

上述法令第二百二十五段（美国法典第二十二部第二百二十五段）有规定，任何有意违犯第二百二十三段的任何规定，或总统宣布

---

① 罗沛霖：《浦汇·矶市·燕城——忆钱学森兄的二三事》，《神州学人》1990 年第 5 期。

② 关于金波尔给司法部的电话内容，我们在中文文献中时常会见到这样一句话：“钱学森太有价值了，在任何情况下，他都抵得上五个师！我宁可毙了他，也不能放他回共产党中国。”（参见奚启新《钱学森传》，人民出版社 2011 年版，第 133 页；另见涂元季《人民科学家钱学森》，上海交通大学出版社 2002 年版，第 22 页。）但著者在所翻阅的美国原始档案中，没有见到此论述。

③ CUST AGCY LOS ANGELES MULLEN AND GORIN TO EMERICK GA, Neutrality Investigation Files, 1948–1988, Folder Title:LA23–24, Dr Tsien Hsue Shen, Box Number:1.

的任何命令或公告，或据此宣布的任何许可令、条例，或规章的人，将被判处五千美元以下的罚金或五年以下的徒刑，或同时给予两种处分。

依据上述修正后的一九一八年五月二十二日法令和一九四一年十一月十四日第二五二三号总统公告及联邦法典第一七五部第八项的规定，无论你是否已有离境证，兹命令你不得离开或企图离开美国，直至你接到通知取消此项命令为止。①

关于美国司法部所作出的禁止离境决定对其回国的影响，钱学森对辩护律师说："那影响是直接的，当时不可能回国了。我首先要做的事情就是取消航班预订，并且要尽可能早些。"② 钱学森回到家后，就对蒋英说："我们的机票还是退了吧，真不行，你先带着两个孩子回中国吧。我留在这里再说。"③8 月 24 日一大早，钱学森致电加拿大太平洋航空公司，要求取消原定于 8 月 28 日前往香港的机票，但要保留蒋英和小孩的机票。据 9 月 20 日钱学森接受调查时所说，当时他想尽可能让妻子和孩子先回到中国，妻子能够料理家事。由于还有以蒋英的名义在美国银行的存款，当天，钱学森还和蒋英一起到阿塔迪纳市的银行取了在那里的积蓄、暂存珠宝以及战时公债等。

下午，加州理工学院院长杜布里奇到钱学森家中造访，想了解钱学森前往华盛顿以及与金波尔会谈的情况和结果。钱学森于是把他在华盛顿同金波尔会面以及在机场发生的事情向杜布里奇一一作了报

① 全国政协暨北京、上海、天津、福建政协文史资料委员会编：《建国初期留学生归国纪事》，中国文史出版社 1999 年版，第 47 页。

② Interview of Dr. Hsue Shen Tsien at United States Immigration Bureau, Terminal Island, California, September 20, 1950, Neutrality Investigation Files, 1948–1988, Folder Title:LA23–24, Dr Tsien Hsue Shen, Box Number:1.

③ 2010 年 5 月 25 日，著者采访蒋英的访谈录。

告，并说司法部禁止他离开美国，他准备让蒋英和两个孩子先回中国。听到这里杜布里奇说："我不想看到你们家庭的分离，希望蒋英和两个小孩都留下来。"这时，蒋英也很快改变了想法，表示可以暂时留在美国，要和钱学森一起面对眼前的困难。

8 月 25 日，蒋英致电加拿大太平洋航空公司，要求取消她与孩子的预订机票。加拿大太平洋航空公司票务人员基思·弗莱彻（Keith Fletcher）告诉蒋英："可以取消预订，但你应该先致电我们公司驻西雅图办公室取消这些预订，同时还要承担因机票取消而产生的费用。"

关于钱学森预订和取消机票的情况，我们可以从移民归化局人员艾伦·G. 朱尔在拜访加拿大太平洋航空公司驻西雅图办公室主任安格斯·D. 麦克唐纳德（Angus D. MacDonald）所获得的信息中窥见一斑。

麦克唐纳德说，他第一时间知道钱学森取消预订机票是 1950 年 8 月 24 日早晨，他的秘书接到钱学森的一个电话，要求取消他从温哥华到中国香港的预订机票，航班号 305，预计航程为 1950 年 8 月 28 日中午 12 时 5 分起飞。钱学森说，他购买了两个大人和两个小孩的机票，现在自己的那张机票取消，但保留妻子和孩子的。1950 年 8 月 25 日上午 8 时 20 分，基思·弗莱彻，加拿大太平洋公司驻洛杉矶办公室的票务员接到蒋英的电话，要求取消她和孩子的机票。弗莱彻告诉蒋英，必须联系他们公司驻西雅图办公室来取消他们的预订，还要承担因取消机票所带来的退票费。蒋英同意了公司的要求。1950 年 8 月 28 日，加拿大太平洋公司驻洛杉矶办公室收到西雅图办公室于 8 月 25 日寄来的一封信。信中说，考虑到主人宣布取消航程，他们办公室应该想办法收回由英国驻洛杉矶领事签发的过境签证，因为他们要经过香港。于是，基思·弗莱彻往钱学森家中打电话，是蒋英接听的。在与蒋英电话沟通中，他们要求收回过境签证。蒋英回答说，他们不想放弃这个签证，因为他们只是延迟了航程而已，很快还要用它。这个信息传达到西雅图办公室。随后，这个办公室的人员就没有和钱学森作进一步的沟通和交流。①

就这样，钱学森 1950 年回国的计划被美国司法部的一纸命令给扼杀了。

第五节　行李被查扣

在钱学森前往华盛顿参加听证会之前，他回国携带的行李已转运至搬运公司等待打包和托运。钱学森从华盛顿返回后，没有收到有关行李打包和托运的任何消息，只是由于回国被禁，联络尽快取消预订航班。但钱学森万万没有想到，就在他正式向加拿大太平洋航空公司取消航班的当天，即 8 月 25 日，洛杉矶海关正式通过媒体发布了其行李被扣留的消息。《洛杉矶时报》发表了题为《机密资料被查扣——加州理工学院教授财产在海关被滞留》的文章。文章称："船上装着的八大箱子秘密和绝密科学资料是加州理工学院教授钱学森试图运送到中国去的。昨天，政府官员对其进行了指控。美国政府宣布，他们的稽查查获有密码的书籍、照片、草图、复印的底片、记录以及大批有关火箭研究的技术资料。"这一切，钱学森一家全然不知。只有看到这一消息，钱学森和蒋英才得知托运行李出现问题。

25 日当天，就在钱学森行李被扣的新闻见报后，一些媒体记者纷纷涌向钱学森家中了解情况。钱学森就计划返回中国和随后发生的行李被扣事件发表了一份庄重的声明。声明称："我计划返回中国，

---

① Neutrality Investigation Files, 1948–1988, Folder Title: LA23–24, Dr Tsien Hsue Shen, Box Number:1, National Archives and Records Pacific Region.

是因为我的父母在那里，有一个家庭问题需要我去处理。我已经安排了打包公司去为行李打包，并协办所有为海外运输所必需的法律手续。周三晚上，我收到洛杉矶移民归化局的命令，不准我离开美国。在这之前，我的所有物资都已包装完毕，并准备托运。打包前，我仔细核对了我的个人物品，将带有涉密性质的材料都剔除出来，并将它们锁在了我办公室抽屉里，然后将抽屉钥匙交给克拉克·米利肯（Clark Millikan）博士。据我所知，在我携带的资料中没有带有'内部''秘密'或者'绝密'的字样。"这份声明全文发表在第二天的《洛杉矶考察家报》上。[1]

8月26日一大早，蒋英打电话给打包运输公司的总经理塞克史密斯了解情况。蒋英异常生气，对公司没有及时通知行李被查扣情况深表不满。塞克史密斯随即将行李被查扣的情况向蒋英作了说明：海关人员已经向他交代，在他们没有采取必要的行动前，不要和任何人谈起或者讨论此事。关于这次电话会谈，塞克史密斯在接受洛杉矶海关代表欧内斯特·S. 格雷泽（Ernest S. Glazer）和罗伊·M. 戈林（Roy M. Gorin）问询中说："那天早上，钱夫人打电话询问此事，她非常生气，因为我们没有告诉她，他们的行李被查扣。我给她解释说，那是戈林命令我们的：任何人不得告知，直到他们宣布为止。我告诉钱夫人，我对她没有得知行李被扣表示吃惊。她回答说，她是从报纸上得知回国行李被查扣的。接着，我问她，关于这次行李托运还有什么计划？她说，既然所有的东西都将要被扣留，如果可能的话，她希望把洗衣机再运回家中使用。我告诉她，如果我从海关官员那里获得准许的话，我们会很愿意将洗衣机运回她家中。由于他们的孩子

① The Los Angeles Examiner, August 26, 1950, Federal Bureau of Investigation File No. 65-4857, reproduced from the holdings of the National Archives and Records Administration Pacific Region (Laguna Niguel).

很小，急需它。以后，具体地说，是在一周后，蒋英再次打电话给我们，告诉我们说，他们不准备托运任何东西到中国了。在有进一步的指示前，行李暂时由我们保管。这就是目前托运的情况。”①

实际上，就在钱学森前往华盛顿拜会海军副部长金波尔的同时，一场针对钱学森行李的审查正在秘密进行中。8 月 19 日，白金斯公司打包人员将从钱学森办公室取回的书和文件运抵公司仓库，放到打包房，等待整理装箱。

次日下午，打包员鲍勃·格兰特（Bob Grant）在整理这些行李的过程中发现，在钱学森携带回国的一些书或者资料的封面上标有“秘密”和“机密”字样，这引起了他的注意，随后，他将情况报告给公司总经理塞克史密斯。塞克史密斯来到打包房间，查看了这些物资，始觉钱学森托运行李确实存有问题。第二天一大早，塞克史密斯就拨通了洛杉矶海关规费征收办公室戈林的电话。据戈林 1950 年 8 月 24 日写给洛杉矶海关规费征收办公室主任的一份备忘录记载：“8 月 21 日，星期一，我收到一个告密者的信息，说加州理工学院钱学森博士计划将大批技术资料带到国外，其中一些资料标有‘内部’‘机密’‘绝密’字样。我立即同我们部门取得联系，把这个情况告诉了他们。”② 戈林在收到塞克史密斯的电话后，要求立即停止打包工作，并命令他不得向任何人提及钱学森行李的事，直到海关决定该如何处置为止。

备忘录还说：“为了突出行李审查的代表性，我们特别安排，希

① Statement of C. Harold Sexsmith, Made in the Office of Customs Agent in Charge, Room 308, H.w. Heliman Building, 354 So. Spring St Los Angeles 13, Calif., At 9:20 A.M., September 20, 1950, Neutrality Investigation Files, 1948–1988, Folder Title:LA23–24, Dr Tsien Hsue Shen, Box Number:1.

② Office Memorandum · United States Government, reproduced from the holdings of the National Archives and Records Administration Pacific Region (Laguna Niguel) .

望空军情报办公室、海军情报部门、国务院特别机构、联邦调查局等机构派代表参加。当时还联系了美国原子能委员会，但没有及时收到他们派代表参加的信息。当日中午 12 时，我们收到了原子能委员会的来电，说他们不能派代表参加现场审查钱学森所携行李的行动。”

按照事先约定，8 月 21 日下午，海关规费征收办公室行政助理戈林陪同联邦调查局人员罗杰·S. C. 沃尔科特（Roger S. C. Wolcott）、海军情报办公室人员 D. 波特（D. Porter）、空军情报人员莱曼·P. 戴维森（Lyman P. Davison）、国务院人员 E. C. 海耶斯（E. C. Hayes）来到加利福尼亚州帕萨迪纳白金斯公司仓库，对钱学森拟托运到中国的行李进行了现场查看。戈林说，他们的查看活动是根据美国《出口控制法》（U. S. Export Control Law）的条款，合法进行的。由于钱学森的资料、物品包装在很多箱子里，他们只是对三个箱子的物品进行了抽样检查。戈林说，其目的是从这些材料中抽取出一个充足的样本，从而为在法律上没收这些材料提供一个权威的依据。为了协调部门之间就钱学森携带资料问题所采取的行动，他们商讨形成了一个跨部门组织，以统一行动。美国司法部全面负责本案件，美国国务院也是跨部门组织的成员之一。他们最后决定，对这些材料的全面检查由那些有资格的科学人员进行。对钱学森涉密资料的评估应该由与文件有关的军事机构来作出，调查形成的报告应该直接呈送美国司法部或者司法部驻洛杉矶相关附属机构。

他们通过现场查看表明，在这次托运的物品中有大批（重量 1200 磅—1500 磅）“技术含量很高”的资料，主要是小册子、论文、笔记、信件、图表等。他们发现一些资料标有“内部”和“绝密”字样，涉及原子能、火箭、导弹、喷气推进及其他相关领域。他们还在现场达成了初步意见：由于这些资料具有上述性质，所以不应该返还给钱学森博士，而应该置于政府机构的控制之下，以等待全面的调查。最后戈林向塞克史密斯交代，要求公司将钱学森的所有物品严控起来，未经批准，任何人不得接触。

由于原子能委员会没有派代表参加行李审查工作，当天下午，戈林回到办公室后，就给华盛顿原子能委员会生产和设备分委员会主席莱尔·约翰逊（Lyall Johnson）去了一个电话，报告当天下午行李检查的情况以及现场达成的初步意见，并说这是在场所有人达成的一致意见。他还告诉约翰逊，他们还要将有关情况上报国务院以及商务部工商执法办公室。

8 月 22 日一早，戈林就把这件事情向国务院军械部的德·戈利亚（De Golia）和商务部工商执法办公室的吉南（Guinane）作了汇报。国务院军械部根据汇报情况，建议扣押这些材料，拘捕钱学森博士；而商务部工商执法办公室的吉南，当场没有表态，而是与同事商谈后很快给戈林回电，通告答复意见。他们向戈林建议，应该与司法部有关部门进行商讨，并实施对这些物品的扣押。他们还说，为了美国政府的利益，目前任何疑问和问题都应该马上得到解决。[1]

8 月 22 日下午，戈林收到了华盛顿财政部海关署埃美瑞克发来的电报，他们建议在扣押钱学森技术资料方面，美国国务院不应该发挥权威作用，而应从军事角度将这些资料进行分类。戈林也把吉南的电话意见向埃美瑞克作了汇报。

随后，戈林将上述各部门的意见以及磋商的情况向洛杉矶海关规费征收办公室代理助理主任利奥·P. 伯格瑞巴（Leo P. Pogreba）进行了详细报告。他建议戈林："对这个事情要紧紧抓住不放，继续将调查推进下去，建议将调查的结果及时向司法部汇报，然后听取他们

---

① Office Memorandum · United States Government from Mr. R. M. Gorin to Collector of Customs, Los Angeles, Cal. August 24, 1950. Neutrality Investigation Files, 1948–1988, Folder Title: LA23–24, Dr Tsien Hsue Shen , Box Number:1, National Archives and Records Pacific Region.

的意见。”

8月23日上午，戈林在海关代表格雷泽的陪同下，前往司法部驻洛杉矶办公室。他们在那里召开了一个碰头会，出席会议的有检察长欧内斯特·多林（Ernest Tolin）、助理检察长克莱德·C.唐宁（Clyde C. Downey）、马克斯·多伊兹（Max Deutz）以及工作人员文斯·埃里克森（Vince Erickson）。首先，戈林将事情的情况向司法部的各位官员作了详细的汇报。检察长多林说，就这个事情而言，他很乐意在他的职权范围内全力以赴地帮助和配合所有调查人员的行动，支持对这些资料进行查封、扣押，甚至可能在将来采取对钱学森的刑事诉讼。多林还说，他会要求联邦调查局将钱学森置于密切监视之下，以排除他离开美国以及将这些资料非法带出国外给不友好的外国或组织手中的可能。会议还决定，应该向地方法院申请扣押令。

8月23日下午，海关规费征收办公室派出出口控制许可证检查人员韦登（Weeden）和海关人员萨蒂（Suttie）前往白金斯公司，开始对物品进行详细编目。戈林与格雷泽一同前往，他们是想进一步询问有关托运的情况，以了解更多的信息。他们又对一个没有开过的箱子进行了详细的检查，结果与上次了解的情况一样。

8月24日，洛杉矶海关规费征收办公室代理助理主任利奥·P.伯格瑞巴向洛杉矶地方法院提交了宣誓和请愿书，要求查扣钱学森的八大箱行李，理由是其中的文件触犯了《出口控制法》《中立法》及《反间谍法》，等待裁决。宣誓书称：

钱学森，加利福尼亚帕萨迪纳加州理工学院教授，博士，于1950年8月21日前后试图将如下财产运出美国：在滞留的八箱资料中，存有大量的技术资料，主要有文件、著作、电码本、信号书、草图、相片、蓝图、计划和笔记等，含涉密和非涉密的资料，价值不能确定。

钱学森没有遵守《出口控制法》《中立法》和《反间谍法》的有关条款，试图将上述技术资料运输出境。

将上述资料运出美国是被禁止的，除非完全遵守《1949 年出口控制法》第三章第 15 条、《中立法》第 22 条第 452 款及《1917 年反间谍法》第 18 条第 793 款以及需要遵守的公告、行政命令等。上述技术资料现被置于洛杉矶海关码头，仍处在海关规费征收办公室的控制之下。

因此，特申请颁发扣押令。①

当天，洛杉矶南加州地区地方法院法官本·哈里逊（Ben Harrison）根据海关规费征收办公室代理助理的请愿书，专门发布命令，将那些被滞留在海关的所有文件扣留。命令称：

根据洛杉矶海关规费征收办公室代理助理利奥·P. 伯格瑞巴的宣誓书和请愿书，结合美国司法部洛杉矶分局助理检察长马克斯·F. 多伊兹根据国家法典第 22 条第 402 款采取扣留的提议，授权对如下财产进行扣留：八箱大量技术资料，主要有文件、著作、电码本、信号书、草图、相片、蓝图、计划和笔记等，为涉密和非涉密的资料，价值不确定，于 1950 年 8 月 21 日没收。令法院满意的是，根据国家法典第 22 条第 401 到 408 款的法律内容，没收具有合法性。

因此，现予命令，没收的财产由洛杉矶海关征收办公室扣押。②

① National Archives and Records Administration Pacific Region, Civil Case File 12180–12203, Box Number 64.

② Records of the District Court, Central Division1938–1961, Criminal Case 12180–12203, Box Number 64, reproduced from the holdings of the National Archives and Records Administration Pacific Region (Laguna Niguel).

洛杉矶海关规费征收办公室行政助理戈林在地方法院作出扣押钱学森行李命令的当天就通知办公室人员，及时将查封的钱学森行李从白金斯公司的仓库搬运至海关仓库，以便对行李作进一步的审查和评估。通知还附上一份备忘录，说："我们将对这个事情进行密切关注，并将最新进展及时报告给美国有关机构，如联邦调查局、移民归化局和原子能委员会等。" ①

随后，洛杉矶海关、司法部移民归化局以及联邦调查局等多个部门的人员纷纷涌入洛杉矶港口的仓库，展开了搜查行动。

洛杉矶海关规费征收办公室人员罗伊·戈林（右二）和司法部移民归化局检察官阿尔费烈德·冈萨雷斯（Alfred Gonzales, 右一）在检查钱学森行李

仅仅一天后，即 25 日，钱学森行李就从白金斯公司的仓库转运到了位于马特奥 520 号大街洛杉矶海关的仓库。负责这一地区的联邦

① Office Memorandum · United States Government, August 24, 1950, reproduced from the holdings of the National Archives and Records Administration Pacific Region (Laguna Niguel).

调查局官员理查德·B. 胡德（Richard B. Hood）在没有对文件本身作出鉴定前，拒绝对案件作任何评论。但据报道，军方代表、原子能委员会和其他政府机构的代表将检查这些箱子的内容。为了方便政府有关部门有效地检查这些资料，洛杉矶海关人员罗伊·M. 戈林将开始对所有被查扣的资料进行分类、整理，并列出内容清单等。①

在钱学森的行李被查扣后，加州理工学院克拉克·B. 米利肯博士发表声明称："钱学森在学校开展的喷气推进研究工作完全是学术行为。"米利肯博士说："我们知道他打算 9 月回到中国，因为他的父母在那里，在中国他有家庭问题需要解决。"他还说："我确定在整个事情中存在误会和混淆，我确信这些托运物都是他自己的资料。钱学森博士是一位非常有价值、诚实和忠诚的人。他在这个国家待了很多年，跟我们的理想完全一致。"②

第六节　资料遭密集审查和作为"危险人物"受到监视

在行李还滞留于白金斯公司仓库时，洛杉矶海关就组织人员对钱学森拟托运行李进行了初步整理和分类。按照资料封面上的标记，他们将钱学森所携带资料主要分成四类：第一类是文件上明显标有密级的；第二类是政府机关出版或者与政府机关有直接关系的各类小册子、论文、报告等；第三类是大量与政府机关没有直接关系的小册子；第四类是 100 本左右没有密级标记的书。

在钱学森行李被下令查扣的当天，即 8 月 24 日，美国司法部联邦调查总局局长约翰·埃德加·胡佛将钱学森行李查扣的情况以信函

① Los Angeles Times, August 26, 1950.
② Los Angeles Times, August 25, 1950.

的形式向国务院安全局副局长杰克·D. 尼尔（Jack D. Neal）作了汇报，汇报的主要内容是8月21日钱学森的行李被有关部门审查以及8月23日钱学森被禁止离美的情况。次日，即25日，胡佛专门给海军情报局局长写了一封邮件，除说明钱学森的资料被秘密审查、查扣以及他本人被禁止离美情况外，还将22份涉密文件、图书、小册子的基本内容等做成一份清单邮寄过去，希望他们尽早判定这些材料是否为涉密文件，并提名从事审查工作的人选。邮件还说，希望他们就这些文件提供给美国之外的其他国家是否有损于美国的国家安全，以及这些材料是否属政府财产等提出意见，并尽快将这些信息上报给司法部以及洛杉矶有关部门。信件还抄送给国防部空军监察部特别调查委员会主任、国防部陆军副参谋长、国务院安全局副局长、商务部工商执法办公室主任、司法部移民归化局等官员或部门。

美国军方机构接到司法部联邦调查总局的意见后，即着手组织并安排他们驻洛杉矶军事人员协助做好资料的审查工作。洛杉矶海关与有关单位采取多种合作方式进行审查，如将拍摄的底片资料邮寄到审查单位，将整理好的清单目录提交有关单位审查，或者邀请有关单位代表来海关仓库进行现场审查，等等。参与审查的单位除美国国务院有关部门外，绝大部分是军事部门。相关部门及有关人员主要有：

美国海军情报办公室：乔治·R. 波特（George R. Porter）

美国原子能委员会：科学家P. 斯蒂芬斯（P. Stephens）、M. A. 格林菲尔德（M. A. Greenfield）

美国联邦调查局洛杉矶分局：罗杰·S. C. 沃尔科特

美国海军航空局：司令官W. C. 福琼（W. C. Fortune）

美国海军研究所：研究员P. S. 蔡斯（P. S. Chase）

美国海军军械局：海军上尉托马斯·J. 克里斯特曼（Thomas. J. Christman）

美国空军装备司令部洛杉矶采购办公室：情报和安全局局长莱曼·P. 戴维森；情报和安全局人员 J. P. 墨菲（J. P. Murphy）；情报和安全局人员 E. L. 泰勒（E. L. Taylor）

美国空军装备司令部代顿和俄亥俄分部：上校 D. E. 沃克（D. E. Walker）、盖伊·S. 基德维尔（Guy S. Kidwell）、理查德·R. 布赖特（Richard R. Bright）

美国陆军洛杉矶弹药区：G. E. 帕森斯（G. E. Parsons）

戈林称，当时跨部门联合组织要求每一个参与机构在完成审查钱学森的托运资料清单后，需要将他们的意见通过邮件的形式发送给洛杉矶海关，要求他们在各自职权范围内对文件的密级提出自己的意见。

原子能委员会在收到海关规费征收办公室的信函和需要核查的材料后，遂转交洛杉矶加州大学原子能工程教授 M. A. 格林菲尔德，请他协办。8 月 29 日，M. A. 格林菲尔德致函美国原子能委员会安全局局长，说："我们详细检查了被查扣的属于钱学森的笔记、报告以及其他手稿资料，没有发现任何与原子能委员会有直接关系的涉密资料。钱学森博士所收集的有关航空和相关科学领域的书籍之多给我留下了深刻印象。这些书籍之浩繁几乎是很多科学家要利用 10 年至 15 年时间才能收集得到的。"[①] 原子能委员会在收到检查报告信函后于 8 月 31 日将检查的意见转呈海关办公室。

8 月 30 日，美国海军航空局代表就本部门查验钱学森资料的情况复函洛杉矶海关。信中说：

如下五份涉密材料看上去标有海军标记：

① Neutrality Investigation Files, 1948–1988, Folder Title: LA23–24, Dr Tsien Hsue Shen, Box Number:1, National Archives and Records Pacific Region.

内部书籍——《非线性力学导引》第 534 号报告

内部书籍——《非线性力学导引》第 546 号报告

绝密小册子——《对伦纳德 · M. 格林（Leonard M. Greene）可压缩流体的讨论》

绝密小册子——《在 XSB2D-1 罩高速压力分布报告》

内部资料——《陆军地面部队导弹教程第八号演讲》

需要指出的是，前四份是很久以前的报告了，现已解密。第五份是陆军地面部门的出版物，现已通过海军渠道转至其他部门。

1950 年 8 月 28 日和 9 月 1 日，美国海军部海军研究所派出驻洛杉矶办公室研究人员 P. S. 蔡斯前往海关，查看在那里被扣押的钱学森文件。回来后，蔡斯根据查看的情况写了一份书面意见。9 月 6 日，海军研究办公室执行主任 R. J. 特劳杰（R. J. Trauger）将蔡斯的意见转达给海关，特致函戈林。信中说："在这些材料中，有很多报告是在海军研究所的合同下从事的研究，但是没有一份具有涉密的性质。当然（从总体看）不涉密的文件占有绝大部分，但是这些非涉密文件或报告也不希望落入潜在的敌人手中。"最后，信中说："相对于钱学森在美国军事部门合同下所从事的研究而掌握的存储在其大脑中的信息而言，钱学森所携带的这些资料（海关称整个图书馆）对敌人的重要性可以忽略不计。"①

8 月 31 日，美国陆军洛杉矶弹药区的代表 G. E. 帕森斯上校复函美国洛杉矶海关。他在信中说："在检查的所有涉密文件中，有两份现已'解密'，有一份被标注为'内部'，还有两份报告仍然为'绝

① A letter from R. J. Trauger to Mr. Gorin, 6 September 1950, reproduced from the holdings of the National Archives and Records Administration Pacific Region (Laguna Niguel).

密’文件。”①

1950 年 8 月 31 日，美国空军装备司令部洛杉矶采购办公室情报和安全局局长莱曼·P. 戴维森没有报告审查的结果，而是就对这些资料给出的初步意见以及下一步的打算向戈林作了介绍。他指出：“那些涉密文件的清单代表了非常特殊的领域——如超音速空气动力学、热传递、热力学、推进化学等方面的大量基础研究，我们认为，我们办公室没有资格对每一份文件的密级作出最终决定。”戴维森还指出，这些书籍、小册子、演讲稿、图表等都是在导弹设计、空气动力学发展等领域，是世界上杰出技术专家从事这方面研究所需要的非常好的材料。最后，他指出，关于这些材料留给钱学森是否合适以及评价这些材料的密级，需要安全政策、情报、空军装备司令部总部等部门按照有关规则进行评估。②

美国海关还将他们所查扣钱学森资料的清单传给美国国家航空顾问委员会西部协调办公室，供他们审查。1950 年 9 月 5 日，国家航空顾问委员会西部协调办公室主任埃德温·P. 哈特曼将他们检查的情况向洛杉矶海关作了通报。信中说：“只有如下文件我们有所了解：第 7、8、11、13、15、20、31 号文件。其中第 7、8、11、13、15、31 号文件，国家航空顾问委员会在当时出版这些文件时标有密级，但早已解密。关于第 20 号文件的密级，我记得这是有关 NACA 的来往书信。这些书信现在也没有密级了。”

美国海军军械局南加州区技术联络办公室则派代表托马斯·J. 克

---

① A letter from Los Angeles Ordnance District U. S. ARMY G. E. Parsons to U. S. Collector of Customs, 31 August 1950, reproduced from the holdings of the National Archives and Records Administration Pacific Region (Laguna Niguel).

② A lettrer from Los Angeles AF Procurement Field Office Air Material Command Lyman P. Davison to Mr. Roy Gorin, 31 August 1950, reproduced from the holdings of the National Archives and Records Administration Pacific Region (Laguna Niguel).

里斯特曼到海关仓库进行现场检查。他们首先检查海关所列举的涉密资料，看看哪些与海军部门有关，然后将其筛选出来。另外，他们还检查了与政府机关有关或者是政府机关出版的一些没有标注密级的材料。9月6日，克里斯特曼将检查的情况向单位写了一份书面报告。报告指出，在36份文件中只有三份是与海军直接相关，其中戴维·W. 泰勒的那本关于模型试验的书早已解密，但另两份报告，克里斯特曼还是有点拿捏不准，在其看来，麻省理工学院的那份报告介于“内部”和“解密”之间，海军航空局的那份报告可能属于“内部”资料。关于那些与政府机关相关或者是政府机关出版的没有涉密的资料，克里斯特曼说：“这些材料早已在一些杂志上发表，政府之外的所有人都可以通过不同渠道获得这些资料。可以这么说，将这样的资料运出去，不会威胁国家的安全。”[①] 关于其中那两份拿不准的报告，美国海军情报局的洛杉矶代表责成南加州技术联络办公室另外一位同事罗伯特·F. 塞拉斯（Robert F. Sellars）对此进行审查。塞拉斯说：“麻省理工学院的报告已被定为‘内部’资料，而海军航空局的材料则早已解密。”他还说：“克里斯特曼所列举的与海军有关的那三份材料，并未明显标注为赠予钱学森或者馈赠给钱学森，因此仍然可以看作是‘政府财产’。不过从货币价值角度来看，这些海军档案可以忽略不计。”最后，塞拉斯也认为，钱学森存有这些海军档案材料不会对美国的国家安全构成任何威胁。

为了解钱学森所携带技术书籍、资料的分类以及打包事宜，联邦调查局派员专门来到钱学森的工作单位。8月31日，联邦调查局人员塞缪尔·G. 麦克尔道尼（Samuel G. Mceldowney）和罗杰·S.

① A letter from Thomas J. Christman, Lt., USN to Burearu of Ordnance Technical Liaison Officer, South California Area, reproduced from the holdings of the National Archives and Records Administration Pacific Region (Laguna Niguel).

C. 沃尔科特前往加州理工学院拜见古根海姆航空实验室主任克拉克·米利肯。米利肯回答说，他并没有协助钱学森进行涉密资料与非涉密资料的甄别、分类，也没有参与接下来的打包工作。米利肯还说，在他个人看来，钱学森不会明知这是涉密资料还将其打包携带回国；恰恰相反，钱学森在收到三军部门禁止他接触秘密资料的通知后，主动将涉密资料锁在了古根海姆实验室的柜子里，并将存放涉密资料的文件柜钥匙交还实验室，他本人的确收到了文件柜的钥匙。联邦调查人员还向米利肯了解了钱学森的政治倾向和态度。米利肯说，钱学森从来没有表现出对政治感兴趣，相反，他只对科学研究表现了浓厚的兴趣。就共产主义，米利肯说，他从来没有听说钱学森对共产主义事业有什么议论或者评价。

米利肯还对联邦调查局人员说，在过去的几个月时间里，钱学森明显受到了来自他父亲的极大压力，要求他回到中国去。米利肯还说，就这一点，钱学森还在不时地思考他父亲要求他回去的一些缘由。①

9 月 5 日，联邦调查局人员塞缪尔·G. 麦克尔道尼再次拜会古根海姆航空实验室主任米利肯，进一步了解钱学森的有关情况。米利肯回答说："虽然钱学森同加州理工学院领导讨论过希望从古根海姆航空实验室教授席位上辞职，但到目前为止，他还没有正式递交辞呈，他在加州理工学院仍然是全额薪金。"是日，塞缪尔·G. 麦克尔道尼还拜会了加州理工学院人事助理亨利埃塔·沃尔特斯女士，并从她那里得到了钱学森在加州理工学院的个人档案材料。

到钱学森被捕之时，即 9 月 6 日前，美国军事部门以及其他政府机关的部分代表虽然在他们的职权范围内，就查封钱学森资料中与

① Federal Bureau Investigation Report, reproduced at the National Archives.

自己部门有关的部分进行了审查，然后给出了一个初步报告，并转呈洛杉矶海关或者美国司法部等，但仍有一些部门没有拿出审查意见。从部分部门审查的结果看，真可谓众说纷纭，有的报告说没有什么涉密资料，也不会对国家有什么影响，但也有一些部门说查扣资料中有绝密文件。

无论是美国海关、美国司法部，还是美国国务院负责军火的代表，他们在对被扣钱学森资料的处理及审查工作一事上，都在不断努力加强相互之间的沟通与交流。8 月 30 日上午 12 时，洛杉矶海关规费征收办公室行政助理戈林致电国务院弹药司代表约翰·C. 埃里奥特（John C. Elliott）。埃里奥特就钱学森资料情况发表意见说，跨部门小组（Inter-Department Group）早已作出决定：所扣钱学森资料的密级审查工作应由起初这些文件所涉及的军火机构来进行，审查结果也应该直接上报华盛顿司法部以及司法部驻洛杉矶的相应机构。埃里奥特还说，在这个案件中，美国国务院的最初角色是阻止钱学森离美以及阻止钱学森将这些涉密文件带到国外，他们不会采取进一步的行动，除非有特别的要求。戈林说，美国司法部驻洛杉矶检察长就如何推进这个案件想得到进一步的意见。埃里奥特回答说，他建议检察长联系华盛顿司法部刑事庭、联邦调查局以及西海岸的军事情报部门。他还向戈林确保，这些建议不论来自什么部门，不论属于什么性质的建议，都不能与跨部门小组的行动相违背，美国国务院也参与了跨部门小组的工作。他还确信，政策决策机构不会对负责本案的美国司法部挑剔，因为他们的工作就是将违反《反间谍法》的人绳之以法。①

在美国有关部门对钱学森行李进行审查的同时，美国司法部驻

① Memorandum of Telephone Conversation, August 30, 1950, reproduced from the holdings of the National Archives and Records Administration Pacific Region (Laguna Niguel).

洛杉矶办公室检察长多林已安排移民归化局加强对钱学森的监视。司法部在发出命令不准钱学森回国后，就责令移民归化局密切关注钱学森的行踪，不能让其携带机密资料突然飞离美国。于是，移民归化局派探员专门待在钱学森的居家门口对其进行监视。这一段时间，钱学森都不出家门，也不去加州理工学院，只待在家里看书。但在家里就能够看到篱笆外面停着的一辆深色轿车，里面坐着两个人，他们那双警惕的眼睛不停地注视着钱学森所住的阿塔迪纳布恩纳洛马东街 360 号的房子（Buena loma Court 360E）。

第三章

特米诺岛上的“阶下囚”

第一节　家中被捕，被困特米诺

钱学森虽然逗留在家里，但心情异常沉重。那时候，报纸上几乎每天都有好友威因鲍姆被审的消息。1950 年 8 月 25 日的《洛杉矶时报》发表了题为《三位证人拒绝在威因鲍姆案中出庭作证》的报道[①]。9 月 1 日的洛杉矶《明镜》报发表了一篇文章——《联邦调查局专家通过签名将威因鲍姆与共产党联系起来》[②]，9 月 5 日的《洛杉矶先驱快报》则以《威因鲍姆否认他是共产党员》为题进行了报道[③]。

与此同时，另一位好友弗兰克·奥本海默在审判中承认自己在 1937 年至 1939 年是美国共产党员，并声称，那时候在他家中举行的会议是洛杉矶帕萨迪纳支部 122 专业组的会议。但是，弗兰克·奥本海默同时声称，他记不起威因鲍姆究竟是否参加过共产党会议，也不

① Los Angeles Times, August 25, 1950.

② The Mirror, September 1, 1950.

③ Los Angeles Herald and Express, September 5, 1950.

能证实威因鲍姆是一名共产党员。

钱学森读着关于这些昔日好友的消息，再眺望那辆老是停在大门外的轿车，心里早已明白，不久后那辆轿车里的人便会进来敲他的门，将他带走。钱学森已觉察到距离自己被捕的日子为期不远了。那一段时间，钱学森足不出户。

这样过了一个星期，跟踪的人见不到钱学森的踪影，于是怀疑他偷偷通过墨西哥回到了中国。他们还说看见钱学森的那部车子经过了墨西哥的边境。洛杉矶移民归化局便请示华盛顿，等待华盛顿下达逮捕令。由于钱学森被扣行李的审查工作还没有结束，行李审查没有明确的意见，因此不能就所携资料的涉密情况得出最终决定。所以，美国司法部在逮捕钱学森时使用的指控罪证中没有提及行李审查的问题，只是在其参与共产党组织一事上大做文章。

1950 年 9 月 6 日，大约下午 4 时，在楼下等待的两名移民局官员终于叩开了钱学森住所的大门，蒋英女士怀抱刚出生两个月的孩子去开门。在进来的两个人中，一个就是在洛杉矶机场向钱学森宣读不准离开美国命令的高个子艾伦・G. 朱尔，另一个是移民归化局的稽查威廉・J. 凯沙（William J. Kaiser）。

这两位检察人员首先让钱学森就个人的基本情况发表一个声明。钱学森称，他的真实名字是钱学森，于 1909 年 9 月 2 日出生在中国上海[①]，父母都是中国人。他于 1935 年 9 月间作为 4（e）学生签证来到华盛顿西雅图，中国护照编号是 232359，由天津公安局于 1935 年 7 月 15 日签发，有效期三年。他还说，在 1945 年 5 月初，他离美赴欧进行了访问，主要包括法国、瑞士和德国。1945 年 6 月 20 日，

① 著者注：钱学森出生于 1911 年 12 月 11 日。但在钱学森的留美护照以及美国的各种档案文献记载以及自己的陈述中则是 1909 年 9 月 2 日。钱学森在其入党申请书中，这样解释：“我因不会把生日从旧历换算成公历，才说我生于 1909 年 9 月 2 日，这是错误。但即登入出国文件，在美时就一直用这生日日子。”

从华盛顿国家机场返回美国，仍然作为4（e）学生身份。1947年4月20日，他离开美国前往加拿大蒙特利尔，持4（d）签证，证号4137，由加拿大驻美国领事查尔斯·T.沃纳（Charles T. Warner）签发；4月21日，以同一签证回到纽约劳西斯波因特。1947年7月，他再次离开美国，这次前往地为中国。1947年9月27日重新回到美国。1949年6月6日，他离美参观尼亚加拉大瀑布，两三天后，通过提交波士顿签发的过境证被允许从美国密歇根东南部休伦港返回美国。在最后的这次访问中，妻子蒋英随从，儿子永刚（当时只有八个月大）也去了。儿子于1948年10月13日出生在波士顿。

钱学森还说，他是在上海与蒋英结婚的，时间为1947年9月17日，蒋英之前从来没有到过美国。1947年12月4日，蒋英以4（d）身份通过夏威夷来到美国，签证号852，签证日期1947年11月28日，由美国驻上海副总领事伊丽莎白·恩达尔（Elizabeth Engdahl）签发。中国护照编号是446196。

随后，检察人员让钱学森就在美国期间所参加的社会组织发表声明。钱学森说，他曾经是或者现在是如下组织的成员：

航空科学学会，从1936年至今。

西格玛赛学会，从1937年至今。

美国物理学会，从1945年至今。

美国数学学会，从1946年或1947年至今。

美国数学工程师学会，从1949年至今。

美国科学和艺术学会，从1949年至今。

他说，他从来不是任何一个美国民间团体的成员，也不允许任何人使用自己的名字与这些组织接触。他曾经是中国华人社团的成员，只是参加了两三次这样的会议。他认为，那只是一个华人华侨组织，不定期听取来自中国传教士的说教。从本质上说，它不是政治组织，而仅仅是一个社会团体。

检察人员于是把话题引到钱学森是不是一名共产党员这个问题上来。钱学森说，他从来就不是美国共产党的成员，也不允许共产党或任何所谓的“前线组织”使用他的名字。据他所知，他的名字从来没有被以上组织所使用，他也从来没有被邀请参加美国共产党或其他“前线组织”。据他所知，没有任何组织以他的名字签发过党员证，他也没有见到过这样的证件。他说，联邦调查局人员在会见中曾经告诉他，他们认为有一张签发的证件上写有他的名字，但他对此毫不知情。事实上，没有人曾经和他讨论过共产党。他还说，他从来不是世界上任何国家共产党的成员。当被问及是否参加过当时知道是或者怀疑是具有共产党性质的会议时，他说，联系到当前西德尼·威因鲍姆伪证罪判决的事情，他现在确信，当这样的会议在威因鲍姆和杜布诺夫的家中举行的时候，他可能在场。钱学森解释说，在 1938 至 1940 年，他单身一人，因此经常访问他们；在记忆中有五六次，当他到达他们家时，已有二三十人在那里了；现在回想起来，他们可能在举行共产党的会议。另外，钱学森还承认参加过在弗兰克·J. 马林纳家中举行的会议。马林纳也参加了在威因鲍姆和杜布诺夫家中举行的会议。钱学森还说，他不认识弗兰克·J. 奥本海默（Frank J. Oppenheimer），但在科学讨论中，他认识罗伯特·J. 奥本海默（Robert J. Oppenheimer），随后也有些接触。他还说，他从来没有遇到过理查德·艾伯特·罗莎诺夫，也没有遇到过尤金·布伦纳（Eugene Brunner）夫妇。但是，在 1937 到 1939 年间，他在加州理工学院校园见到过古斯塔夫·阿尔布雷克特（Gustave Albrecht），那时，他们俩都是这个学校的学生。

党员身份问题是钱学森案件中最为核心的和最为敏感的问题。谈到这个问题，检察官不时提醒钱学森，这是在宣誓，对前面说过的证词需不需要修改，特别是那些与党员有关的证词。他们还提醒钱学森，如果做伪证，将会受到严厉的惩罚。钱学森则说，他不希望修改任何证词。他还说，他从未向共产党组织支付过任何党费，也没有向美国的共产党进行任何捐款；他从来没有把自己看作是共产党员，据他所知，他也从来没有参加过共产党的任何闭门会议或者是讨论共产党事务的会议。关于最近他准备离美返回中国，当被问及是否申请了再入境的手续，他说，没有申请，因为不知道处理家庭事务需要多长时间。他还说，待在中国需要 6 至 8 个月。但由于国际形势的发展，他的再次入境将成为问题。针对这次回国计划，钱学森解释说："父亲孑然一身，身体不好，现在需要动一个大手术。另外，根据中国的传统，我也应该回去陪他老人家。"钱学森还说，"不仅我父亲需要我的帮助，而且我妻子的母亲也需要我的关照"①。

即使钱学森作出上述声明以证明自己的清白，朱尔还是出具并宣读了已准备好的逮捕令。逮捕令控告钱学森违反了 1918 年 10 月 16 日修改通过的《移民法》，理由是他被发现在进入美国之前是《移民法》第一部分所列举的如下组织成员：试图利用武力或者暴力倡导、唆使颠覆美国政府的组织、协会和社团组织的外国人。逮捕令宣读完后，钱学森面部没有丝毫表情，他早已预料到这一天的到来。随后钱学森进房拿了三本书、一本练习纸纸夹和一些剃须用具，之后被两位人高马大的检察官夹在中间带走了。这时候已经接近下午 5 时，他们将钱学森推上了轿车，驶往移民归化局洛杉矶分部。当天钱学森被关在四楼的牢房里，随后被遣送到离洛杉矶有数十里之远的特米诺岛上。若干年后，那位将钱学森带走的朱尔表示，他能够清楚地记得

① Allan G. Juhl, Investigator, Investigation Section, los Angeles, File No. 1600-84439, reproduced from the holdings of the National Archives and Records Administration Pacific Region (Laguna Niguel).

那天的情形——钱学森的夫人来开门的时候，手里抱着一个孩子，朱尔告诉她，要见她的丈夫。不久，钱学森穿着整齐的衬衫出来了，奇怪得很，他一点激动的表情都没有。但是，从他的脸上可以觉察到他似乎在对自己说：好吧，事情总会有水落石出的一天。①

特米诺岛位于加利福尼亚州洛杉矶县，是洛杉矶港和长滩港之间的一个岛屿。特米诺岛原本是淤积泥滩，西班牙人称其为“ISLA RAZA DE BUENA GENTE”，后来被叫作响尾蛇岛。自 1918 年以来它被称为终结岛，音译为特米诺岛。这个地方四面环海，人在岛上不容易跑出去。1918 年，美国军方在那里筑了一个码头，并开了一条水道。在终结岛伸向太平洋的那一面有一片三角洲，叫作保留点，属于联邦监狱管理局及海防部队。1950 年，美国在这块三角洲上建了一所监狱、一座灯塔，上面还有政府办公室以及公务人员的宿舍等。

囚禁钱学森的特米诺岛

① 古熊等：《我们的钱学森——二十年来中国大陆科技发展概况》，香港现代出版公司 1970 年版，第 67 页。

载着钱学森的移民局车子驶在通往这个小岛的公路上，经过一些罐头工厂、小木屋及储油桶之后，停在移民局拘留中心的前门。那是一幢三层楼高的建筑，一层是行政中心，二层、三层是非法移民局拘留所。这里关押的多数是墨西哥偷渡者，他们操着西班牙语，被集中羁押在有着一排排狭窄小床铺的大房间里。

钱学森并未被关进那些拥挤的大房间，而是被单独关在小屋里。据前往特米诺岛看望钱学森的加州理工学院院长杜布里奇回忆，钱学森有一个小隔间，那不是监狱，而是一个拘禁所，一个房间，里面有一个桌子、一盏灯、一张床等等。钱学森的拘禁条件相比墨西哥偷渡者来说稍微好一些，但是他所受的折磨也是难以言状的。钱学森被剥夺了睡眠，夜里，守卫者例行要拿着手电筒查看囚犯的情形。一位曾在移民拘留所待过几小时的中国留学生对此还记忆犹新：守卫总是用手电筒直射他的脸庞，察看他“是否还活着，有没有采取自杀行动”。回国后，钱学森在《我在美国的遭遇》一文中这样描述他那一段难以忘怀的狱中生活：“关在里面的时候，不许和别人说话，晚上每十分钟又有人开门扭开电灯看一看我有没有逃走，这样的生活不是正常的生活，而是一种迫害和虐待。”[①] 钱学森被捕的头几天时间里，不被允许见任何人，也无法与家人联系，就连冯·卡门从巴黎打来电话，试图和他联系也被拒绝。[②]

我们可以想象，钱学森被投放到这个孤岛并被关进这个不足几平方英尺的牢狱时，他的心情是多么糟糕。他想到自己曾经那么全力以赴地为这个国家效力，为美国科学事业的发展以及美国航空航天事

① 钱学森：《我在美国的遭遇》，《人民日报》1956 年 1 月 6 日。

② Telegram from Customs Agent in Charge Mullen at Los Angeles to Mr Emerick, September 15, 1950, reproduced from the holdings of the National Archives and Records Administration Pacific Region (Laguna Niguel).

业的起步不遗余力地工作，但得到的却是这种对待。这种拘禁对他是一个可怕的打击。他从来未想到会有如此的结局。

第二节　被捕后的各界反响

钱学森被检察官带走后，蒋英立即联系加州理工学院校方，报告钱学森被移民局官员带走的消息。据蒋英介绍，他们把钱学森带走后，她觉得问题不对，就给学校打电话，学校问她钱学森被带到哪里去了，蒋英告诉学校的老师，钱学森被带到了移民局。①

实际上，在钱学森被捕的前一天，即9月5日，杜布里奇给海军副部长金波尔写了一封信，内容如下：“海关人员通知我，他们已经召集专家来检查所有的材料，以确定这些材料是否具有涉密性质。由于检查还没有完成，所以目前我也不能通知你结果。我个人相信，钱学森虽然在托运中有一些过失，但是他没有做出任何非法行为的动机。我相信，你和鲍特先生将在不久的将来安排上诉听证会。请你相信，加州理工学院的同事正在为案件做准备，我们将在听证会上提供一些解释和说明，希望这对你能有所帮助。”在信的最后，杜布里奇说：“我将要去华盛顿作短暂访问，希望我们能够就这件事情进行讨论。”②

杜布里奇写这封信的主要目的，一是想就钱学森被扣资料的处置问题尽早有个结果，二是召开听证会以还钱学森清白。但他丝毫没有意识到钱学森会被捕。

钱学森在家中被捕的消息惊动了加州理工学院校方。关于杜布

---

① 2010年5月25日，著者采访蒋英的访谈录。

② Lee A. DuBridge Papers (Box 100, Folder 4), September 5, 1950, Caltech Archives.

里奇是如何在第一时间知道钱学森被捕的，加州理工学院档案馆馆员朱迪思·R. 古德斯坦曾经在 1981 年就钱学森事件专门采访过杜布里奇。杜布里奇就这个问题的解释是："我曾听金波尔评论——钱学森不应该走，引起了一些动静。但我没想到他们（指移民归化局人员——著者）真的采取了行动。在他（指钱学森——著者）准备动身时，一切看上去都还正常。我们听说钱学森被捕时他夫人给这里某个人打了电话。那也是我第一次听到这个消息。"①

钱学森被捕后，加州理工学院为其聘请了一位辩护律师——格兰特·B. 库柏（Grant B. Cooper）。他曾经是加州理工学院的法律顾问，后来在洛杉矶一著名律师事务所工作，在社会上较有影响。库柏接到这一任务后，多次前往囚禁钱学森的特米诺岛看望他，其目的就是要同钱学森进行推心置腹的交谈，了解他是不是共产党员。如果钱学森真的不是共产党员，他会全力同司法部部门人员交涉此案。库柏对钱学森说："如果你真的不是共产党员的话，我对此案便会有不同的处理方法。"钱学森回答说："我从来就不是共产党员。"

1950 年 9 月 12 日，库柏向联邦法院提交了保释钱学森的申请。在请愿书中，钱学森特别指出，他不仅现在不是，而且从来都不是任何颠覆组织的成员，更不是一名共产党员。请愿书进一步指出，钱学森博士认为，美国政府之所以不让他回国，是因为他拥有多年从事航空研究的专家身份。8 月 24 日，当钱学森想把装有文件、计划、照片和其他资料的八个大箱子托运到上海时，被海关扣押。政府断言其中有些是秘密或绝密资料，并因此颁布了扣押令。但是钱学森否认有涉密资料，箱子被打开了，来自政府不同部门的专家正在对箱子内的材料进行检查。这份请愿书还要在 9 月 19 日征求一下法官詹姆

① Judith R. Goodstein，Interview with Lee A. DuBridge, February 19, 1981, reproduced from Caltech Archives.

斯·M.卡特的意见。请愿书还希望于10月16日，即听证会召开前夕释放钱学森。

此外，加州理工学院还派克拉克·米利肯前往特米诺岛看望钱学森，并通过媒体表达对他的信任。当钱学森被美国移民归化局逮捕的消息传给加州理工学院欧内斯特·G.华森教授时，他透露说，移民局1947年就指控过他，那时候钱学森在麻省理工学院。他还说，加州理工学院校方对钱学森的忠诚和正直完全持信任的态度。华森还说，钱学森与加州理工学院的联系始于他1936年来到这里读研究生时。在获得航空与数学博士学位后，他在加州理工学院做了七年的研究人员，先是助理，后是副教授。1946年，钱学森接受麻省理工学院的邀请前往波士顿。战争期间，钱学森成为美国陆军和空军顾问团成员。钱学森是高流速和材料强度基本问题数学分析最卓越、最杰出的权威之一。1949年，学校邀请钱学森到加州理工学院创建喷气推进中心。在钱学森领导下的喷气推进中心的工作，基本上与研究生阶段的学习以及喷气推进在民用和商业应用的研究有关，而与军方资助支持的喷气推进实验室的工作没有关系。加州理工学院喷气推进中心的一些学生只有通过军方的安全审查后，才能接触喷气推进实验室的工作。①

与此同时，杜布里奇本人则通过华盛顿的渠道与上面进行沟通，试图营救并争取释放钱学森。得知钱学森被捕后，杜布里奇就把情况向远在华盛顿的金波尔作了汇报，并代表学校表达了对钱学森的信任。杜布里奇还邀请金波尔来洛杉矶处理此事，并同有关方面协调释放钱学森。金波尔清楚，司法部作出不让钱学森回国的命令，并不是要求甚至命令把钱学森拘捕起来。他在得知情况后，专门从华盛顿飞

① Los Angeles Times, September 8, 1950.

到洛杉矶，了解最新情况，加强与有关方面的沟通和协商。金波尔来到洛杉矶后，和克拉克·米利肯进行了沟通，就如何援救钱学森进行磋商。金波尔说："你知道我并不是说他该被逮捕，那太糟糕了，他并不是共产党员，囚禁他是没有理由的。"为了有效援救钱学森，米利肯还建议金波尔同钱学森的辩护律师碰一面。

9月15日，金波尔专程前往钱学森辩护律师库柏的办公室，同他就有关情况进行了商谈。正如库柏在看望钱学森时所说："海军部副部长金波尔于星期五到我的办事处来，他是应加州理工学院当局的建议，才到我的办事处来的。他对我这样说：'他妈的，钱学森不是共产党员，他不想离开美国。'"①

金波尔还专门同司法部驻洛杉矶办公室人员进行了会见和交谈。金波尔把不准钱学森离美的情况向检察人员作了说明。他还告诉他们说，如果钱学森答应不离开美国，这就够了。1950年9月15日，洛杉矶海关总长马伦（Mullen）在给财政部海关司副司长埃美瑞克（Emerick）的电报中也指出，金波尔现在在洛杉矶，已经安排司法部同金波尔见面会谈。

从这里，我们也可以看出，金波尔过去曾通知司法部不准钱学森离开美国，其本意并非要将钱学森拘押起来，所以他也希望释放钱学森。

这次金波尔的到来不仅使洛杉矶检察人员明白了金波尔本人以及华盛顿的意见，那就是禁止让钱学森离境回国，这也为加州理工学院校方援救钱学森使他获释出狱提供了有利条件。经批准，9月16日，星期六，钱学森的辩护律师库柏、加州理工学院工程系主任林德瓦尔、加州理工学院院长杜布里奇一起前往囚禁钱学森的圣佩德罗的

① 杨皓译著：《钱学森事件始末记》（风云书系13），台北群伦出版社1986年版，第67页。

特米诺岛看望他。在这次会见中，他们询问了钱学森案件中很多让人迷惑的问题，至少包括在美国司法部看来值得怀疑的事情。他们这样问钱学森一些问题，就是希望了解这个案件的细节，以便他们与美国移民归化局以及军方交涉中争取主动，从而争取钱学森出狱。

为了让军方放心，让司法部同意释放钱学森出狱，以尽早营救他出来，他们还要求钱学森写一份暂时不离开美国的保证书。更为重要的是，朝鲜战争爆发后，美国政府下发了全面禁止中国学生离境的命令。钱学森眼看这时候回国已不可能，迫于形势的压力以及加州学院校方的极力劝阻，钱学森写了这样一份暂时不离开美国的保证书：“我，钱学森，兹向杜布里奇和金波尔立誓，我在未得到你们或你们中任何人的容许之前，不会也不企图离开美国。见证人：库柏、林德瓦尔。”

写下这份保证书，一方面是出于当时的回国形势，也就是说华盛顿是不可能让钱学森回去的，军方更是对他限制有加，所以那时候钱学森不可能实现回国的愿望。实际上华盛顿的目的就是阻止钱学森离开美国，我们可以从一份电报略知一二。1950 年 9 月 20 日上午 11 时 15 分华盛顿海关署发给洛杉矶海关一份电报，指出：“尽管钱学森不能被起诉，美国国家航空顾问委员会、空军、海军正在通过移民局向司法部总检察长要求禁止钱学森离开美国。”电报还说：“请及时告诉我处事态最新进展，华盛顿的官员想确保、保证：钱学森不能离开美国。”①

另一方面，钱学森写这样一份保证书，也是对加州理工学院的领导及同事杜布里奇、林德瓦尔以及辩护律师库柏等为自己洗雪冤屈四处奔波的解释，以便让他们向金波尔作有力的说明，彻底打消金波

① Telegram, Neutrality Investigation Files, 1948–1988, Folder Title: LA23–24, Dr Tsien Hsue Shen , Box Number:1, National Archives and Records Pacific Region.

尔所认定的钱学森会偷偷返国的顾虑，同时，也为那些热心人士创造与官方接触和商谈的机会与可能。

加州理工学院院长杜布里奇回来后，一方面把同钱学森在特米诺岛会见以及了解的情况向海军部副部长金波尔作了详细汇报，另一方面他也希望拿着这样一份声明在和金波尔进行交涉时，能够得到他的支持，尽早释放钱学森。9月18日，杜布里奇致函金波尔。信中说：

他（指钱学森——著者）同这些现在看来是共产党员的接触是众所周知的，也是可以很容易解释的。但是我可以确信，他和这些人的交往并不是出于政治上的原因，他也没有参加他知道属于共产党性质的会议。

当然，他作出回到中国的安排涉及一个很久远而且复杂的历史，我们需要详细研究。在我们看来，他所采取的行动是合乎逻辑、可以理解的，也是公开的。他试图预订船票，准备在8月底离开洛杉矶，虽然后来被告知不能确保这些预订。他还写信给国务院询问怎样获得离美的许可。负责人员交流的国务院办公室建议他列入学生名单返回中国大陆。他在给国务院的信中说了他离美的愿望和打算，以寻求帮助和支持。后来，这种以学生名义离美的可能性微乎其微，于是他决定通过加拿大太平洋航空公司取道温哥华，飞往香港。加拿大太平洋航空公司一属下的旅游社帮助他办理了途经英属加拿大领土以及（中国）香港的一切签证手续。根据我们的了解，他从来没有否认过这些安排。相反，他公开了这样的计划，并将计划通知学校。我想，他在8月底去华盛顿时也通知了你和鲍特先生。

最后，也最为重要的是，钱学森让我们确信他不再试图离开美国。我手头有一封他手写的信件。

我个人认为，这个声明是真诚的。我也相信，无论如何他也不会违背或者试图违背它。如果你也同样地相信他，请你给司法部福特先生一个电话，让他放心。这样就可以安排释放钱学森。我们衷心感谢你的帮助。①

钱学森被捕不仅在加州理工学院引起了很大震动，而且在国际社会也引起了广泛关注。法新社洛杉矶 1950 年 9 月 8 日以《钱学森在美被无理逮捕》进行报道：美移民当局昨夜控告自 1948 年（1949 年——著者注）即担任加州理工学院喷气推进中心主任的中国科学家钱学森博士为共产党员，并将其予以逮捕。对钱氏提出的非正式罪名是：鉴于他属于一个宣传以武力推翻美国政府的团体，他逗留在美国是非法的。这位中国科学家很久以前即在总统号轮船包了一个舱房。该船定于 8 月 29 日开往远东。美国当局于 8 月 24 日查获约 800 公斤的文件与各种物件，这些是钱氏用他的名义登记，准备运往共产党统治的上海去的。他在 8 月 23 日被通知：他不得离开美国，其活动待调查。美国海关当局称，钱博士的行李藏有特种的、秘密的与最机密的文件，但又说他的被捕并非由于这一发现。

《华盛顿邮报》以《即将回国的中国科学家在加利福尼亚州被阻止》为题进行报道。

9 月 7 日洛杉矶讯：在加州理工学院工作的空气动力学家因为是共产党员而被捕。上个月，当钱学森准备离开美国回到红色中国时，联邦官员扣押了他八个箱子的科学材料。移民局透露了他的身份，他是加州理工学院丹尼尔和佛罗伦斯·古根海姆喷气推进中心主任。他

① Lee A. DuBridge Papers (Box 100, Folder 4), September 18, 1950, Caltech Archives.

是昨天在其家中被捕的。[①]

钱学森被捕后，检察官艾伯特·德尔·古尔丘宣布，钱学森是在他位于布恩纳洛马东街360号的家中被捕的，听证会日期还没有最终确定。美国华盛顿移民归化局的一位官员还宣布，这是一起民事案件，案件不会放大。[②]

第三节　特米诺岛上的特殊晤谈

这次金波尔亲自到洛杉矶协调钱学森被捕案件，使洛杉矶检察人员彻底明白，金波尔的意思并不是将钱学森拘捕，而是阻止其离美返回中国。为了弄清事情的真相，再加上钱学森以及辩护律师的强烈要求，美国司法部驻洛杉矶办公室人员同意在囚禁钱学森的特米诺岛上，与有关单位一起同钱学森晤谈一次。

1950年9月19日，美国空军装备司令部赖特基地人员来到洛杉矶，参加当天在司法部驻洛杉矶办公室召开的碰头会，参加碰头会的还有洛杉矶海关人员等。会议主要围绕如何处置钱学森以及就钱学森案件的推进等问题进行讨论。会议最终决定9月20日下午在囚禁钱学森的特米诺岛上会见他，有关单位代表可在现场询问钱学森，以全面了解事情真相。9月20日上午，洛杉矶海关负责人马伦将前一天下午会议的情况及与钱学森晤谈的决定汇报给华盛顿的财政部海关总署，并说会见结果将在会谈结束后及时报告给对方。

1950年9月20日下午，相关部门人员与钱学森的晤谈在特米诺

① The Washington Post, September 8, 1950.
② Los Angeles Times, September 8, 1950.

岛举行。参加这次晤谈的美国官员共有八位：两位陆军军械部的高级官员、一位海军部洛杉矶情报局的官员、一位助理检察官、两位海关官员和两位移民归化局的代表。

首先，钱学森辩护律师格兰特·B.库柏将会议的情况向与会人员作了一个简明扼要的说明：“本次会议是在我向诸位以及检察官多林先生建议后召开的，其目的是审理并查明事实。我已经知会钱学森他所拥有的权利，对此他完全理解。他也知道，他说的话可能在任何程序中成为反驳他的依据。即便如此，钱学森仍然希望答复参加会议的各位人员可能会询问的涉及这个案件的所有问题。我还告诫他说假话的严重后果，他理解在法庭上说谎可能被指控为伪证罪。我只有一个附加条件，那就是将提出的问题及回答保留一个副本。我试图让参加会议的所有机构明白他们所不知的这一事件的整个过程。”①

移民归化局人员艾伯特·德尔·古尔丘（Albert Del Guercio）说：“可以理解，毫无例外，这次会议对以后移民归化局要举行的诉讼没有什么影响，不具有法律和司法意义。并且，我们认为，就移民法而言，本案还未到决定指控钱学森对或错的时候。”

库柏说：“我试图争取保释钱学森，碰巧的是，美国检察官有权保释，因此通过美国检察官让检察长明白事情真相。我也希望你们所有的与会人员都明白事情的真相。你们诸位也都对此给予高度重视。”

美国助理检察官多伊兹说：“我再说一下，就这一事件而言，我们对提出的问题和回答进行了速记，但同时可以理解的是，这只是纯粹的而非正式的诉讼，因此钱学森自愿回答有关政府机构向他提出的

① Interview of Dr. Hsue Shen Tsien at United States Immigration Bureau, Terminal Island, California, Netrality Investigation File 1948–1988, LA23–24, Box No.1, reproduced from the holdings of the National Archives and Records Administration Pacific Region (Laguna Niguel).

所有问题。但这次会议本身没有法律和司法意义，而仅仅是一场非正式的调查。政府同意为库柏准备一份副本。”

会议开始时，钱学森的辩护律师首先就钱学森的基本情况向其问询。从他出生一直问到他来美学习，然后谈到在加州理工学院学习时，他与威因鲍姆、杜布诺夫和马林纳之间的关系以及钱学森到他们家中访问的事情。但钱学森回答说：“我从来没有怀疑过他们是共产党员，我也不认为那是共产党组织的会议。”问到党员证以及在上面的签名，钱学森表示全然不知。

库柏随后问到联邦调查局第一次造访以及从事机密研究许可证被吊销的事情。关于回国的决定，钱学森说：“我认为有很多事促使我回国，一方面我父亲将要做胃部手术，另一方面就是由于中美之间公开冲突的可能性。而且因为我父亲生活在中国，如果交恶发生，我就没有办法寄钱给他，他现在完全依靠我。”谈到订票，钱学森回答说：“我知道在洛杉矶获得英国领馆的过境签证是非常困难的。我有一个中国的朋友试图回国，在洛杉矶领馆申请过境签证就没有成功。于是我就问他有没有其他回国的途径。一些准备回国学生的信息引起了我的注意：有一个国际贸易服务协会能够全程安排这些事情，于是我就四处打听这个机构。”

库柏又从钱学森去华盛顿见金波尔一直问到移民局发出禁止离境命令。海关人员格雷泽以及戈林主要询问钱学森一些关于托运行李打包的事情以及资料分类的情况。当轮到司法部检察人员古尔丘问话时，他又在钱学森携带材料回中国的事情上纠缠不休。

古尔丘：“你打算让共产主义中国得到这些材料？”

钱学森：“我不理解你问的问题。”

库柏：“古尔丘问的问题是，你打算将这些材料给共产主义中国吗？在你回答之前，请你回答如果美国和共产党控制下的中国开战，你会采取什么态度？”

古尔丘：“你打算将你大脑中的知识奉献给共产主义中国吗？”

钱学森：“我头脑中有什么知识，这个很难说。问题应该这样回答：我头脑中的知识可能对美国的国防和军事实力意义重大。为了信誉，我不会将其给第二方。这种职责如同两个相互敌对的公司雇佣了同一雇员，这个雇员离开一家公司去另一家公司，作为一名职业工作者，如果这些信息在它们的竞争中非常重要，他不会将他早期雇主的信息给第二个雇主。我在这件事情上的态度正是如此。”

多伊兹对钱学森说：“我知道你是中国公民，你对中国肯定是充满同情的，但是，你同情国民政府的中国还是同情共产主义控制下的中国是不一样的。我们十分关注，你准备将你的知识奉献给目前执政的中国政府还是将来可能执政的中国政府？”

钱学森：“我想，我可以做如下声明：我对美国的职责是我忠诚于它，我不会泄露我的任何知识被用来抗击美国，但是就我本人认识所及，我没有这样的知识。”

经过这次盘问，有关方面负责人基本了解了钱学森案件的很多细节问题。围绕钱学森案件问题，金波尔提出了希望释放钱学森的想法，华盛顿司法部也就钱学森释放提出了明确的意见。金波尔收到杜布里奇 9 月 18 日寄来的那封信后，立即致电华盛顿司法部副部长佩顿 · 福特（Peyton Ford），把钱学森案件的有关情况向其作了详细的沟通和交流。福特在了解了钱学森案件情况后，司法部内部也基本上形成了同意释放钱学森的意见。9 月 21 日，福特致电司法部驻洛杉矶检察长多林，同意释放钱学森。同日，福特也把这个结果通过信函的形式告知杜布里奇。

就在美国司法部驻洛杉矶办公室收到华盛顿意见当天，多林就召集加州理工学院杜布里奇院长、林德瓦尔教授以及钱学森的辩护律师到他办公室，具体商谈释放钱学森事宜。会议最后商定同意保释钱学森，但他必须购买 1.5 万美元的债券才能获准保释出狱。

第四节　学生的妻子出巨资购买债券保释

1.5 万美元在当时来说可是一笔不小的数额，当时普通教授每个月工资也只有三四百美元。另从美国最高法院公布的一份法庭记录和文件看，钱学森 1.5 万美元的保释金也是非常之高。美国最高法院列举了他们认为具有颠覆性质却在 1950 年 9 月 23 日前后处理、涉及全国范围的驱逐案件 300 宗，上面还附有这些“颠覆”性质的人员保释或者拘留的状态以及保释的条件等，钱学森的保释条件则是 1.5 万美元。从这些驱逐案件保释的条件来看，大多数在 1000 美元至 2000 美元之间，甚至更少，但超过 5000 美元的只有钱学森一人，他的保释金高达 1.5 万美元。[①]蒋英正在准备筹集钱款的时候，钱学森一位学生的妻子，名叫波琳·里德贝格·米勒斯（Pauline Riedeburg Mills），家庭非常富裕，说她愿意拿出这部分资金，以保释自己丈夫的老师出狱。蒋英教授在 2010 年 5 月 25 日接受著者采访时说：“就在钱学森即将出狱的时候，我和米勒斯一同前往银行，将 1.5 万美元取出来。然后将这笔保释金送到加州理工学院工程系主任林德瓦尔那里。我一直都记得那位捐赠这笔现金的朋友，我很感谢她。”[②]

1950 年 9 月 22 日，波琳·里德贝格·米勒斯在蒋英的陪同下将 1.5 万美元现金交给林德瓦尔博士。林德瓦尔博士还给米勒斯女士写

① Carlson V. Landon, Butterfield V. Zydok, 342 U. S. 524 (1952). Supplemental Brief, from U. S. Supreme Court Records and Briefs, 1932–1978.

② 2010 年 5 月 25 日，著者采访蒋英。采访地点：受访人家中。

了一张收条。米勒斯将这笔保释金交给林德瓦尔博士，一方面委托他协助办理一切必要的手续，释放自己丈夫的老师——钱学森；另一方面也是米勒斯本人的意见，她不愿意公开暴露自己的身份。米勒斯拿出这笔保释金，有一个基本条件，那就是不准公开她的名字。[①]1955年5月，联邦调查局人员约翰·P. 安德鲁斯（John P. Andrews）和吉尔默·G. 罗宾逊（Gilmer G. Robinson）就保释金问题询问林德瓦尔。林德瓦尔说：“她（指米勒斯——著者注）告诉我说，她和她丈夫马克·米勒斯（Mark Mills）的生活早已比较惬意，她不希望让人知道他的妻子能够筹集这么大一笔现金。她喜欢让我安排此事是因为她不希望让她丈夫的同学知道她丈夫娶了一名阔太太，否则会让她的丈夫显得很尴尬。她还说，那是她继承来的钱。”[②]

马克·米勒斯签名送给钱学森的家庭合影

林德瓦尔尊重米勒斯的意见，没有公开米勒斯的身份，也未透露那笔保释金是由米勒斯提供的。林德瓦尔拿到米勒斯捐赠的1.5万

① 关于保释金的来源问题，史学界也有不同的意见和观点，“朋友集资说”者认为，1.5万美元的保释金是加州理工学院的朋友集资的，参见文洋《钱学森在美国》及魏宏森主编的《钱学森与清华大学的情缘》等。

② Federal Bureau of Investigation, File No. La 65-4857, reproduced at the National Archives.

美元现金，并没有以现金的形式直接交给美国司法部移民归化局或其他政府部门，而是购买了面值为 1.5 万美元的美国债券，其原因不得而知。当时购买债券时，购买价还略高于债券面值，达到了 15251.43 美元，这其中的差额就由林德瓦尔本人补上了。

在司法部移民归化局看来，这笔赎金是由林德瓦尔提供的。据林德瓦尔透露，他本人没有为购买债券而乞求获得这些现金。但是他尊重米勒斯的嘱托，不将她的身份透露给移民归化局。钱学森后来在谈到这 1.5 万美元保释金时，还半开玩笑地向新闻记者说："比起一般盗贼绑票所要的一两千赎金来，那我真是可以'自豪'的了；自然我是拿不出这样大一笔钱的，保金也由美国友人们代交了。"①

在钱学森出狱前一天，蒋英到特米诺岛看望他。据蒋英回忆："钱学森一下子消瘦了许多，都认不出他了。我进去以后，不能和他握手，边上有四个士兵看着。"蒋英就跟钱学森说："你放心吧，现在的事情已经解决好了，你明天可以出狱了。"②

9 月 23 日，钱学森被释放了。钱学森保释出狱后，美国的媒体对此纷纷进行报道。③

〔合众社洛杉矶一九五〇年九月二十三日电〕联邦当局于星期六表示，他们已经发现一些能够证明中国的喷气推进专家钱学森博士和共产主义有联系的证据。这位被移民局官员拘留等候审讯的加州理工学院教授，已以一万五千美元作保于星期五释放。他以前要求释放的请求已被拒绝。

〔美联社洛杉矶九月二十三日电〕九月七日在企图运输机密的科

① 钱学森：《我在美国的遭遇》，《人民日报》1956 年 1 月 2 日。
② 2010 年 5 月 25 日，著者采访蒋英。采访地点：受访人家中。
③ 参见中国外交部档案馆资料，档案号：111-00081-03。

学情报赴中国过程中被捕的加州理工学院喷气推进专家钱学森博士星期五以一万五千美元保证金保释。移民当局将其驱逐出境并逮捕他，指控他是一名颠覆性团体的会员。驱逐出境案定于十月十六日开庭。美国律师托（多）林说，虽然所查获的文件尚在继续调查，不过目前还没有发现尚属机密性质的东西。

钱学森被保释出狱后，杜布里奇也收到美国司法部副部长福特 9 月 22 日寄来的信件。杜布里奇对司法部作出保释钱学森的决定心存感激。另外，学校也已于 9 月 26 日开学，而且学校还希望钱学森能够继续他在加州理工学院的教学工作。9 月 27 日，杜布里奇复函福特，以表谢意。信中说：“毋庸置疑，我们对你在案件中所采取的释放钱学森的行动表示感谢，因为我们已于昨天开学，如果钱学森能够回到教学岗位上，我们将很高兴。”信中还说：“当然，我们都在期待下一步的行动。多林建议，解决钱学森案件的一个办法就是在国防部产业雇工审查委员会面前召开上诉听证会。”但杜布里奇也指出：“诚然，产业雇工审查委员会举行听证会，是为钱学森洗雪冤屈的重要方式。但在现阶段，要求委员会返还钱学森接触机密许可证的想法是否合适也值得怀疑。”杜布里奇希望在国防部产业雇工审查委员会召开上诉听证会之前，司法部能够先期撤销对钱学森的两项具体指控，并认为这是为钱学森洗冤的最好方式。他还说：“我对这个案件的了解越多，就更加确信钱学森不会有意做出那些不恰当的行为。”最后他说道：“我对你帮助我们消除钱学森头上阴云而采取的任何行动表示感谢。”[①]

经过十多天的牢狱之灾，钱学森不仅在精神上受到了极大的摧

① Lee A. DuBridge Papers（Box 100, Folder 4），LAD 100.4 (1950, 9.27).

残，而且身体也每况愈下。钱学森回到家，蒋英问他，他一言不发，失声了。蒋英只能在生活上给钱学森无微不至的关心和照顾。

钱学森获释后，大多数人都很乐观地认为他将很快重获清白。有些学校甚至还向钱学森发出了邀请函，希望聘请他为教授。在钱学森获释后不到一周，即9月26日，世界著名物理学家、当时在普林斯顿大学任教的罗伯特·奥本海默写信给杜布里奇，询问钱学森的处境。他表示，钱学森如果在洛杉矶仍和政府官员继续出现问题的话，他不妨考虑到普林斯顿大学来。奥本海默还说，他已经和数学家约翰·冯·诺伊曼（John von Neumann）商讨过此事，冯·诺伊曼对钱学森的工作十分推崇，且极有兴趣，认为钱学森到普林斯顿大学极为合适。[①] 即便如此，杜布里奇仍然婉言谢绝了罗伯特·奥本海默的好意。杜布里奇在复函中说："钱学森对仍然留在加州理工学院更有兴趣。"

① Lee A. DuBridge Papers（Box 100, Folder 4），LAD 100.4 (1950, 9.26).

第四章

无休止的调查

自从钱学森行李被查扣后，与他行李审查有关的工作就一直没有间断过。在前期有关部门提出审查意见的基础上，涉及此案的其他部门也提出了自己的审查意见，有的甚至还经过了多次的沟通和协商。在行李审查的同时，就钱学森的党员身份以及是否驱逐钱学森，美国司法部共召开了四次具有法律效力的正式听证会。听证会上，面对检察官的百般刁难，钱学森进行了不屈不挠且充满智慧的斗争。虽然经过四次组织缜密的听证会，司法部都不能拿出确凿的证据证明钱学森是一名共产党员。但在证据不足和大量利用口信的基础上，司法部还是对钱学森作出了驱逐出境的判决。随后，钱学森的辩护律师和钱学森先后向司法部移民归化局以及司法部移民上诉委员会提出了申诉和上诉，但司法部最终还是维持原先判决。只是声明，驱逐由于需要等待进一步指令而暂缓执行。

第一节　行李审查仍然没有终结

一、行李审查的继续及司法部的初步意见

如前所述，在钱学森被捕前，有些单位在其职权范围内就他所携带的文件是否涉密提出了自己的初步意见。但由于这些还只是初步意见，特别是有一些部门审查还没有结束，因此，这些单位提出的审查意见并没有成为控告钱学森的证据。在钱学森被捕后，有关部门继续对他的查封行李进行了审查。

1950 年 9 月 5 日至 8 日，美国空军装备司令部赖特—帕特森空军基地派了三名代表，连续四天对查扣的钱学森资料进行拍摄并制作成胶卷。就在拍摄的最后一天，即 9 月 8 日，美国财政部海关司海关征收人员致函空军装备司令部赖特—帕特森空军基地，希望基地就钱学森资料的评估尽快提出意见。信中说："希望你们就所有这些材料的当前密级情况进行评估，同时希望你们也能就那些没有密级的文件对美国国家安全和防卫的重要性从总体上提出意见。总起来看，主要包括对这些材料是否有如下方面的信息提出意见：（1）是否含有有关领域最新进展、最新信息的资料；（2）是否有实物原型等；（3）是否含有特殊设备；（4）是否有总统 2776 号声明中所列举的项目等。"信中还指出："所拍摄的文件是不是在美国陆军、空军和海军的合同下签发的文件，是否为美国政府和有关机构的财产等。"最后，信中还说："这件事情非常紧急，因为司法部已告知我们，他们只有在收到你部对所查扣钱学森资料的审查结果后，才采取可能的行动。对你及你的同事所给予我们的帮助深表谢意。"

美国洛杉矶海关人员还到加州理工学院了解情况。他们想知道在钱学森托运的行李中发现的“涉密”资料从何而来，以及钱学森是怎样得到这些资料的。1950 年 9 月 13 日，洛杉矶海关职员格雷泽和海关规费征收办公室行政助理戈林前往加州理工学院，试图获得关于钱学森是怎样得到这些涉密资料的线索。海关人员调查的问题主要包括：

（1）钱学森是否签署了陆军条例 6.9 款注册出版物所要求的不能存有涉密性质的材料的文件？条例指出，这个组织的行政人员可以要求雇员签署意见，从而保证他们不能存有任何涉密材料。

（2）钱学森在最初接受这些涉密材料的时候，交接手续是否记录在案或者有案可查？

海关人员第一个造访的对象是沃尔特·H. 帕支汉（Walter H. Padgham），他是加州理工学院喷气推进实验室人事和安全主管。海关人员首先把访问的目的向帕支汉作了明晰的解释。

沃尔特·H. 帕支汉对来访者说：“你应该请教加州理工学院校园里的古根海姆航空实验室图书馆管理员，她可能向你提供你希望得到的信息。”帕支汉还说：“喷气推进实验室出版物部门并没有进行涉密文件的签收。”他还补充说：“在禁止钱学森接触涉密资料时，我们检查了我们的喷气推进图书馆。唯一显著的指控就是作者有一份标有‘秘密’字样的 1943 年报告《JPL 一号备忘录》的复制件。但是当作者或者合作者拥有这些秘密材料时，图书馆通常不会收回他们的备份件。”帕支汉还说：“钱学森从来都不是实验室的正式员工，但是他曾经从学校内部借调过来，从事有关方面的研究工作。”①

当调查人员向帕支汉出示美国陆军洛杉矶军械区报告时，帕支

① Supplemental Report（S-1）of Preliminary Investigation Relative to the Seizure of Technical Data From Dr. Hsue-shen Tsien.

汉将塞弗特（Seifert）和莫顿·阿尔珀林（Morton Alperin）叫了过来，他们都是喷气推进实验室的科学家。在准备文件以及具体研究过程中，他们和钱学森是合作者。塞弗特博士拿出印刷好的喷气推进演讲笔记合订本，很快比较了一下，指出，这两份材料内容基本相同，只是在形式上稍有差异。他还说，这份演讲笔记的合订本目前仍然标注为内部资料，虽然米利肯曾经专门前往华盛顿试图将这些资料解密，从而使它们很容易获得，供学生学习使用。这两位专家还表达了他们的意见，他们认为，可以肯定的是，所有这些印刷出来的信息，钱学森都牢记在心，因为对他来说，准备这样的课程需要花费两三年时间。这两位科学家还证实了帕支汉的观点：这些技术书籍的作者保留他们笔记的最终草稿是再正常不过的，大多数科学家都把他们在从事研究项目时所做笔记以及形成的文件视为他们的个人财产。

随后，调查人员前往加州理工学院人事部门，拜访学校人事主管 J. N. 尤尔特。调查人员首先向尤尔特说明来意，尤尔特对调查人员来访的目的也很清楚。他说，他们办公室没有保留调查人员所要查找的记录。于是，他建议调查人员去找一下古根海姆航空实验室图书馆管理员，她的名字是凯瑟琳·麦克·科尔根（Katherine Mac Colgan）。即便如此，尤尔特还是让调查人员浏览了钱学森的个人档案，并同意将一些文件复印一套给对方。通过这些文件，调查人员可以看出，加州理工学院已将禁止钱学森接触涉密合同和航空信息的信件和通知告知了钱学森。钱学森还在收到这些文件的当天签署了收条，证明已收到这份文件。

在尤尔特的陪同下，调查人员又回到校园里的古根海姆航空实验室，拜访了实验室图书馆管理员凯瑟琳·麦克·科尔根小姐。调查人员首先把来意向科尔根作了说明。随后，他们就如何将涉密信息传播给教授和学生的程序进行了讨论。尤尔特和科尔根告诉调查人员，教授复制涉密资料要通过他们所称谓的、负责有关项目的“合同管理员”。从交谈中，调查人员还得知，从他们所使用的“合同管理员”术语看，教授负责研究项目。另外，合同管理员也不是负责整个学院的合同管理者。这就意味着，负责涉密研究项目的教授无须对任何人负责，他可以任意获得涉密资料。

经过现场调查和咨询，他们发现，根本没法找到一个现实的方法来确定钱学森是否在某一时间从古根海姆航空实验室图书馆获得涉密文件。通过合同管理员获得涉密材料的任何书面记录都不可能存在。如果存在的话，他们将很容易看到记录，并获知钱学森是否获得了涉密文件。

尤尔特还对科尔根说，给每一位教授设一个邮箱是学院的惯例，通过这种邮箱没法确定信封里有没有涉密文件。他们还说，钱学森可以和很多政府机构，如华盛顿的国家航空顾问委员会直接进行书信往来，因此毫无疑问他会从他们那里直接获得这些涉密材料。[1]

在这次会见中，调查人员认为，钱学森可以直接与华盛顿的航空顾问委员会进行书信往来，并且声称钱学森所拥有的一些涉密资料也可能是从该机构获得的。但是，钱学森在 9 月 20 日的特米诺岛非正式会谈中指出，他从来没有从国家航空顾问委员会直接得到该机构的材料。这让调查人员充满疑惑，他们要就这个问题同华盛顿国家航空顾问委员会取得联系，以求证此事。

关于钱学森随身携带这些技术资料回国，也有人说是因为美国国家航空顾问委员会研究室主任休・L. 德莱顿（Hugh L. Dryden）曾经对钱学森这样说过：“你可以将这些技术资料带回中国去。”为了弄清楚到底是不是德莱顿告诉钱学森的，以及当时德莱顿还对钱学森说

① Supplemental Report, Neutrality Investigation Files, 1948–1988, Folder Title: LA23–24, Dr Tsien Hsue Shen, Box Number:1, National Archives and Records Pacific Region.

了些什么，9月14日，美国司法部驻洛杉矶办公室口头指示洛杉矶海关，希望将这件事情调查清楚，并要求从德莱顿本人那里得到准确信息。9月15日上午9时25分，洛杉矶海关总长马伦给华盛顿海关总署副总长埃美瑞克发了一份电报。内容为：

美国司法部要求从国家航空顾问委员会研究室主任德莱顿那里得到答案，是不是像人们所说的那样，是他告诉钱学森可以将这些技术资料随身携带回中国去的。美国司法部要求得到关于此事结果的汇报。

当天下午，埃美瑞克致电德莱顿。当时，德莱顿正在五角大楼参加会议。他在电话中告诉埃美瑞克，他可能于1950年7月在洛杉矶参加一学术会议时同钱学森交谈过，但此时已回忆不起任何同意其将有关技术资料带回中国的讨论。德莱顿还说，他的确不知道钱学森打算返回中国，而只是从报纸上才得知他目前所遭受的困境。关于传说中他曾同意钱学森将涉密文件带出国外，德莱顿说，他的确没有向任何人说过可以将涉密文件带出美国。他还说，日后会将有关情况以书信或者电报的书面形式报告给埃美瑞克。晚上，埃美瑞克就将他联系德莱顿的情况以及德莱顿的回答给洛杉矶海关马伦回了一个电报。9月19日，洛杉矶海关格雷泽将了解到的情况以及德莱顿的答复给司法部驻洛杉矶办公室助理检察长多伊兹写了一封信。

按照电话约定，德莱顿回到办公室后于9月18日认真而负责任地给埃美瑞克写了一封信，基本意思还是他在15日电话交流中的意见，但是语气和措辞略有不同。他在信中说：

在过去的几年时间里，我与钱学森先生的联系通常是在学术会议上，当然这样的会议还有几百人参加。在这些会议上，我与很多人进行过非正式的谈话，其中也包括钱学森。我能比较具体地回忆起来，我与钱学森的最后一次会面是在1948年1月29日一次航空学会召开的会议上。在我主持的分组会上，钱学森作了一个主题发言。从那以后，我回忆不起什么时间我们又会面了，也许可能还会有一次。我第一时间得知钱学森计划回到中国，是通过《华盛顿邮报》关于钱学森行李被扣的报道得知的。

在有些场合，我对钱学森博士包括和其他人说过，非涉密的航空顾问委员会的报告一般情况下是可以得到的，也可以邮寄到其他国家，但是我没有告诉任何人，涉密报告和信息可以邮寄到国外去。

我与钱学森博士的联系也仅仅是公务和学术上的往来。在这些接触中，我没有看出钱学森对美国政府具有颠覆意向，没有任何证据表明他对政治事务感兴趣。他是一位非常有能力的科学家。①

9月19日，埃美瑞克收到德莱顿的信函，随即通过航空件将信件转寄至洛杉矶海关总局。9月21日，洛杉矶海关收到此件。

9月19日，联邦调查局人员同罗伊·戈林举行会谈，商定检查钱学森行李时不仅要调查他将要带出国外而被海关查封的资料，而且要检查一下钱学森认为不合适带出美国而留存在加州理工学院办公室的材料。这些材料是钱学森在整理办公室材料时，特意把它们抽取出来并单独存放在办公室抽屉里的。

9月22日，联邦调查局人员前往加州理工学院访问克拉克·米利肯。米利肯时为加州理工学院古根海姆实验室主任。钱学森将那些他个人认为不便于携带出国的材料锁在了办公室的柜子里，然后将钥

① A letter from Hugh L. Dryden to C. A. Emerick, Neutrality Investigation Files, 1948–1988, Folder Title: LA23-24, Dr Tsien Hsue Shen , Box Number:1, National Archives and Records Pacific Region.

匙交给了米利肯。10 月 4 日，美国联邦调查局将他们晤谈米利肯的情况向洛杉矶海关规费征收办公室作了通报。通报称，米利肯在会见时说，他没有帮助钱学森决定哪些属于涉密的材料，哪些不属于涉密的材料；在这一过程中，他唯一的行动就是从钱学森那里收到了那两个文件柜的钥匙。文件就存放在那两个文件柜里，共装满四个抽屉。通报还称，由于文件较多，调查人员不可能在短时间内进行分类，而只能从文件袋中所标注的内容窥见一斑，如在马尼拉纸信封上标有如下内容：航空动力学、超音速风洞、气流等。

9 月 27 日，美国空军军械部赖特—帕特森空军基地情报部门主管哈罗德 · E. 沃森（Harold E. Watson）上校复函财政部洛杉矶海关征收办公室。信中说道：

对海关征收办公室扣押的钱学森技术资料的涉密审查工作还在继续进行中。到目前为止，就 8 月 21 日扣留文件的密级进行的调查透露出如下信息：

（A）空军装备司令部文件局准备的《外语术语汇编》过去是内部文件，现在仍然是内部文件；

（B）那份名为《高温材料演讲笔记》的文件是波尔 · 迪韦（Pol Duwez）于 1946 年春季学期为在古根海姆航空实验室学习的美国陆军军官上课的课程，被认定为内部资料；

（C）在加州理工学院为美国陆军上课用的喷气推进课程，被认定为内部资料；

（D）加州理工学院航空系为美国陆军上课用的喷气推进课程（1944 年 3 月 9 日—6 月 9 日），被认定为内部资料；

（E）题为《测试数据分析与薄翼超音速流动理论结果比较》的 2729 号工程报告，是格伦 · 马丁公司于 1947 年 8 月 11 日准备的材料，被认定为内部材料；

（F）麻省理工学院化学工程系完成的《燃料研究实验室燃烧研究总结报告（1942—1948）》，被认定为内部资料。

以上密级分类只是到目前为止能准确确定的部分。

从总体上看，这些材料包含技术性很强的信息，涉及喷气推进、空气动力学、热力学、燃料等，代表了这个国家最权威的技术学者在这些领域从事的研究和取得的成就。很多文件具有理论研究的性质，是从事研究与发展项目的基础。空军装备司令部认为，这些材料将提供给外国有价值的资料，如果其他国家想要发展这些技术，它们将在很多年时间里花费大量的金钱和努力。但是，到目前为止，对这些技术资料的调查并未显示出被扣押资料与总统2776号公告中所列举的特别装备和原型图纸有关的信息。①

在信的最后，哈罗德·E.沃森列举了材料中含有的一些在陆、海、空军合同下签署的文件清单四份。其中一份题名为《完美塑形固体数学理论绪论》，是海军研究室合同下的文件。

洛杉矶海关在收到美国空军关于钱学森行李审查意见后，于10月4日，由洛杉矶海关格雷泽和戈林联名将美国空军上校9月27日信函的主要意见概要报告给美国司法部，并呈送来函复印件。另外，他们还在信函中报告9月20日在特米诺岛会晤钱学森的情况，并抄送这次非正式听证会笔录材料。

针对钱学森行李审查，仍有一些部门没有拿出他们的审查意见或者完整报告。1950年11月14日，美国海关驻洛杉矶代表欧内斯

① A letter from Harold E. Watson to Treasury Department, Office of Collector of Customs, Los Angeles 13, Califonia, reproduced from the holdings of the National Archives and Records Administration Pacific Region (Laguna Niguel).

特 · S. 格雷泽一连发了三封信，分别致函美国陆军洛杉矶军械部、美国海军航空局和国家航空顾问委员会西部协调办公室，希望以上三个部门就钱学森被扣资料的性质做进一步的调查。他在给陆军洛杉矶军械部的信件中这样说："（1）你们检查的钱学森所携带的一些材料中，是否含有美国政府、其他部门或者是从事政府资助项目的契约人的一些财产？（2）你们检查的钱学森材料，现在是否仍属涉密文件，还是早已解密？（3）我们希望得到你们办公室就钱学森的资料从总体上对国家安全和防卫重要性的评价。（4）你们检查的钱学森的一些资料，无论是涉密的还是不涉密的，是否在 1950 年 6 月 6 日的禁令范围之内？" 该信最后说："希望得到你部的及时回复，以便我们结束这一阶段的调查并向美国司法部提交报告。" ①

格雷泽在给海军航空局的信中说道："你 8 月 30 日的报告已收到。你在信中说现在正在对 1949 年 4 月第 8 号演讲稿，也就是为陆军地面部队准备的导弹课程的文件进行调查。为使我们尽快结束这一阶段的调查，希望你将调查结果及时通报给我们。"

格雷泽在给国家航空顾问委员会西部协调办公室的信中指出：

你 9 月 5 日的来信已收到，你在信中就没收钱学森的资料作出了评价。在 1950 年 9 月 20 日的会见中，钱学森博士说，他从来没有与国家航空顾问委员会有直接信函联系，他也没有从你部直接收到任何出版物。如事实并非如此，请告知我们。

为使我们能完成这一阶段的调查工作，希望你处就如下三个问题进行答复：

（1）由于你处对这些资料比较了解，你处是否认为所有文件或

---

① A letter from Ernest S. Glazer to Los Angeles Ordnance Department, U. S. Army, reproduced from the holdings of the National Archives and Records Administration Pacific Region (Laguna Niguel).

报告，无论是涉密的还是非涉密性质，明显是美国政府、其他部门的财产或者是美国政府资助的项目所形成的文件？

（2）如果钱学森博士没有和你处进行直接书信往来，他所保存的美国国家航空顾问委员会的出版物是否为该领域的一般科学家都可以拥有的材料，如平常可以收集等？如果不是，请说明。

（3）我们希望得到你从整体上就钱学森的资料对美国国家安全和防卫重要性作出评价。

恳请得到你的及时回复。①

此外，格雷泽在给以上单位写信当日，还就其近期收到的有关部门对钱学森资料的审查情况向司法部作了书面汇报。

报告指出，附件 S–6 是 1950 年 10 月 10 日美国空军情报局局长哈罗德 · E. 沃森写来的邮件。这封信首先是哈罗德写给美国陆军军械司令部洛杉矶采购处的，然后再由美国空军情报和安全办公室的莱曼 · P. 戴维森于 10 月 17 日抄送洛杉矶海关。信件的主要内容是，关于由海关规费征收办公室查扣的钱学森技术资料的密级审查工作正在进行之中。从目前看，调查揭示了如下信息：

（A）那份由加州理工学院古根海姆航空实验室 1945 年 5、6 月份准备的《德国和瑞士近来航空发展报告》现在标为“内部”资料；

（B）1945 年 5 月的那份题为《液体推进剂火箭发动机类型》的进展报告标为“内部”资料；

（C）那份由喷气工程公司 1949 年 4 月准备的《助推器的发展和

① A letter from Ernest S. Glazer to National Advisory Committee for Aeronautics, Western Coordination Office, reproduced from the holdings of the National Archives and Records Administration Pacific Region (Laguna Niguel).

应用》是陆军地面部队导弹课程内容，现在仍属“内部”资料。[①]

信中还说道，调查工作进行到将要对文件作出最终决定的阶段，现在还有四份文件有待核查，估计调查将于11月1日或者早一些时间完成。

10月30日，哈罗德·E.沃森就空军装备司令部情报部门所审查的钱学森资料中有关空军文件的情况写了一份最终报告。这份报告基本上只是将他9月27日和10月10日信件中有关资料的性质重新明确了一下。报告指出，其中九份文件全部被确定为“内部”资料。报告是哈罗德·E.沃森写给美国陆军军械司令部洛杉矶采购处的，并于当天抄送给洛杉矶海关规费征收办公室。报告最后指出，在钱学森资料中有关空军的其他文件属非涉密的文件。[②]

海关人员还将11月14日连续发给美国陆军洛杉矶军械部、美国海军航空局和国家航空顾问委员会西部协调办公室的信件一起抄送美国司法部，并说：“如果我们收到他们部门的回信，我们尽快将情况向你报告，并复制一份呈送给你。”

报告最后指出：“为了完成我们这一阶段的调查工作，今天我们将前往加州理工学院拜访克拉克·米利肯博士。”

11月14日，报告发出后，洛杉矶海关的格雷泽和戈林驱车前往位于帕萨迪纳的加州理工学院。他们首先来到古根海姆航空实验室二楼，找到了克拉克·米利肯教授。海关人员首先把来意向米利肯作了

---

① Harold E. Watson, Security Classification of Materila Prossessed by Dr. Hsue-shen Tsien, reproduced from the holdings of the National Archives and Records Administration Pacific Region (Laguna Niguel).

② Harold E. Watson, Security Classification of Materila Prossessed by Dr. Hsue-shen Tsien, reproduced from the holdings of the National Archives and Records Administration Pacific Region (Laguna Niguel).

介绍，并说他们这次访问主要有两个目的:（1）了解谁是负责管理钱学森所从事涉密项目的教授。（2）将扣押的喷气推进的涉密笔记与钱学森所说的自愿放到柜子里的有关喷气推进的笔记进行比对。米利肯同意了海关人员的请求，允许他们将扣押的课程笔记与钱学森上交后锁在柜子里的笔记进行比较。于是，米利肯招呼了他实验室里一位接待人员，要求她将钱学森办公室柜子里的两个钥匙拿过来。随后，米利肯陪同海关人员来到钱学森的办公室。钱学森办公室就在米利肯办公室的隔壁，由于他仍然是喷气推进中心的教授，所以一直使用这个办公室，只是那天他没有在学校。存放资料的两个柜子仍然在钱学森的办公室。

参观时，米利肯向海关人员解释，钱学森已经回到他以前的岗位。虽然他当天不在学校，但是目前仍在使用这个办公室。米利肯把两个柜子都打开了，顺便从一个柜子里把喷气推进课程笔记拿了出来，然后和海关人员一起回到自己办公室。海关人员将他们查封扣押并随身携带的文件交给了米利肯。

米利肯将海关人员带来的文件与从钱学森办公室柜子里取出的文件进行了仔细比对，然后说，他认为所查看的四卷文件中的信息与钱学森上交而锁在柜子里的文件案卷中的信息是一样的。他还进一步指出，这四卷被查扣的文件是最终稿，正式印刷的文件就是以此为基础准备完成的，唯一的不同就是一些语法或者句子结构略有差异。

海关人员询问，钱学森是否有可能认为他有权利保存这些涉密文件的最终草稿，因此将内容与之相同的印刷体材料上交，从而将其作为他遵守禁令的条件呢？米利肯说，对这一举动他不能给出一个合乎逻辑的理由和明确的意见。米利肯还说，钱学森博士在准备这份文件以及对文件进行最终编辑方面做了大量工作，对这份材料的最终完成作了很大贡献。因此，他可能意识到，作为合作者之一，他可以把这些材料储存在大脑里，并有权保留这些草稿。米利肯最后说，大多数教授都认为，他们有权保留他们作为合作者从事科研活动所形成的所有材料。

米利肯拿出一个文件夹，里面有关于喷气推进课程笔记最终稿的一些复印记录等，既有铅笔写的，也有钢笔写的。海关人员仔细检查这些材料，发现了一份收据。收据表明钱学森于 1945 年 7 月 12 日复印喷气推进课程笔记第一部分以及第二部分第三节的内容，而遭查封的是第四节的内容。他们根据现场查看，发现复制这部分内容的是霍默 · J. 斯图尔特（Homer J. Stewart）教授。斯图尔特教授的办公室位于米利肯教授办公室对面。斯图尔特当天正好在他的办公室。随后，米利肯来到了斯图尔特教授的房间，询问他 1945 年 7 月 12 日这天是否签署了复印喷气推进课程第四节的收据。几分钟后，斯图尔特教授拿着他复印的材料来到米利肯的办公室。斯图尔特说，他手头的材料只是他能够复印的那部分。海关人员和米利肯一起检查了这些文件。海关人员还询问了斯图尔特教授一些关于他对复制资料的处理情况。斯图尔特说，他已经完全记不起了，不能给海关人员提供任何信息，也不知道就喷气推进课程的其他内容到底发生了什么事情。

海关人员还问米利肯："是否你按照禁令，要求钱学森归还禁令范围内所有的材料？"米利肯告诉海关人员："学院对所有人都没有作出这样的要求。"他说，钱学森是主动将其办公室两个已锁好的柜子的钥匙给他的，钱学森当时还说，他认为由于禁令，他不应该再保留存放保密文件的柜子的钥匙。

米利肯还给海关人员一份清单，列举了钱学森参与或者作为顾问从事的一些研究项目，以及主持这些研究项目的教授名单等：

加州理工学院	项目 1	冯 · 卡门（Von Kármán）
加州理工学院	项目 6	帕克特（Puckett）

加州理工学院	项目 10	利普曼（Liepmann）
加州理工学院	项目 11	利普曼
加州理工学院	项目 21	路易斯·邓恩（Louis Dunn）
加州理工学院	项目 37	罗比雄（Robischon）
喷气推进实验室	项目 3	路易斯·邓恩

为了探明钱学森回国携带的资料是否从这些项目负责人手中获得，以及获得这些涉密资料是否及时归还，海关人员提出了希望与这份清单上的教授取得联系的请求。米利肯回答说，其中三位教授已经离开加州理工学院去其他学校任教，冯·卡门当时也不在学校，只有邓恩教授还在加州理工学院。

只要有丝毫线索，海关人员都会穷追不舍。他们提出来要见一下邓恩教授。邓恩教授当时任职于加州理工学院喷气推进实验室。随后，海关人员前往加州理工学院喷气推进实验室，首先拜访的是实验室安全和人事主管沃尔特·帕支汉，海关人员向帕支汉说明来意，就是希望知道能否从邓恩所从事的项目那里获得一些记录，看看邓恩是否将一些涉密资料签发给钱学森。帕支汉对海关人员说，邓恩教授要参加会议，马上就要离开办公室。这样，海关人员就没有见到邓恩。但帕支汉对海关人员说："如果我从邓恩那里获得你们希望得到的一些信息，我会立即致电你们。"邓恩教授回来后，帕支汉就把海关人员来访的情况及用意向邓恩作了说明，但邓恩说，他签发给学生的涉密资料是受到严格控制的。从记录来看，没有任何一位项目主管和顾问使用过这些涉密材料。[①]1950 年 11 月 24 日，按照事先约定，帕支汉将邓恩教授的意见向海关人员作了通报。

就在海关人员造访加州理工学院两三天后，美国国家航空顾问

① A letter from Ernest S. Glazer to the United States Attorney, Post Office & Courthouse Building, Los Angeles 12, California, reproduced from the holdings of the National Archives and Records Administration Pacific Region (Laguna Niguel).

委员会西部协调办公室等部门也陆续回复了洛杉矶海关的信件。1950年11月16日，美国国家航空顾问委员会西部协调办公室主任埃德温·P. 哈特曼（Edwin P. Hartman）复函海关职员格雷泽：

你11月14日来函询问我们对没收的钱学森文件有什么意见。恐怕对回答你的问题没有什么帮助，因为在钱学森的1800磅文件中，我只查看了其中37份。而这37份文件中也只有7份与国家航空顾问委员会有关。这7份文件在我9月5日给海关征收办公室的信函中已列出来了。

对你信件中提及的三个问题的答案也只是针对那7份文件而提供的。前两个问题的答案是，钱学森拥有前面所提7份文件，并无不妥或者不当之处。第三个问题的答案是，这7份文件对国家安全和防卫没有什么影响，因为通过多种渠道，这些文件很容易得到。①

美国海军航空局和陆军洛杉矶军械区也在同一天，即11月20日，回复了洛杉矶海关。美国陆军洛杉矶军械区G. E. 帕森斯上校在复函中说：

为了回答你1950年11月14日的来信，我们现提供如下信息：请记住，我们办公室在8月31日的书信中所列举报告的安全保密性质并非我们的职责所在，也并非军械部的责任。这些报告是在其他部门所管理的合同下准备的。根据我们部门目前所掌握的一些信息看，虽然有些资料的确标有涉密字样，但是对这些文件性质的最终裁定将

① A letter from Edwin P. Hartman to U. S. Bureau of Customs, Los Angeles 13, California, reproduced from the holdings of the National Archives and Records Administration Pacific Region (Laguna Niguel).

依赖于文件所属的合同部门。因此，建议你们在对这些材料作最终决定之前，最好征求一下这些部门的意见。很明显，钱学森所拥有的资料较为完整。那些没有明显标注涉密或者通过购买可以获得的出版物，涉及科学领域也很广泛。我们由于缺乏对禁止令的完全了解，因此也不可能就这些资料给出明确的意见。

很明显，我们的上述评述是不确定的，需要强调的是，对这个问题作出准确判定是其他有关部门的责任。我们的观点纯粹是推测性的，对你们来说没有真正的价值。①

按照美国海关洛杉矶代表 11 月 14 日写给司法部信函中的约定，11 月 24 日，洛杉矶海关不仅把他们当天拜访米利肯的经过以及谈话的内容向司法部作了汇报，而且把他们收到来自国家航空顾问委员会西部协调办公室、海军航空局以及陆军洛杉矶军械区的复函呈送给司法部，最后还就那段时间所开展调查的情况作了如下总结性报告："与技术资料出口有关的规定见 1950 年 3 月 30 日修订的《综合出口一览表》第 371.19 条。此外，关于涉密文件的出口见《美国法典》第 18 条第 793 和 794 款。"并指出："如果你们办公室打算对钱学森提起刑事检控，我们将提交通常需要的案例报告。"②

司法部在前期各个部门，如美国海军、陆军和空军报告的基础上，特别是根据海关不同时期呈送的报告，作出了一个阶段性的结论，或者说是行李经过这么长时间的审查后不得不作出一个确定的说

① A letter from G. E. Parsons to Customs Agent in Charge, Los Angeles 13, California, reproduced from the holdings of the National Archives and Records Administration Pacific Region (Laguna Niguel).

② A letter from Ernest S. Glazer to the United States Attorney, Post Office & Courthouse Building, Los Angeles 12, California, reproduced from the holdings of the National Archives and Records Administration Pacific Region (Laguna Niguel).

法。1951 年 1 月 4 日，美国司法部驻洛杉矶办公室检察长多林致函洛杉矶海关代表格雷泽。信中说：

你 1950 年 11 月 14 日的报告已收到。参考你部报告（包括以前的报告）以及你部和联邦调查局所开展的广泛调查，我们得出如下结论：

（1）所查封钱学森行李中的大量技术资料，据说是钱学森准备通过“威尔逊总统号”运往中国上海；

（2）上述资料的出口，并未获得技术资料出口许可证；

（3）对这些文件的检查表明，在数百磅的资料中，只有很少资料在军事安全条例下标有密级；

（4）没有证据表明他试图违犯美国《反间谍法》；

（5）到目前为止，钱学森参与共产主义或者颠覆性质活动的证据依旧非常不确定；

（6）将这一案件定性为违犯《出口控制法》在技术程序层面是有问题的，对其进行刑事处罚更是证据不足。

因此，我们认为，在《出口控制法》的名义下起诉他犯罪是不成立的。我们非常欣赏并感谢你部所做的大量而卓有成效的工作，并认为只有通过这样努力的调查才能将那些真正危害国家安全的行为揭露出来，让他们成为惩罚的对象。

就查封的技术资料而言，在移民归化局没有作出驱逐出境的程序前，目前我们维持扣留这些东西不动。这些程序将决定还有没有其他证据能够控告钱学森现在是或者过去是一名颠覆组织的成员。如果钱学森摆脱了这些控告，我们希望将这些材料奉还给他。如果他不能，我们认为我们将按之前的约定维持现状。[①]

格雷泽在收到司法部的意见后，随后将这一意见传达给洛杉矶海关规费征收办公室。1月10日，格雷泽致函海关规费征收办公室，内容如下：

关于这一案件，现附上一封信给你处，是美国司法部1951年1月4日寄来的。信中说，没有任何证据证明钱学森违背了美国《反间谍法》；将这一案件定性为违犯《出口控制法》在技术程序层面是有问题的。信中还说，在移民归化局给出是否对钱学森实施驱逐程序的最终结果前，技术资料暂且维持扣押状态。如果钱学森躲过这些指控，希望将文件归还给他。如果他不能证明清白，将通过诉讼程序宣布将这些文件没收。[②]

1951年初，虽然司法部已经就钱学森被扣行李审查形成了初步意见，但是对资料的调查工作并没有随之结束，而是仍在继续进行中。这些被查封的钱学森行李也仍然由海关扣押并负责全面保管。

二、令人生疑的九大本剪报

在钱学森被扣押的行李中有九大本剪报耐人寻味，引起了美国

① A letter from Ernest A. Tolin to E. S. Glazer, January 4, 1951, reproduced from the holdings of the National Archives and Records Administration Pacific Region (Laguna Niguel).

② A letter from Ernest S. Glazer to the Collector Customs, Los Angeles 13, Califonia, reproduced from the holdings of the National Archives and Records Administration Pacific Region (Laguna Niguel).

海关和司法部人员的高度关注。这九大本剪报有 400 多页，是钱学森将一些重要的论文和信息从有关报纸、期刊和科学杂志上剪切下来粘贴而成的。这些剪报的主要内容涉及美国的原子能计划，涵盖了从 1945 年 8 月第一颗原子弹爆炸到 1950 年 7 月钱学森试图返回中国近五年时间的内容。该剪报组织有序、剪切工整、粘贴均匀，用美国海关的话说，那就是："花了钱学森很多时间和精力。"①

钱学森旅美期间制作的九大本剪报

为什么这些剪报引起美国有关方面的如此警戒，使他们疑心重重呢？主要是因为这些剪报的主题涉及美国的原子能项目。这些剪报主要来自美国主流大众媒体，如《航空杂志》《新闻周刊》《纽约客》等。也包括一些专业性较强的出版物，如《原子物理学家公报》《原子时代》等。据著者初步统计，这九大本剪报共有 1539 篇文章，其中 1412 篇涉及核问题和原子能计划，占所有剪报数量的 90% 以上。

① Reproduced from the holdings of the National Archives and Records Administration Pacific Region (Laguna Niguel).

在火箭还处于研制阶段，钱学森就开始关注原子能问题，这无疑让美国的调查人员对他产生了种种疑问，也难免引起美方的高度警觉。

美国海关在分析这九大本剪报时指出，涉及美国原子能计划的如下内容：

（A）原子弹爆炸，包括对日本实施的原子弹轰炸和军方实施的原子弹爆炸试验。

（B）美国原子弹载荷的文章。例如，从海军航母起飞能够携带原子弹的飞机。

（C）计划中的原子能研究项目，如氢弹等。

（D）设想中的原子能项目。例如，关于星际火箭和太空飞船等文章。

（E）美国能源公司（AEC）及教育机构的原子产能与研究能力的文章，包括准确安装座椅位置的建议文章。

（F）有关美国原子能项目核心人物，包括杰出科学家、从美国能源公司和原子能机构退休人员的文章等。

（G）系统编撰的有关国际和国内原子能控制的社论与政论文章。

（H）美国计划的《反间谍法》的一套公开出版的全记录，涉及原子能、间谍审判以及那些被控告为间谍或者对苏联及其卫星国持同情态度的人的记录，但是这些人只限于那些与美国原子能计划有密切关系的个人。

（I）原子民防问题以及与原子能有关的医学研究的文章。

调查人员还从九大本剪报中摘出有代表性的文章并抄录给有关部门，以此控告钱学森。我们可以从这九大本剪报中看出钱学森的思想的前瞻性及其战略眼光，也完全可以理解为什么钱学森早在1943年的一篇文章中就提出环球飞机以及将原子能作为推动力用到火箭研制中去的设想。

但是，这些剪报由于都是公开发表在报纸或杂志上的文章，最终还是完璧归赵，回到钱学森手中。回国时，钱学森将其带回国内并珍藏一生，后捐赠给正在建设中的上海交通大学钱学森图书馆。虽因年代久远，有些剪报出现斑驳不清或者脱落，但这些资料不仅见证了令钱学森不堪回首又难以忘怀的岁月，而且似乎也说明了为什么在1966年“两弹”（导弹和原子弹）结合试验中，他被委以重任。历史证明，钱学森的确在“两弹结合”试验中发挥了不可替代的重要作用。剪报也说明了钱学森不仅对导弹成竹在胸，而且对原子弹熟稔于心，使他能够担负起在人类历史上首次在本土实施的“两弹结合”飞行试验的重任。另外著者认为，这些剪报更是钱学森一生站在时代前沿、瞄准科学新航标的最真切的历史见证。

三、地方法院修改《扣押令》，将部分查封物返还给军部

根据1950年8月24日洛杉矶法院签署的《扣押令》意见，洛杉矶海关负责钱学森被扣行李的保管和查封工作。这样，钱学森的行李就一直封存在洛杉矶海关的仓库里。

美国司法部根据各有关单位汇报来的材料，的确发现在查封的钱学森准备携带出美国的材料中，部分是在国家有关部门合同下完成的研究项目，应被认定为国家财产。另外，他们还发现，有的是美国国家航空顾问委员会的材料，有的则是美国海军的资料。

1950年下半年，有一些军界人士拟根据他们初步掌握的情况，控告钱学森间谍罪和盗窃国家财产罪。他们认为，钱学森可能盗窃国家财产的事实表现在，在他托运的行李中，有一些文件是为美国政府机关准备的报告，但是没有“赠阅”或者“馈赠”字样，因此可以认定为政府财产。不过美国司法部驻洛杉矶办公室在没有确凿证据的前

提下，采取了一种审慎的态度，拒绝对钱学森提起指控。他们对钱学森盗窃罪指控持保留意见，并指出，需要在所有有关部门对扣留被告人的所有行李进行全面评估后再作决定。但他们建议，军事部门可以按照他们希望采取的措施，去收回他们认为在钱学森行李中属于美国政府的文件等。1950 年 11 月 20 日，美国司法部联邦调查局局长约翰·埃德加·胡佛致函国务院领事事务局安全办公室主任唐纳德·L.尼科尔森（Donald L. Nicholson），通报了上述意见，并说："宣告无罪可能是起诉钱学森的结果，美国联邦检察官也不同意在盗窃国家财产法规下控告钱学森。他们建议：军事部门应该采取必要的措施，收回他们认为是国家财产的物品。"① 文件还抄送给美国国防部陆军、海军、空军等有关部门负责人。

1950 年 11 月 21 日，联邦调查局驻洛杉矶办公室特别探员 R. B. 胡德写信给加利福尼亚州圣佩德罗麦克阿瑟要塞情报部门。胡德在信中一方面报告情况，指出，这个案件的细节已于 11 月 10 日呈送司法部驻洛杉矶办公室检察长多林。多林建议，有关政府部门应该收回在钱学森行李中被发现是美国政府财产的物品；另一方面，他说："我将这件事情向你们提及，你们是否需要重新审查一下钱学森的文件，看看有没有你们部门的材料，以便采取适当的措施收回这些材料。"②

出于对美国国家安全的考虑，美国司法部提出将这些他们视为美国政府财产的材料归还给有关单位，但归还这些材料不仅是司法部以及军方的意志，同时也应征得钱学森的同意，需要他签字。于是，

① A letter from John Edgar Hoover to Donald L. Nicholson, reproduced at National Archives.

② A letter from R. B. Hood to Gentlman (Intelligence Field Office NO.2 115th CIC Detachment Fort Mac Arthur San Pedro, California), reproduced from National Archives (170).

他们告知钱学森并命令其写一份书面意见，同意将有关材料归还给相关单位。经过前期沟通和协商，这些单位也希望收回并乐意接收原来属于他们部门的文件。

4月24日，美国海军某情报部门主管威廉·迪瓦森（Walliam Duvoisin）致函库柏。信中说："最近，我们办公室的乔治·R.波特将同你商谈采取必要措施收回洛杉矶海关扣押的部分政府出版物。国防部的代表已对上述出版物进行检查，并说有秘密性质的材料。为了得到这些材料，我将国防部希望得到的出版物清单转交给你。请让钱学森在这两个附件上签字，然后返还给他们，并附加一份空白信封。附件是根据海军部1951年3月15日给国防部的政府指令准备的。非常感谢你的合作，如果还有需要进一步商谈的问题，请联系波特。"①

4月28日，钱学森复函美国海军某情报部门少校波特。信中说："根据你1951年4月24日写给我的辩护律师库柏信件的要求，我同意将海关扣押的你在信中所列举的那些文件，交到海军情报机关指定的代表手中。由于相隔时间很长，我不知道你所列举的文件是否在他们扣押的文件中，但我还是签字了。我希望你明白，我签字同意将这些材料转给国防部并非声明我承认这些材料具有涉密性质。"②

1951年8月29日，美国司法部驻洛杉矶检察长多林，助理检察长克莱德·C.唐宁和托拜厄斯·G.克林格（Tobias G. Klinger）提出了修改《扣押令》的动议。他们列举了钱学森被扣行李中属于美国海军的12份档案材料，并指出，钱学森已经同意并写了书面意见，答应将所列举的材料归还给美国海军。美国海军也表示希望收回这些材料，并愿意接受它们。他们还列举了属于美国国家航空顾问委员会的

① A letter from W. Duvoisin to Mr Cooper, April 24, 1951, provided by Marble.
② A letter from Hsue-shen Tsien to Commander Porter, April 28, 1951, provided by Marble.

材料，并附上了钱学森亲笔签署的同意将文件归还给美国国家航空顾问委员会的意见书。最后，他们特别提议地方法院对《扣押令》进行修改，将仍旧被扣押在海关的上述属于海军的文件归还给海军情报办公室主任威廉·迪瓦森，以及将上述属于美国国家航空顾问委员会的文件归还给西部协调办公室主任埃德温·P. 哈特曼。

8 月 30 日，美国司法部驻洛杉矶办公室将提议内容寄送给钱学森辩护律师库柏，并附信说道："我们现在通知你，美国司法部通过其代理人将根据附件中的提议，于 9 月 10 日或者更早时间，在尊敬的哈利·C. 韦斯托弗（Harry C. Westover）法官面前要求修改《扣押令》，地点在洛杉矶斯普林北大街 312 号联邦办公大楼第五审判室。"

9 月 10 日，会议如期在联邦办公大楼第五审判室举行。洛杉矶地方法院在资深法官哈利·C. 韦斯托弗的见证下，一致同意宣布修改《扣押令》。当天，洛杉矶地方法院法官埃德蒙·L. 史密斯（Edmund L. Smith）将会议达成的意见以信函的形式通知海关规费征收办公室，并说："现命令你们继续扣押钱学森因违犯《出口控制法》《中立法》和《反间谍法》而遭查封的行李，直到根据法律允许归还给他为止。但下列行李除外：加州理工学院为陆军开设的喷气推进课程演讲稿（1—4）、麻省理工学院化工系 1948 年 6 月 1 日准备的《燃料研究实验室燃烧研究简报（1942—1948）》等十多份文件，这些文件是美国海军的财产；以航空顾问委员会名义签发的文件，封面上有'航空顾问委员会'字样的文件，以及一些在航空顾问委员会合同下完成的报告等，这些文件皆属于美国航空顾问委员会。"

信函最后指出："美国司法部督促地方法院修改《扣押令》，批准洛杉矶海关将上述所列举的属于海军的财产和文件归还给海军负责地区安全办公室的威廉·迪瓦森，并将上述属于国家航空顾问委员会的文件归还给国家航空顾问委员会西部协调办公室的埃德温·P. 哈特曼。”

这样，钱学森被扣行李中的一小部分资料就归还给美国海军和美国国家航空顾问委员会西部协调办公室，但绝大多数资料仍存放在洛杉矶海关的仓库里。

第二节　难以释怀的四次驱逐听证会

虽然钱学森已从特米诺岛被保释出狱，但钱学森案件还没有最后终结。根据司法部要求，他们要就钱学森驱逐案举行听证会。按照事先约定，听证会拟于 1950 年 10 月 16 日举行。眼看听证会召开在即，作为钱学森的知心朋友，弗兰克 · E. 马勃（Frank E. Marble）不时来看望他。看到钱学森精神消沉、身体每况愈下，马勃非常着急。他还担心会有一些证人在听证会上提出不利于钱学森的证据。马勃于是和钱学森商定，在听证会召开之前给冯 · 卡门写一封信，希望听取他对即将召开的听证会的意见，并希望得到他的指点和帮助。10 月 4 日，马勃给冯 · 卡门写了一封长信。信中说道：

很高兴与你在华盛顿见面交谈，我知道钱学森先生能够通过他与你的短暂交谈获益匪浅。毫无疑问，我知道，相比其他人，你能够为钱（学森）做得更多，因此，我现在写信给你。一方面出于我个人的主动，另一方面也是钱学森的要求，想告诉你钱学森事件目前的情况，以便你回到华盛顿时采取有效措施。另外，还有一个问题希望你能够在未来的几天里给予答复。

可能由于你与金波尔的会见，钱学森才得以于 9 月 22 日周五从特米诺岛释放，无论从身体还是从精神上来说，他的状态都不佳。在身体方面，他的妻子为他补充营养，倍加关照。但是我担心他的精神状态仍然受到干扰。不幸的是，由于他处于不稳定的心理状态，所以他不能正常工作，更不能把心思放在技术问题上，这其中的原因可能有很多，但我认为最重要的是，司法部将在10月16日召开驱逐听证会。

我确信，我们所有的人都认为，就钱学森的共产党身份，以及钱学森与共产党人的接触，不存在正当有效的证据。然而，司法部移民归化局和联邦调查局不遗余力地捕风捉影。例如，钱学森的辩护律师库柏认为，钱学森在加州理工学院与接触共产党的人士进行交谈也是可能的。这些人有可能被召唤来反对钱学森。

当库柏与杜布诺夫博士谈话时，杜布诺夫说，联邦调查局早已联系过他，联邦调查局试图使用最有力的劝说方式让他搜集或者说出他在共产党会议上见过钱学森，并且说这样的会议只有共产党员才允许参加。当然，杜布诺夫是一个诚实的人，他不会受这些伎俩左右，并且回答说：他回忆不起在哪一次会议上见过钱学森。但是，钱学森这样的担心是合理的：联邦调查局会不遗余力地找到一位屈从压力的人，给出一些不利于甚至反对钱学森的证据。这种状况既有好的一方面，也有不好的一方面。首先，它表明没有确凿证据将钱学森与共产党联系起来，这是好的方面。然而，也可以表明，所有肮脏的东西也会一股脑儿倾注在钱学森的身上。如果他们试图这样做，他们可以如愿。你也知道，移民归化局就要召开听证会，他们将要采取专横的行动，利用脆弱的证据作出决定。

在这个大错而特错的案件中，在他们行动的背后，除了掩盖早已形成的误解外，我们设想不出任何理由。因此，我们自然希望华盛顿在更高层面上采取行动，给有关部门减轻压力，收回他们的指控。为什么华盛顿没有采取行动？这对于钱学森以及试图帮助钱学森的人来说，那是一个谜。我们不知道华盛顿的行动是不是等到 11 月大选之后，还是华盛顿方面没有意识到钱学森的无辜？因此有一个问题希望你能给予及时答复：

钱学森是否应该推迟目前已确定好的听证会，以拖延华盛顿的行动，避免所有的恶意指控和捏造一些证据，这些在听证会上肯定会出现。还是允许听证会如期举行，让事情能够在早些时候有个结果。

由于你可能是唯一一位真正既熟悉地方情况又与华盛顿关系比较密切的人。在未来几天时间里，我们非常期待你的意见。最好你通过我回复，我将会把你的音讯和信件及时转给钱学森。

另外一事，钱学森确信你是在他困境之后让他坚强的唯一寄托。钱学森将他的所有遭遇归咎于他在科学顾问委员会所做的工作，因此指望你为其他人作出判断：如果钱学森离开美国，他的知识对美国是否危险。你是他最尊敬的老师。事实上，只有你和他的妻子能够从根本上帮助他。当然，有一些事你能为他做，而他的妻子不能做。

不用说，我们都期待着你能早日回来，有机会见到你并同你一起工作。此时，我们焦急地等待你的回复：在这种情况下，听证会应该推迟，还是继续？

最后，衷心祝愿你和你的妹妹健康永远！①

信已经写好了，但马勃不知冯 · 卡门身在何处，更不知道要把信寄到哪里。于是，他想到了华盛顿美国国家航空顾问委员会行政助理玛丽 · 罗登伯里（Marie Roddenbery），她对冯 · 卡门非常关心，也比较熟悉，可能知道冯 · 卡门的行踪。于是，马勃就给玛丽 · 罗登伯里写了一封信，并把他写给冯 · 卡门的信作为附件一起寄出。他在给

① A letter from Marble to Kármán, October 4, 1950.

玛丽·罗登伯里的信中这样说：

我就钱学森事件中的一个重大问题写信给冯·卡门先生，然而，我不知道寄到什么地方。当然我的直觉告诉我要寄到加利福尼亚，但是我不敢保证。由于你比任何人都关照他，你能帮助我们把附信转给他。特别的时候可以走航空件，请写信告诉我邮寄的费用。

真诚感谢你的帮助，我想钱学森也会对你的帮助表示感激！①

很快，远在法国巴黎的冯·卡门收到玛丽从华盛顿转来的信件。冯·卡门看到书信内容，感觉事情重大，时间紧急，遂于10月11日给马勃写了一封复函。冯·卡门在回信中说："如果可能，并且如果不太困难的话，建议推迟听证会。建议推迟的理由之一就是你在信中说的'钱学森的身体状态不是非常好'。我认为，当你不得不面对恶狗时，这可是没有什么好处。"冯·卡门在信的最后还鼓励说："我会直接给钱学森去信，我希望回到美国以后我们可以忘掉整个事情，重新回到跨音速问题研究中去，因为我有许多科学上的事情要与钱学森讨论，希望我们在科学上的关系能够和以前一样。"②

关于是否参加即将到来的听证会，一方面马勃受钱学森委托征求冯·卡门的意见，希望得到导师的指点；另一方面钱学森本人也咨询金波尔。金波尔建议钱学森参加即将到来的听证会，认为这是让有关方面了解情况，也是给钱学森一个说法的最好方式。不但金波尔支持钱学森如期参加听证会，而且加州理工学院的很多同事和主要领导也建议参加即将到来的听证会，如杜布里奇、华森、米利肯和林德瓦尔等。在进退两难以及各种意见纷纭的背景下，钱学森在权衡各方面

① A letter from Frank E. Marble to Marie, October 4, 1950

② 钱学森图书馆馆藏，总登记号：000834。

情况后，最终决定参加即将到来的听证会。

按照事先安排，钱学森听证会拟定于10月16日在司法部移民局召开。但由于美国的一项《国内安全法案》需要通过，也要召开听证会，这样就把钱学森听证会的日期推迟了。10月4日，美国司法部移民归化局洛杉矶分局局长兰顿就推迟听证会给钱学森的辩护律师库柏写了一封信，并将信抄送给钱学森。信中说："由于《国内安全法案》的通过需要召开听证会，兹定于10月16日召开的听证会需要推迟，待听证会日期确定后再通知你。"

眼看着听证会就要召开，聘请的律师库柏将代表钱学森出席听证会。根据钱学森在特米诺岛被囚禁期间与库柏会见时的商定，库柏在提供法律辩护服务前，钱学森需要支付一定的律师费。从特米诺岛回到家后，钱学森一直没有支付过此费用。10月14日，钱学森给库柏寄上2500美元的律师费，还就律师费的问题附了一封函件。但在函件中，两个人就律师费包括的范围以及涉及的工作内容等方面在理解上存有差异。10月17日，库柏复函钱学森。信中说：

我已收到你10月14日的来函以及2500美元的支票。

你在信中说，你希望得到我们理解的律师费所含内容的意见。我的理解和你在10月14日书信中的意见不一致。

你可以回忆一下，我们在特米诺岛讨论律师费时，我告诉你，在我为你承担辩护服务之前，我需要2500美元的聘金。那时候你问我，具体聘金包括什么内容？我向你解释道，那仅仅是分期支付的费用，由于我不清楚有多少工作量，所以我不能说出某一固定的具体费用，我的费用只是根据我服务的实际价值来确定，这涉及很多因素，如提供辩护所用的时间等。你向我说明了你的经济状况，告诉我你财力有限。我们对律师费的问题进行了详尽地讨论。我告诉你，我的费用不能有任何变化。但是，无论如何，我绝不能让你倾家荡产。例如，就移民问题召开听证会以及我为你作证后，如果政府按照威因鲍姆案的情况继续他们的程序，并以伪造证据向你提起公诉，在这个诉讼过程中我将继续代表你，不管这个案子持续多长时间。但是我的费用仍然按照我服务的真正价值来确定。虽然你那时不能支付给我，但我仍然继续为你服务，我相信在未来你会将律师费支付给我的。

你可以想一下，我还向你进一步解释，在决定我服务的真正价值时，如果你同我最终确定的意见不一致，我也非常高兴把这个案子让给别人。基于这样的理解，你和我握手，我也同意代表你提供法律服务。

在美国政府对你作出与此案有关的指控结论之前，假如（当然不可能）政府列出有必要上诉的对你的各种指控，这将使我花上六个月到一年的时间为你提供法律服务。这 2500 美元包括我作为法律顾问的所有费用，这一点不是我们的共识，我也不会同意。

概言之，以下是我们的想法：

（1）2500 美元是聘用费，我的费用是根据在指控期间以及政府基于目前的指控或将来可能提出其他指控时为你提供服务的合理价值。

（2）在此案中如果费用超过了 2500 美元，对我来说也有必要花时间并努力为你服务，如果你在那个时间里不能支付，我也不会让你穷困潦倒，我相信你在将来会支付余款。

对此，如果你在思想上还有什么问题的话，请尽管给我电话，我将会在电话中给你作一个详尽的解释。①

根据著者所掌握的资料，不清楚钱学森就律师费的问题是否同

① A letter from Grant B. Cooper to Tsien, October 17, 1950.

库柏进行了电话沟通。如果沟通，他们之间又是怎样沟通的，这些都不得而知。但在日后的辩护服务中，库柏的确代表钱学森出席了随后举行的听证会以及各种诉讼活动。

司法部经过内部磋商以及与有关方面沟通交流后，最终确定钱学森听证会召开的时间是 11 月 15 日。1950 年 10 月 30 日，美国司法部移民归化局洛杉矶分局听证办公室代理主任阿尔费雷德·E. 埃德加（Alfred E. Edgar）就把最新确定的听证会日期以信函的形式通知钱学森。信中说：

根据 1950 年 9 月 6 日对你实施的逮捕令，建议你出席于 1950 年 11 月 15 日在洛杉矶 117 西九街 Garland 大楼 108 房间举行的听证会，让你明白为什么你不能被驱逐出美国。听证会是遵照 1917 年 2 月 5 日修订的法案的第 19 条、第 20 条举行的。你若不出席，将违反我们在以前所定下的协约。有人认为，第一，你是一位外来人员。第二，你最后是通过美国夏威夷的火奴鲁鲁（檀香山）于 1947 年 9 月 27 日进入美国的。这违背了 1918 年 10 月 16 日所修订的法案。因为在你进入美国之前，发现你是法案所列举的以下组织的成员：建议、倡导、教育利用武力或暴力颠覆和推翻美国政府组织成员。建议你，在听证会你有权利选择律师或其他人员参加，自己承担律师费用。也建议你带着与本案有关的文件参加听证会，如果部分文件是用外文写成的，你应该带着原件和经核实的翻译件一起带来。另外，我们建议你，如果你在驱逐令下离开美国，在你离开之日起一年内不准进入美国。如果你想进入美国，你必须从总检察长那里获得允许，申请入境。如果你没有获得准许进入美国，你将被判重罪，经起诉可能要判两年以下牢狱之苦或者 1000 美元以下的罚款，或者两者兼施。[1]

阿尔费雷德·E. 埃德加还将这封信抄送给律师库柏和加州理工学院的林德瓦尔。

听证会的日期已经最终确定，钱学森在综合各方面意见后，决定参加即将到来的听证会。对于这次听证会，冯·卡门则持不同意见，建议听证会推迟。既然决定参加即将到来的听证会，钱学森也要给自己的导师做好解释或说明工作，特委托马勃把案件最新进展情况以及有关方面的意见告诉冯·卡门。11 月 7 日，马勃代表钱学森给冯·卡门写了一封信。信中说：

我和钱学森对你上个月的来信非常感谢！它在道义上给钱学森很大的支持。从那以后，他在宇航物理学和热力学方面更加积极努力。在以后的数周，我们非常期盼能够见到你。

从总体上看，钱学森的精神也大大振奋，当然，我们能够理解他心中还有很多怨恨，希望能够通过和他谈话克服。

你也可能知道，就钱学森（所携带的）书籍或者论文而言，钱学森是完全清白的，但控诉钱学森非法入境的听证会安排在 11 月 15 日重新开启。钱学森告诉我：金波尔建议他参加这个听证会，虽然这与你在信中提及的意见不一致，但金波尔认为这是最好的形式。加州理工学院的人们（包括杜布里奇、华森、林德瓦尔、米利肯等）也支持参加听证会，一些人包括你将被要求在听证会上提供个人证据。律师希望听证会持续一周时间。

这就是我得知的一些情况，真诚祝福你和你的妹妹幸福平安！[2]

---

① A letter from Alfred E. Edgar to Tsien, October 30, 1950.

② A letter from Frank E. Marble to Kármán, November 7, 1950.

第一次听证会召开在即，加州理工学院希望社会舆论有利于钱学森，于是杜布里奇在10月18日写信给《洛杉矶时报》发行人诺曼·钱德勒（Norman Chandler）。信中说："移民听证会原定于10月16日召开，但是移民归化局和司法部其他部门将日期推迟，原因不详。但是我们理解，听证会将很快重新安排。我认为，这个听证会的结果将为你刊发社论和新闻报道提供机会。不用说，我将很高兴为你提供你希望得到的必要信息。"①

钱学森作为加州理工学院古根海姆喷气推进中心主任以及受聘的"戈达德教授"，他的动向以及案件进展情况自然牵动了古根海姆基金会的神经。10月17日，古根海姆基金会主席哈里·古根海姆（Harry Guggenheim）写信给克拉克·米利肯，希望了解一下钱学森案件的最新进展。10月23日，克拉克·米利肯代表学校给古根海姆基金会主席哈里·古根海姆复函。信中说：

几个星期前，钱学森被移民部门保释。从那以后，钱学森就在学院工作。听证会原定于上周举行，但现在推迟了。一周前，有媒体报道，钱学森资料的审查工作还在进行中，但没有发现不合法的东西。我认为，移民局人员想不经过正式的听证会就把整个事情了结算了，但是海军部副部长金波尔对这个案件很感兴趣，与华盛顿司法部人员商谈此事，鼓励他们召开听证会。我想，司法部同意召开听证会，并且一场正式听证会将在接下来的某一时间召开。金波尔希望所有的事情都能在这个听证会上得到澄清。

虽然整个事情可以和我们希望的那样得到澄清，但是很明显，在目前国际背景下，钱学森不会被允许回到中国去。我相信，钱学森

① Caltech Archives, Lee A. DuBridge Papers (Box 100, Folder 4), LAD 100.4 (1950, 10.18).

能够理解这个情况。我们不会促使他就未来的计划作出最后的决定，然而，我们都希望他能够继续当他的戈达德教授，我也倾向认为这是最后的结果。有什么最新进展我将及时通知你。[1]

美国司法部围绕着钱学森驱逐案及其党员身份，共召开了四次具有法律效力的听证会。这四次听证会形成的记录多达 282 页（比 A4 纸张略大），其中一次听证会的记录就有 143 页。为了全面了解听证会内容，准确把握听证会有关方面的意见，著者对这四次听证会逐字逐句进行了全文翻译。就环节展开的过程看，这四次听证会真可谓层层深入，环环相扣，步步推进。先就钱学森的基本情况，让钱学森本人出庭，随着讯问情节的缓缓展开，依次召唤有关证人出庭作证。从听证内容看，美国移民局官员时常是变着法儿刁难钱学森，甚至设置圈套让钱学森去钻。但是针对检察官提出的刁难问题以及表现出来的咄咄逼人气势，钱学森避免了与他们进行硬生生斗争的方式，而是利用他文人学者的风骨、胆识与学养，与检察官进行了巧妙而毫不畏惧的论辩，回答得也非常巧妙和睿智。这巧妙的反戈一击，不仅机趣，而且充满智慧。从听证会上各方面的质问和对答来看，也颇有意思，时而迂回曲折，时而慷慨陈词，整个情节感人肺腑。基于以上综合考虑，著者决定将听证会中最精彩、最扣人心弦的部分在本书稿中摘录呈现，以还原那段难忘的历史。

这四次听证会对钱学森的打击之大、折磨之深，让他难以承受，这更加坚定了钱学森回国的信念。

---

① Caltech Archives, Lee A. DuBridge Papers (Box 100, Folder 4), LAD 100.4 (1950, 10.23).

一、第一次听证会：“我忠于中国人民”

1950 年 11 月 15 日，听证会如期在洛杉矶西九街 117 号移民归化局办公室 103 房间内召开。上午 10 时，听证会正式开始。主持这次审讯的是听证官罗伊·沃德尔（Roy waddell），主要审问者是司法部驻洛杉矶移民归化局检察官艾伯特·德尔·古尔丘，书记员是玛丽·克林顿（Mary Clinton），另外还有一些旁听者和新闻记者。他们挤在一间狭小的房间里，没有冷暖气设备，窗外车声嘈杂，低垂的百叶窗，遮着窗外的阳光。钱学森的辩护律师仍然是库柏。

钱学森参加在司法部移民归化局召开的听证会

沃德尔盘问了一些在讯问开头所需要的例行问题。例如，你能否站起来举起右手，郑重地宣誓，在审讯中你给出的证据是真实的，等等。接着宣布钱学森在这次审讯中被控的罪名，是违犯了美国《移民法》。著者在查看了美国有关部门的汇报档案文件中，很多部门在定义这个案件的性质以及对钱学森定性的时候，他们将钱学森认定为间谍，但那都是他们的推测。但最终确定的罪名是违犯美国《移民法》。他们认为，钱学森是1947年9月27日依照《移民法》由檀香山进入美国的，照美国《移民法》的规定，凡是移民来美的人，都不能是暴力推翻美国政府的任何社团或组织的成员。

这样的指控也是美国所谓民主社会的一个特点。依照民主社会的宪法，人民有思想、信仰、集会、结社、示威、罢工的绝对自由，这当然也包括允许反对党派在美国存在和活动的自由。但在事实上，美国政府需要压制共产党在美国的活动，于是便提出一套指控的办法。凡是具有美国公民身份而在政府机关工作的人员，便要被迫宣誓没有参加共产党工作。如果事后发现他与共产党有关系，便指控其立假誓的罪名。威因鲍姆博士就是这样被控有罪的。至于非美国公民的移民者，便使用《移民法》来加以约束，现在美国政府当局正是用这一套办法来指控钱学森的。

沃德尔宣布了对钱学森指控的罪名后，便将审讯交给了检察官古尔丘进行。古尔丘是一位凶狠的检察官，在20世纪20年代时便当了反颠覆活动的侦探。现在他又加控钱学森违犯了1950年所立颠覆活动管制法案。古尔丘从钱学森的出生问起，一直问到他初到美国的情形，问到他1938年至1939年在加州理工学院时是否参加共产党组织和共产党的会议，以及他同威因鲍姆、杜布诺夫夫妇、弗兰克·奥本海默和马林纳之间的关系，等等。

古尔丘："谁安排你在美国学习的？"

钱学森："我是获得政府奖学金来美国学习的。"

古尔丘："从哪个政府？"

钱学森："从当时中国的执政政府。"

古尔丘："那就是所谓的中国国民政府吗？"

钱学森："是的。"

古尔丘："你获得的奖学金范围呢？"

钱学森："你是说在时间上吗？"

古尔丘："是的，在时间和资金上。"

钱学森："奖学金持续资助两年，但可以延长一年，我的确延长了！"

古尔丘："奖学金金额是多少？"

钱学森："具体金额我记得不是很准确了，因为那是很久以前的事情了。大约一年 1500（美元）。"

古尔丘："你是所谓的'义和团赔偿基金'的学生吗？"

钱学森："那是基金的来源。当我获得奖学金时，我不能确定是那个名字。"

古尔丘："你获得奖学金款项是美国政府由于义和团运动补偿给中国政府的资金吗？"

钱学森："是的。"

随着审讯的进展，古尔丘的提问也咄咄逼人：

古尔丘："你不准备去国民党所在的中国台湾吗？"

钱学森："我没有计划。"

古尔丘："那你忠于谁？"

钱学森："我忠于中国人民。"

古尔丘："中国人民指的是谁？"

钱学森："是四亿五千万人。"

古尔丘："你感觉你是否忠于中国的国民党政府？"

钱学森："如果他们执政，如果他们为中国人民做好事，我就忠于他们。"

古尔丘："他们是这样吗？"

钱学森：“这还要再看看。”

古尔丘：“在你头脑中，你不确定他们会做好事，是吗？”

钱学森：“他们之前没有做好事。”

古尔丘：“好，现在的共产党政府是不是在为中国人民做好事？”

钱学森：“我不知道。”

古尔丘：“你不知道还去那里？”

钱学森：“去了就会知道的。”

古尔丘：“你想怎么处理你随身带走的那些资料——有关航空和喷气推进的资料？”

钱学森：“那是我知识的一部分，是属于我的。”

古尔丘：“你想怎么处理它？”

钱学森：“那就保留在我的大脑里。”

古尔丘：“你会让它对中国有用吗，对共产主义中国有用吗？”

钱学森：“这是我的财产，就如同把自己的能力卖给别人一样，我有权决定是否会给其他人。”

古尔丘：“但是你没有想过要去国民党所在的中国台湾吗？”

钱学森：“因为我回中国的主要目的是解决家庭问题，碰巧我父亲不在台湾。”

古尔丘将话题转到了 1947 年钱学森返回中国和蒋英结婚以及后来在美国生了两个孩子的问题上去，然后又回到了效忠的问题上来。

古尔丘：“让我问你一个问题，你是美国的永久居民吗？”

钱学森：“是的。”

古尔丘：“在这种情形下，你是否要遵守美国《选征兵役法》的条款？”

钱学森：“是的。”

古尔丘：“假如美国和红色中国之间发生冲突，你会为美国对红色中国作战吗？”

钱学森的辩护律师库柏反对这样的质询。检察官驳回库柏的意见。经过库柏和古尔丘的争辩之后，钱学森答道：“我不能答复这个问题，因为指控者所描述的局势并未发生。”

古尔丘：“这样的局势并未发生是什么意思？”

钱学森：“这样的局势还没有出现。换言之，美国现在没有向共产党统治下的中国宣战，而且这个问题需要多方面的考虑。”

古尔丘：“你是否不想在此刻表示，一旦战争爆发，你究竟是否为美国向红色中国作战？”

钱学森：“我未曾考虑到这个问题。”

库柏又站起来表示抗议，但古尔丘说，他愿意给钱学森时间，无论多少时间都可以，来回答这个问题。

库柏抗议道：“你不能让别人在五分钟内决定态度。如果你让他对此问题多加思索，你要给他时间，我们不能在这里等六个月。”

古尔丘辩解道：“我们愿意在这里等六个月。”

库柏询问钱学森是否可在 15 分钟之内决定态度。钱学森认为可以，于是库柏让钱学森去思考一下这个问题。五分钟过去了，钱学森表示还不能答复这个问题。古尔丘就等得不耐烦了，怒气冲冲地对钱学森说：“你是不能答复这个问题，还是不想答复这个问题。”

这让钱学森非常气愤，他说：“我现在能够一一答复这个问题，答复如下：我已经讲过，我忠于中国人民，如果美国和共产党统治下的中国发生战争，如果战争是为了中国人民的利益——我想这很有可能——那么我将会站在美国方面作战，这是没有问题的。”

古尔丘：“你想要先作出决定，决定究竟这战争是否有利于中国人民吗？”

钱学森：“是的，我要作出这样的决定。”

古尔丘:“你不准许美国政府替你做这样的决定?”

钱学森:“不,当然不。”

随后,古尔丘将话题转到朝鲜战争上去,质问钱学森是否愿意在朝鲜战争中为美国而战。

古尔丘:“你是否知道美国士兵在朝鲜战争中有伤亡?你知道吗,钱先生?”

钱学森:“我当然知道。”

古尔丘:“你愿意在朝鲜战场上为美国而战吗?”

库柏反对这样的质问,但被驳回。

古尔丘:“你的回答?”

钱学森:“事实上,当我答复你不断问我愿不愿意为美国拿起武器作战时,我早已答复了这个问题。如果笼统作答的话,我的答复是‘是’。至于中国问题,是非常特殊的问题,所以我要详细考虑各方面……”

古尔丘:“让我问你这样一个问题,你是否愿意将你在美国所获得的知识用在美国?”

钱学森:“我已经把我的知识提供给美国了。”

古尔丘:“让我问你这样一个问题——你可否将你学到的航空和喷气推进方面的知识帮助美国对抗红色中国?”

钱学森:“这个问题的答案同你问我可否拿起武器以反对共产党统治下的中国的答案相同。”

中午 12 时,审讯暂时休庭,为午餐时间。下午 1 时,庭审继续进行。庭审开始后,听证官再一次要求钱学森发誓。然后,检察官要求证人出场作证。

第一个出场的是威廉·海恩斯(William Hynes)。听证官首先让证人宣誓,声明在这个庭审中所给出的证据都是真实的。随后,检察官对证人的身份进行了确认。证人说：“我是洛杉矶市一位退休的警官。从1922年到1943年受雇于洛杉矶警察署。1938年，主管洛杉矶警察署的调查局工作。”随后，检察官将话题转到党员登记卡上。检察官问：“在1938年底，是金普先生将那份党员登记卡给你的吗？”海恩斯说：“是的，它们是纽约党总部分发的有关1939年度党员登记的表格。”检察官还问：“在1938年，你知道共产党对它们的成员进行登记了吗？”海恩斯说：“我知道，在1938年12月，它们作了1939年的党员登记。这个活动自从1935年以来一年一次。”当问到如何处理这些党员登记记录，他也坦然是自己用铅笔手抄复制了一份，是本人的笔迹，是在金普夫妇都在场的情况下在其餐厅餐桌上抄录的。针对登记表上的“NM”，海恩斯根据党员登记的程序解释说是：New Member。库柏与检察官就这份文件是否从党员登记表的原始件上抄录下来的争辩了一番。检察官将话题转到了党员登记表上的名字“John M. Decker”。海恩斯回答说：“在细读了他的注册后，我发现他是一个中国人。也是我发现复印件中唯一一个注册的中国人——在我把这些注册信息复印到这个复写表格里的时候。”随后，检察官转到党员的注册过程，海恩斯说：“从与共产党领导的个人谈话以及与注册有关的共产党员的文件中，我了解到，用假党员名字是保护他们党员身份的一种方法。”

海恩斯声称，他的那份党员登记表是金普从党总部带回来的。检察官在询问了一些与党员证有关的问题后，特要求金普就党员登记表出庭作证。

随后海恩斯退出证人席而留在听证室。然后，金普被召唤到庭审现场出庭作证。金普自称是一名共产党党员，定期交纳党费，是在好莱坞加入党组织的。1938年，是洛杉矶共产党党委员会委员之一。他还说，他是最高领导的助手，其职责包括接收从其他党支部调来的各种党员，调出离开党支部的党员；检查党组织人员情况以查看他们有没有失去党员身份——不允许居无定所的人任意加入和退出；他们一年进行一次党员注册，发行新书，检查党内每个党员应该交的党费是否交齐，大体就这些。当问到那份用钱学森名字作为党员登记的表格是从哪里取来的时，金普回答说："是从一位家住博伊尔高地的共产党员的家里把那些卡片拿到洛杉矶的，是海恩斯抄写的，抄完后，然后把档案又退回到第六街党总部。"

谈到入党申请表，金普说："填写申请表，不一定非得要申请者本人填写。"谈到开放会议，金普说："招募成员的开放式会议，一般说来通常是在召开小组会议的地方举行，会议的部分事务会交给一个有能力的人士，他会向即将成为党员的那些成员说明党内的活动，这些成员之前被邀请来参加过会议，目的是……"

但是，当问到第一次见到钱学森是在什么时间时，金普说："根据我的回忆，特别是我努力回忆后，我认为，我以前没有见到过钱学森博士。"

问到党员登记表，检察官问："以你的经历，你知不知道何种情况下一个人被登记为共产党成员但在事实上并不是共产党员呢？"金普回答说："我不知道有什么人登记了却不是共产党员。"听证会在第一天下午 3 时 38 分暂停。

11 月 16 日上午 10 时，听证会再次恢复。除常规的确认被告宣誓外，检察官仍然召回金普作证。这次主要问党员登记记录是从哪里带来的，又是怎样处理的。金普说，那个党员登记表是从位于波伊尔高地（Boyle Heights）的雷斯尼克（Resnick）的家里取来的，抄写完毕后立即送回西六街党总部。随后，检察官和金普就党员证的问题谈了很多。

最后，传唤存放党员登记表的雷斯尼克博士出庭作证。在例行宣誓后，检察官了解了雷斯尼克的基本情况。他宣称，自己是美国的共产党党员。关于存放在雷斯尼克家中的党员证，检察官问："为什么会带到你家中去？" 雷斯尼克回答说："那我不记得了。到目前为止，我只记得他们将其保存在我家里。关于它的记忆实在是极其模糊了。" 后来，他的妻子莎拉·雷斯尼克（Sarah Resnick）被传唤。她声称，刚才出庭作证的是自己的丈夫，本人也是一名美国共产党员。她说，根据回忆，在 1938 年秋天，她为党组织做了一些抄写的工作，但是具体情况回忆不起来了。她也回忆不起来是谁将这些记录带给她的。她也不认识正在听证会上的金普！还说，在 1939 年 4 月，她去生孩子了。

雷斯尼克夫人退场后，检察官要求到政府证人理查德·N. 路易斯（Richard N. Lewis）居住的费城进行现场取证。钱学森的辩护律师则坚持进行书面质询，他说："我感觉到我们应该让他们写书面质询。否则，则使被告花费大量的费用在宾夕法尼亚州雇佣代理人，然而相比较而言政府则拥有无限量的资金，我们要付差旅费。对于被告来说，派我到宾夕法尼亚也使他本来微薄收入将更加吃紧，我觉得通过书面询问和交叉询问将会达到同样的效果。" 在检察官的再三坚持下，经听证官协调，最终钱学森和代理人作了妥协，同意在双方约定的时间前往宾夕法尼亚州费城对理查德·N. 路易斯现场取证。

最后，检察官再次召钱学森出庭，向他展示了一张理查德·N. 路易斯的照片。钱学森说，他认识这个人，是在加州理工学院认识的，可能也和他一起参加了一些"聚会"活动。在没有其他证人出庭作证的情况下，听证会于 11 月 16 日上午 10 时 50 分结束。[①]

1951 年 1 月 29 日，根据这次听证会的意见，美国政府部门有关

① Deportation Proceedings in the case of Hsue-shen Tsien, File No. A4 656 868 1600/84439, reproduced at the National Archives.

人员按照会前达成的意见，如约前往从宾夕法尼亚州费城，并从一个叫理查德·N. 路易斯的人那里取得一份关于是否参加党小组会的证词。在场的有听证官威拉德·S. 雷顿（Willard S. Layton）、律师格兰特·B. 库柏、检察官艾伯特·德尔·古尔丘，还有书记员希尔卓德·哈雷克（Hildrod Haracher）。为了有效地在这次听证会上提供法律服务，钱学森的辩护律师不仅自己亲自前往，而且在当地聘了一位律师哈里·A. 康托尔（Harry A. Cantor）。关于这次现场取证的全部笔录，著者没有见到，所以不能作详细解读。

1 月 31 日，钱学森的辩护律师库柏将其前往维明顿、特拉华和费城调查取证的账单邮寄给马勃（Marble），希望马勃负责报销此费用。具体费用包括机票费 347.88 美元，就餐、出租和长途电话费 50 美元，住宿费 6 美元，行李费 20.11 美元。3 月 15 日，马勃将报销的费用以支票的形式邮寄给库柏，并附感谢信。信中说，代表钱学森以及他的很多朋友，对他在洛杉矶和费城听证会上为钱学森辩护所作出的所有努力表示衷心感谢，希望这个案子在不久的将来有一个圆满的结局。[①] 当天，马勃也致函哈里·A. 康托尔，把他在费城的 100 美元的律师服务费以支票的形式邮寄给他。

二、听证会再度召开："从报纸上得来的信息一般都是不完整的"

1951 年 2 月 15 日上午 9 时 30 分，听证会再度召开，与上次听证会略有不同的是，这次听证会在移民归化局的 112 房间召开，听证官不再是罗伊·沃德尔，而是约瑟夫·A. 杜迈尔（Joseph A.

① A letter from Frank E. Marble to Grant B. Cooper, provided by Marble.

Dummel），但是检察官和书记员等还是原班人马。这次听证会首先仍然是听证官让被告进行常规宣誓，然后检察官问了几个问题。随后美国政府召罗莎诺夫出庭作证。罗莎诺夫自称，于1938年春天，在加州理工学院读书时加入共产党，成为帕萨迪纳122专业组的成员。他在威因鲍姆案中供证威因鲍姆是共产党员，现在他又供证说曾经同威因鲍姆一起讨论过钱学森。但同时指出："我们讨论了几乎每一个人，正如我在威因鲍姆案件中所证实的，我们谈论中也包括了米利肯博士，尽管他从根本上来说是个共和党人，但也作出了一些自由主义的论述。然而，我们是把钱学森当作一个有可能成为共产党人的人来讨论。"

当检察官问及与威因鲍姆就钱学森谈论了什么，罗莎诺夫说不出具体的回答。检察官不能从罗莎诺夫那里获得任何有价值的信息。听证会在上午10时10分休庭。证人罗莎诺夫离场。

休息了10分钟，10时20分听证会再度开庭，这一次召另一个证人西尔万·鲁宾（Sylvan Rubin）出场。听证官让鲁宾履行完常规的宣誓后，问及鲁宾诸如名字、出生地、国籍、职业等个人问题。问及到党员身份时，鲁宾自称，1938年的某一时间一直到1939年，自己是帕萨迪纳共产党专业组的成员。他还自称，认得钱学森博士。问起怎样认识的，鲁宾回答说："不，我不记得怎样跟他认识的了。我只知道我多多少少与他认识——可能在我就读加州理工学院本科的时候，与他有稍微的接触。"

检察官问鲁宾："你现在能否记得，你曾经与钱学森博士一起参加过共产党组织的会议？"鲁宾回答说："不，不能具体回忆起来。"还说："我不能具体地回忆起来。正如我说过的，能够尽最大努力回忆起来的就是，我在那段时间认识他。"这样，检察官也没有从鲁宾那里获得准确的有关钱学森的信息。听证会在上午10时55分暂停，并商定于第二天上午9点半继续进行。

2月16日上午9点半，听证会继续进行。这次听证会首先召第三位证人唐纳德·S. 韦克林（Donald S. Wakeling）出场。在进行了例行的宣誓以及了解一般情况后，检察官问及韦克林的党员身份，韦克林声称，他是1938年或者是1939年初加入帕萨迪纳共产党专业小组的。关于钱学森的情况，韦克林说，认识钱学森，并且在自己家举行的这样的会议上，见过他三四次。随后双方就会议的性质争执了一阵，那就是关于“聚会”和“会议”的区别。钱学森的辩护律师认为那是“聚会”，而检察官和听证官则认为是“会议”，最后检察官和听证官驳回了律师的反驳。听证会在上午10时22分休息，证人唐纳德·韦克林退场。

上午10时30分，听证会继续。这次是检察官审讯被告钱学森。关于聚会的问题，钱学森回答说：“我不能准确地回想起来，但是我说，那是非常有可能的。因为威因鲍姆博士没有车，我就经常开车载着他到他想要去的地方。当我们到达的时候，那家的主人经常邀请我们到他家中，其实没有什么特别的事情要做，然后在一起待着，那就是我认为的聚会。”关于缴纳所谓的“会费”问题，钱学森回答说：“对于这个问题，我不得不分两种类型回答。在家中举行的这些聚会中，我从没有付过任何费用，但是也有一些聚会——让我说成是聚会吧——确实因为某些不是很清楚的原因，我确实支付过一些费用。由于参加的人数较多，他们都会支付一些。他们会提供一些点心之类的东西，这看起来似乎是一个基本规则——在那里的每个人要付25美分、50美分之类的。当然我也会这样照着做。”谈到与威因鲍姆的关系，钱学森回答说：“关系密切，但对其能力持保留意见。并且一直没有改变这样的看法。”检察官最后又把问题转到了对共产主义和中国的态度上。

检察官对被告：

问：“钱学森先生——钱学森博士，你是否曾经订阅了《人民世界日报》？”

答：“我认为，有一段时期我是订阅了这份报纸。”

问：“实际上，你是在 1938 年和 1939 年订阅《人民世界日报》的吗？”

答：“那是可能的，我订阅了一年的报纸。”

问：“那么，你知不知道《人民世界日报》是美国共产党的官方报刊？”

答：“我现在才知道。”

问：“你以前不知道吗？”

答：“不知道。”

问：“你为什么订阅《人民世界日报》？”

答：“那时因为《人民世界日报》是——我必须说明这一点——我第一次见到这个报纸是在——要么是在西德尼·威因鲍姆家中，要么是在杜布诺夫家中——我订阅它是因为——那时，这是一份与中国事业共情——抵抗日本侵略、进攻的报纸。”

问：“那时候《人民世界日报》也同情纳粹德国，你知道吗？”

答：“在我的记忆中，不是。你是说《人民世界日报》对希特勒的事业充满同情？”

问：“是的。”

答：“在我的记忆中，不是。”

问：“在你的记忆中，不是？你不记得苏联与纳粹德国达成了 1938 年的协议？”

答：“我对东方新闻感兴趣。”

问：“那么，你也不记得《人民世界日报》对德国进攻苏联的报道，在 19……”

律师："德国进攻苏联？"

检察官："是的，你想上一堂历史课吗？"

检察官对被告：

问："在德国进攻苏联之后，《人民世界日报》就不再同情——纳粹德国？"

答："正如我说，我只对东方新闻感兴趣，这些对我来说只是次要问题。"

问："你是否热切地读过《人民世界日报》？"

答："不能这么说，因为我没有——我没有热切地读过任何一份报纸。"

问："是否有人建议你订阅《人民世界日报》？"

答："是这样的，因为订阅报纸一定是有人向我建议过——我一般情况下是不订阅任何报刊的。"

问："你知道是谁向你建议订阅的吗？"

答："我想不起来了。"

问："是不是西德尼·威因鲍姆博士？"

答："我不记得了。"

问："你记不记得，是否在1938年末到1939年，在你参加会议时有人向你建议的？"

答："我认为这是非常可能的，是在那个期间我参加你所谓的会议中的一次会上，他们向我建议的。"

问："在那段时间里，你还读过共产主义的其他书籍或者出版物吗？"

答："即使读过一些，无论过去还是现在，我都不知道它们是共产党的官方出版物。"

问："那时候，你是否购买过共产党的任何出版物、书或者小册子？”

答：“我说，同样的答案——即使我买了，那个时候我也不知道它们是共产党的官方出版物。”

问：“在1938年、1939年期间，在帕萨迪纳参加会议时，你有没有买过这样的出版物？”

答：“没有，我完全记不起会议期间的任何事情了。”

问：“你也听到了证人唐纳德·韦克林证实过，在一些会上大家就《资本论》进行了讨论。在你参加的这些会议中，你是否参与过这样的讨论？”

答：“《资本论》这本书我非常熟悉，因为它非常有名，并且在我众多熟人的书架上都有这本书；对像《资本论》这样的书的讨论并不意味着什么很不同寻常的东西，所以我对这本书是否在会上被提到或者讨论过没有清晰的回忆。”

问：“讨论过卡尔·马克思（Karl Marx）和恩格斯（Engels）吗？在你参加的会议中，你是否参与过这样的讨论？”

答：“这个问题的回答，跟你刚才所问关于《资本论》讨论的答案差不多。”

问：“好，你参与讨论了吗？”

答：“我不记得在任何特别的场合提到或者拿出来讨论过马克思和恩格斯的任何书。如果提及《资本论》中的某个主题，那么他们的名字肯定会出现。因为，我认为它们是紧密联系在一起的——是相关话题。”

问：“你听到证人唐纳德·韦克林提到斯特雷奇（Strachey）的书吗？”

答：“听到过。斯特雷奇——我认为他的名字是约翰·斯特雷奇——我非常熟悉他。之所以熟悉，是因为他在以前被提及过。”

问:“你对他的书也很熟悉?”

答:“不,我不记得他的书——甚至不记得他书中说了些什么。”

问:“你曾经读过他的书吗?”

答:“我不记得我曾经读过。”

问:“在你参加的会议上,你是否参与了对这些书的讨论?”

答:“移民归化局官员曾问过我这个问题,我必须在你面前再重复一遍答案。在这些聚会之中——就是你所称的会议上——我是保持沉默的,因为我对这个话题并不是很了解。”

问:“你有没有被要求在任何一次会议上读斯特雷奇的书?”

答:“我并没有这本书的复本——我也不记得要求我读些什么。”

问:“钱学森博士,在回答你的律师提出的问题时,你否认自己曾是共产党员?”

答:“是的。”

问:“根据在听证会上提供的证据,政府第 6 号物证是从 1939 年共产党员登记记录中抄下来的,你能否解释一下这个物证吗?”

(向被告展示第 6 号物证)

答:“我无法解释我完全不知道的东西。”

问:“那么,是不是有仇人出于欺骗的目的,把你登记为一名共产党员呢?”

答:“由于我已宣誓,我只能回答事实,我不知道与你问的问题相关的事情。”

问:“换句话说,即使是真的,你也无法为这份登记提供任何解释?”

答:“我无法对我一无所知的东西提供解释。”

问:“你现在是否愿意发誓说出,你对共产主义中国不持同情态度?”

答：“我并不知道共产主义中国的情况，并且——”

问：“这是一种含糊其词。你了解中国的情况并不比其他人少。”

古尔丘这种带有判断性的意见立即引起了库柏的抗议。

检察官：“不是的。钱学森博士是一个非常聪明的人，头脑特别聪明……”

律师：“我非常赞同你。”

检察官：“……一定比我的笨脑袋聪明得多。”

律师：“也比我聪明得多。”

检察官对被告：

问：“当然你应该能够回答那个问题。”

律师：“我再次提出反对，因为那是有争论的，没有人能够通过读报纸文章就知道一个国家的具体情况。”

听证官：“反对予以否决，要求当事人尽最大努力来回答这个问题。”

被告：“你能否再重复一遍问题。”

检察官对被告：

问：“钱学森博士，让我收回那个问题，这样来问你，你是否相信任何一个国家的无产阶级专政？”

答：“我不相信。”

问：“难道现在的中国政府不是专政……”

律师：“我提出异议，请原谅，你说完你的问题了吗？”

检察官对被告：

问：“……你是否知道？”

答：“对此，我一无所知。根据我的经验，中国的事情，特别是关于政府和政治的事情，绝不像他们所说的那样。”

问：“但是你明明知道，目前中国只有一个政党——一个被公认的政党，难道你不知道吗？”

律师：“和之前一样提出异议。”

检察官对被告：

问：“那就是中国共产党，你知道的是吧？”

答：“我并不知道——那是不是唯一的政党，因为我并没有直接的信息，并且正如我的律师所说，从报纸上得来的信息一般都是不完整的。”

问：“你有没有听到或看到，共产主义中国被我国国务院描述为一个在苏联影响和控制下的共产主义政府？”

律师：“对此我……对不起，说完你的问题。对于这个问题，鉴于与本案无关并且是引导证人作出推论，我提出异议。”

听证官：“驳回异议，当事人可以回答问题。”

被告：

“书记员能否向我重复一遍问题。”

（书记员向被告重复了检察官刚刚问过的最后一个问题。）

“是的，我是通过读报得到了一些信息。”

检察官对被告：“通过读报，你信吗？”

律师：“同样表示异议。”

被告：“正如我说过的，根据我的经验，报纸从来不会给出完整叙述。这样的话，我认为这个国家的国务院还有别的考虑，而不仅仅是像报纸上所表达的那样。”

检察官对被告：

问：“你怎样评价苏联（U. S. S. R）？”

答：“我不了解苏联，我从来没有去过那个地方。”

问：“那么，你从来没有去过共产主义中国，是吗？”

答：“但是，我是中国人，我出生在那里，我曾经还在中国待了一段时间。”

问：“但你是在美国接受的教育，不是吗？”

答：“我所受教育的大部分是在中国完成的。”

问：“你申请过永久居民，是吗？”

答：“是的。”

问：“你是否有过为中国国民党政府提供服务的打算？”

答：“我没有被这样要求过。”

在检察官和辩护律师陈述完毕之后，也没有进一步的证据提供，听证官最后问了钱学森一个问题：“如果你被要求驱逐出境，你能否具体说明一下你想到哪一个国家？”钱学森回答说：“我想回去看望我的父亲。”听证官再问：“你能否说一下是哪个国家？”钱学森说：“他现在在上海——我不知道这个是不是——你称它什么国家。”检察官对被告说：“你指的是中国上海？”钱学森说：“是的。”2 月 16 日上午 11 时 15 分听证会宣告结束。①

三、第三次听证：明显不利的证言

1951 年 4 月 11 日，听证会再度召开。这次听证会美国政府只召特拉华大学化学系教授理查德·N. 路易斯出庭作证。路易斯在 20 世纪 30 年代是加州理工学院的学生，自认在学生时期是帕萨迪纳第 122 专业组的成员之一。供认在 1938 年冬天到 1942 年期间的若干次秘密支部会议上见到被告钱学森，就是现在坐在自己对面的那个人。

他还自述说，他本人经常参加共产党的会议，这些会议时常在西德尼·威因鲍姆、弗兰克·奥本海默、韦克林夫妇以及萨姆·赖斯

① Continued Hearing in Deportation Proceedings in the case of Hsue-shen Tsien, File No. A4 656 868 1600/84439, reproduced at the National Archives.

家中举行。谈到共产党的会议，他说“闭门”会议就是非共产党成员不允许参加的会议。有些会议是“开放”的会议，在这样的会议上，一些新招募的人员可以参加会议，并参与讨论。

检察官讯问路易斯，钱学森是否在1938年到1941年参加了你所确定的那些“闭门”会议？路易斯说，他可以确定，这是个事实。在很多次“闭门”会议上，他看到过钱学森，时间从1938年底到1942年早期。说到这里，路易斯再一次就闭门会议作了说明：“一般情况下，非成员是不允许参加这样的会议的。但是偶尔会有一些很可能发展成为成员的非成员参加。”检察官直截了当地问路易斯：“根据你的理解，钱学森是不是共产党员？”路易斯回答说，他相信钱学森是一名共产党员。

庭审稍作休息，然后再次开庭。由于库柏没有什么意见以及政府有关部门没有新的证据提出，听证会很快结束。①

路易斯作出的证言虽然在当时没有对外正式公开，但在这次听证会上，路易斯提供的证据明显不利于钱学森，给参加庭审的检察官留下了钱学森是一名共产党员的印象。听证会结束后，美国海军作战情报中心第115支队的亨利·G. 克泽到位于洛杉矶南斯普林大街458号罗湾大厦的古尔丘办公室，就移民归化局所掌握的未公开的证言材料拜访了他。古尔丘说，路易斯在听证会中所发表的声明已经揭示，被告人在1938—1939年，曾经是帕萨迪纳支部的一名共产党成员。那时候，路易斯和被告人都在加州理工学院就读。古尔丘还声称，路易斯还能够从他拥有的一张照片上认出被告人。②

钱学森的辩护律师库柏给负责本案件的检察官古尔丘电话，要

① Reopened Hearing in Deportation Proceedings in the case of Hsue-shen Tsien, File No. A4 656 868 1600/84439, reproduced at the National Archives.

② Agent Report, reproduced at the National Archives.

求重新恢复钱学森驱逐听证会，并代表当事人提出一些新的证据。根据以后马勃写给冯·卡门的信，路易斯后来告诉加州理工学院的一位朋友卡尔·尼尔曼（Carl Niemann），移民当局给他很大的压力，要他提出不利于钱学森的证据。马勃在接受专访中还说："联邦调查局人员曾经联系过他，联邦调查局人员曾经威胁过他。"联邦调查局人员对他说："你要么给我们提供一些不利于钱学森的一些证据，要么我们用我们所了解的你在学校的一些情况怀疑你。"[①]

四、第四次听证：检察官引诱证人说出"钱学森是共产党小组成员"

在钱学森及其辩护律师的要求下，听证会于 1951 年 4 月 16 日重新开始。听证会在移民归化局办公室 112 房间举行，证人杜布诺夫应庭出席。

检察官想尽一切办法让其揭发钱学森的共产党员身份。检察官首先从杜布诺夫自身党员身份开始问，然后说到杜布诺夫曾经担任党员小组的会计以及短暂时期的组织者，然后问到与钱学森之间的关系。

杜布诺夫回答说，他从 1937 年到 1940 年就认识钱学森，但回忆不起来第一次在什么地方见到他的。问到会议召开的频率，杜布诺夫说，大约一个月两次，但在哪里举行这样的会议则回忆不起来了。但是可以确定地说，一些会议在他的家中举行的，可能还有一些会议在西德尼·威因鲍姆的家中举行的。

库柏就钱学森的党员身份向杜布诺夫直接发问，库柏问："根据

① Shirley K. Cohen, Interview with Frank E. Marble, January–March, 1994, April 21, 1995, reproduced from Caltech Archives.

你目前的回忆，钱学森是否曾经是加州理工学院帕萨迪纳专业组的成员？”杜布诺夫回答说：“根据我最大程度的回忆，钱学森不是共产党成员，也不是这个专业组的成员。”

在经过一些问题的盘问后，检察官古尔丘再次发问，试图引诱他说出钱学森的党员身份。说：“你作为这个小组的会计，能够接触这个小组的记录，是否能够记得所有成员的名字？”杜布诺夫回答说：“以前有可能，现在记不起来了，因为记忆力不行了。”

当问到钱学森是不是共产党员？杜布诺夫说：“我没有这样说过。我说，我现在不记得他是共产党员。”检察官再问：“他可能是那个小组的成员吗？”杜布诺夫回答说：“那只能是一种猜想。”

关于路易斯博士，检察官问：“如果他（指路易斯）作证，1938年钱学森博士定期参加帕萨迪纳小组的会议——1938年后半期、1939年、1940年和1941年，他是否如实作证？”证人杜布诺夫说：“仅通过我自己的回忆，我无法判断他是否诚实。对我来说，关于年代，我也不能给出这样肯定的回答。我只能说，他出席了！”检察官问杜布诺夫：“如果路易斯博士作证，在他看来，钱学森博士是那个小组的成员——如果他如此作证——路易斯博士的证词是真的还是假的？”杜布诺夫回答说：“我无法——那可能是他的记忆或者他的观点——我不知道。我没有资格判断他的诚实和他的记忆。”

检察官还问：“如果钱学森不是共产党员，是否有可能把他注册为共产党员？”杜布诺夫回答道：“据我所知不能。”检察官再追问：“但是，你作为小组组织者和财务秘书，如果那个人不是党员，你是否有可能将其注册为党员？”证人杜布诺夫再次重申：“据我所知，我们没有这样做过。”检察官接着问那份有钱学森名字的登记表问题。杜布诺夫说：“我记不起那个表格。”

谈到认识的共产党成员，检察官向杜布诺夫发问：

问："你认识理查德·艾伯特·罗莎诺夫吗？"

答："不，我不认识他。"

问："你知道他是小组的成员吗？"

答："不，我不知道。"

问："是否他可能是成员，但你不知道呢？"

答："显然他承认过，表明他是成员，但是我的确不知道。"

问："但你一点都不知道？"

答："是的。"

问："在你是党员期间，他承认自己是那个小组的成员？"

答："是的。"

问："但你不知道他曾经是共产党员？"

答："我没有印象他曾经是共产党员。"

问："关于钱学森博士是不是共产党员，你也同样回忆不起来了，是吗？"

答："我根本不认识罗莎诺夫。我见过钱学森很多次——我认识他很久了，现在仍然认识他。"

随后，钱学森的辩护律师问钱学森有关音乐的几个问题。由于检察官还有一些问题需要质问证人杜布诺夫，杜布诺夫再一次被召回庭审现场。检察官主要问了杜布诺夫有关他在苏联学习、工作以及对共产主义的态度等问题。

下午 5 时 5 分，听证官宣布，由于没有进一步证据向本庭提供，也没有证人进一步出庭作证，听证会宣布结束。①

针对钱学森的驱逐案件，司法部除召开了以上四次听证会外，联邦调查局人员还在这一时期不时与有关人员进行会面，了解有关情

① Reopened Hearing in Deportation Proceedings in the case of Hsue-shen Tsien, File No. A4 656 868 1600/84439, reproduced at the National Archives.

况，进行现场查证等行动。

第三节　被判“驱逐出境”及上诉被驳回

一、被判驱逐出境

从美国司法部就钱学森驱逐案所召开的四次听证会来看，既有像路易斯那样坚持钱学森是一名共产党员的证词，也有像罗莎诺夫那样坚持钱学森不是一名共产党员的辩词。关于钱学森参加的“闭门”会议，有些证人说见到钱学森参加，但又指出，一些很可能成为成员的“潜在”人员也可以参加这样的会议。关于党员证上出现的“钱学森”的名字以及“约翰·M. 戴克”的名字，海恩斯也供认不讳是自己的手迹。根据这些调查，联邦调查局很难作出明确的判断：钱学森是或者不是共产党员。在是是非非之间，在当时宁可错杀百人、不让一人漏网的背景下，移民归化局在没有确凿证据的前提下，美国检察官还是选用了不利于钱学森的证词，最终作出了驱逐钱学森的判决。

就在最后一次听证会结束后十天，即 1951 年 4 月 26 日，美国司法部移民归化局作出了将钱学森驱逐出境的判决。判决书称：“证人罗莎诺夫、鲁宾、韦克林、杜布诺夫、路易斯证实，在 1938 年和 1939 年，帕萨迪纳专业组织的共产党党员会议在很多成员家中举行。每一个证人明确承认自己是这个组织的成员。证人韦克林确认被告人参加了数次共产党会议。证人路易斯确认被告人出席了小范围的会议，并证实说，他相信钱学森是共产党员。路易斯将小范围的闭门会议定义为定期举行的会议，并且通常情况下非组织成员不允许参加。偶尔只有那些有希望成为成员的才会参加。被告人承认，在这期间他到过这些人家中参加了一些会议。但是他否认知道召开的是共产党会议。他进一步证实说，现在回想起来他参加的一些聚会或会议可能是共产党会议，因为他们中的很多人被证实是共产党员或者他们自己承认是共产党员。海恩斯和金普证实，证据6是钱学森的党员登记表，该表表明钱学森是1938年入党的。该证据进一步表明钱学森是加州理工学院学生，是中国人。被告人是在钱学森名下，于1936年9月至1939年6月在加州理工学院读书的唯一的一位。很明显，考虑到所有的证据以及证人的证言，这个诉讼案件中的被告人和证据6中于1938年入党的钱学森是一个人。听证会上对他的控告是有效的。”

随后，对驱逐事实作出如下裁决:（1）被告人是一名外国侨民，中国公民。（2）被告人最后一次进入美国的时间是1949年6月16日，从密歇根休伦港进来的。（3）被告人是1938年在洛杉矶加入美国共产党的。

他们还就驱逐得出法律结论。根据以上事实的裁决，得出结论:（1）根据修改的1917年移民法第19部分以及修改的1918年10月16日法案，被告人应该被驱逐。因为，他被发现在进入美国前曾经是1918年10月16日法案第一部分所列举的组织的成员①。这位外国侨民是美国的共产党员。

最后作出判决：根据听证会上对被告人的控告，决定将被告人驱逐出境。②

5月3日，美国司法部移民归化局将判决书传到了钱学森的手中。对钱学森来说，这样的判决并不是什么突如其来的意外。因为经

① 修改的1918年10月16日法案第一部分所列举的集团成员：倡议使用武力或者暴力颠覆美国政府的组织、社团或者集团成员的外国人。

② Decision of the Hearing Officer. In re: Hsue Shen Tsien, File Nos. A4 656 868 1600/84439, reproduced at the National Archives.

过这么长时间的审讯，钱学森已经意识到司法部打算对其作出驱逐判决。

5月17日，作为钱学森最知心的朋友，马勃随即将判决结果及案件过程以函件的形式向冯·卡门作了报告。函文如下：

自从你离开帕萨迪纳，围绕钱学森案件发生了许多事情。我感觉到我应该把最新情况告诉你。我也回顾一下在你离开前所召开的听证会的情况。召开听证会，其目的是详细调查钱学森的背景、钱学森在美国受教育和工作的情况、他对美国政府的态度以及他对共产党政府和国民政府的态度等问题。钱学森案件中最重要的问题就是钱学森与威因鲍姆和杜布诺夫这些后来被证明与共产党有联系的人物经常往来。然而，钱学森强调声明他们的交往只是社会交往，特别是他们彼此之间对音乐和艺术有相似的兴趣。可以肯定的是，虽然他参加他们的聚会，但他绝对不是一名共产党员。

随后，有两名警官被召来，他们的工作曾经渗透到洛杉矶共产党中。这些人声明，在1938年底，他们其中的一位是共产党员，被委托从洛杉矶市中心住处将文件带到共产党洛杉矶总部。这些文件是含有一些人名字和职业信息的卡片。根据警察分析，这些卡片是共产党员记录。警察将卡片上的名字复制下来，钱学森的名字被列在其中。关于这个问题，有几个事实情况需要说明：第一，警察看到的卡片上的名字并非钱学森的笔迹。第二，除了警察认为这些卡片与共产党党员有关外，没有其他证据。第三，在听证会上出示的文件仅仅是警察复制的文件，而不是钱学森的签名。除了记起复制这份文件时所在房子的位置外，警察不能回忆起任何细节。移民归化局人员随即打电话给住在这个房子的雷斯尼克博士，警察就是从他的房子那里得到这些文件的。但他们已经回忆不起这些事情了。警察不认识他们，他们也不认识警察了。

这时，移民归化局传唤了一位叫理查德·N.路易斯的人，他原来是帕萨迪纳党组织成员，现在在特拉华大学任化学助理教授。钱学森也不能马上想起这个人的名字和模样。移民归化局官员说，路易斯认识钱学森的照片。移民归化局希望将路易斯的声明写进记录里。在将陈述写进记录前，钱学森和他的律师研究和讨论这个陈述的权利也被剥夺了。因此库柏不允许将陈述写进记录里。听证会于1951年1月底在费城重启。在法律准许范围内，路易斯拒绝提供证据，怕危及他。看来，路易斯没有提及他的党员身份，路易斯同联邦调查局谈论了此事。他知道，他随时会被控告伪证罪和诈骗罪。就是在他拒绝提供证据后一周，路易斯被控告伪证罪服役四年。

本来在这个时间之后就应该结束的听证会又于2月15日在移民局重新举行，这次让罗莎诺夫博士和西尔万·鲁宾提供证据，他们二人都是帕萨迪纳共产党的成员。但他们二位都没有给出不利的证据。鲁宾说在共产党会议上看到过钱学森，但是不知道钱学森是一名党员。鲁宾还说，聚会是很正常的事情，但是这些聚会很少被认为是共产党员会议。那是组织的政策，在人们对这个事情的本质不知情的情况下，邀请那些“候选人”参加聚会，这样人们就熟悉他啦。他认为钱学森就属于这一类。韦克林也这样证实，最后还是无果而终。

听证会在这时就应该终结了。奇怪的是，听证会又于4月11日重启，那时你已经离开帕萨迪纳一段时间，那天的证人也是路易斯博士，自从他被指控伪证罪后，他决定就钱学森案出具证据。他的证据对钱学森非常不利。他声称，他知道钱学森是一名共产党员，从1938年到1940年，钱学森参加了大多数会议。他说，他不能回忆起钱学森的党费问题。当被问及钱学森是不是一名共产党员时，他明确表示他认为钱学森是一名共产党员。在听证会休会那天晚些时间，路易斯打电话给尼尔曼教授，是他在加州理工学院的博士论文顾问，解释说，在他被指控后，他迫于可怕的压力对钱学森案件提供证据。4月16日也就是下周一，钱学森的辩护律师库柏打电话给杜布诺夫博士，他是加州理工学院的实习研究人员，也是共产党员。杜布诺夫证实，他从来没有收过钱学森的党费，想不起钱学森作为一名党员应交的党费。库柏又致电钱学森，证实钱学森对美国政府的态度和忠诚情况，重申和详细证实他在与威因鲍姆和杜布诺夫以及其他党员交往时的有关情况。

这次听证会结束了。从那以后，案件记录已完成，地方移民机构建议驱逐。笔录也正送往华盛顿核实，并作出驱逐钱学森的最终决定。

然而，地方移民机构对钱学森的党员身份确信不疑。他们打算将这些材料转交洛杉矶当地检察长多林以控告钱学森在听证会上提供伪证罪，说他不是共产党员。这至少是钱学森的辩护律师库柏提供的信息。

当然，钱学森也对如何保护自己非常困惑，不知如何去做。这时，我们非常希望得到你的高见。我们盼望在不久的将来在帕萨迪纳见到你，真诚地祝愿你和你的妹妹身体安康！①

冯·卡门在收到马勃的来信后，针对美国司法部所作出的驱逐钱学森的判决以及案件过程，有什么反应以及随后有什么举动，从目前著者所掌握的档案来看，不得而知。但是冯·卡门一直关心着钱学森所遭受的不公正待遇。1951年10月22日，冯·卡门在给马勃的书信中这样写道：“自从玛丽到华盛顿后，我就没有收到任何消

① A letter from Frank E. Marble to Kármán, May 17, 1951，provided by Marble.

息，不知道钱学森现在怎么样了，这个事情有什么进展吧？”[①]10 月 29 日，马勃复函冯·卡门。谈到钱学森案件进展情况，马勃说：“针对钱学森及其家庭，情况逐步好转。我相信，他现在也接受这样一个事实：案件不可能很快得到解决。他看上去也比以前更加努力地专注于自己的工作，也恢复了以前的精神状态。当然，他还没有真正的快乐。”[②] 在钱学森受困的时间里，冯·卡门仍然对他的学生信任有加，钱学森也和远在巴黎的导师保持着密切的联系。1953 年 1 月 16 日，钱学森在给冯·卡门的信中说：[③]

马勃和潘纳（Penner）带回你的消息，得知你身体安康，我们非常高兴。马勃也告诉我，你将在三四月份来帕萨迪纳加州理工学院进行演讲。我们都期盼着你的到来。可能马勃也告诉了你，我正在从事的一些工作。但是，最近，我转到了博弈与经济行为理论的研究。最终，我希望消除科学与所谓的人文研究的鸿沟。

冯·卡门每一次从欧洲回到加利福尼亚帕萨迪纳，钱学森及其妻子都会给予热情款待，他们有时候在家里为冯·卡门举行一个晚会，有时候在洛杉矶唐人街餐馆安排一个盛大的中国式晚餐。正如密尔顿·维奥斯特在其《钱（学森）博士的苦茶》中所言：“在钱（学森）遭受麻烦的整个过程中，冯·卡门像加州理工学院的其他人一样，对他以前的学生保持忠诚。他们的朋友都这样说，这两个人仍然和以前一样保持着亲密关系。”[④]

---

① Caltech Archives, Theodore von Kármán Papers, Box 19, Folder 32.
② Caltech Archives, Theodore von Kármán Papers, TVK19.32, October 29, 1951.
③ Caltech Archives, Theodore von Kármán Papers, Box 177, Folder1.1.
④ Milton Viorst, The Bitter Tea of Dr. Tsien, Esquire: September, 1967, p.129.

二、上诉及其被驳回

针对司法部作出的驱逐判决，钱学森的辩护律师对这个判决进行了申诉。1951 年 5 月 23 日，钱学森的辩护律师库柏向美国司法部移民归化局提交一份长达 72 页的申诉书，抗议移民归化局作出驱逐钱学森的判决。

申诉书指出："在 1950 年出版的便携补充手册中，我们可以找到联邦规定（1949）第 151.2 章的 b 小节，里面提到，听证官必须从记录中去除任何无关、非实质或者异常重复的证据。除非特别的法律规定，任何条例或命令都必须有足够的证据支持。应收集任何相关的口头或者书面的证据，但是任何机构必须从证据中去除无关、非实质或者异常重复的部分。在没有充分考察所有相关的可靠且充实的证据之前，不能下达或者制定任何规定或者命令。"

"本法庭对于这个外国人最终是否被驱逐不能贸然下定论。当时对于他的指控仅仅限于他是不是 12 年前一个被禁止的团体的一员。毫无疑问，共产主义在我国正带来越来越大的危险，并威胁到我们的许多自由组织。但是在司法审理过程中，法庭不能够因此就断然作出不负责任的决定。"

"在审理行政裁决决定时，法庭始终必须考察这些决定是否有充足可靠的证据支持。正如我们处理过的一些案件，仅仅依靠一部分证据是不能够作出有效合理的决定的。在下达人身保护令时，对移民局的驱逐命令进行审理，不能够只依靠部分证据，必须有充分可靠的证据支持。如果法庭发现没有充足可靠的证据，他们必须延迟作出决定。"

"这里，一个人的民主权利正在受到威胁。法庭上提供了指控他有罪的陈述，但是这些陈述是在没有宣誓的情况下进行的，并且违反了现有的管理规定。我们现在处理的正是保护这个外国人的程序要求。尽管驱逐令在法律上不是一种刑事处理，但是它剥夺了这个外国人在自由土地上居留、生活和工作的权利。毫无疑问，驱逐令在某种程度上是最为严重的惩罚。我们要采取认真切实的措施，确保在剥夺这个外国人自由权利的过程中，遵循公正和道义的原则。但是我们需要承认，法庭上的证据并未依照规定采集，最后决定的作出也缺少公正性。因此，法庭得出的驱逐命令没有合理公正的听证，需要进行更正。”申诉书最后还说：“基于以上事实，不应该对当事人作出驱逐出境的决定。”①

针对库柏提出的申诉，司法部上诉委员会决定于 9 月 17 日在华盛顿国会东街东北区临时大楼 10 号 2058 房间（East Capitol Streets, N. E., Temporary Building X 2058 房间）就已有的证据举行口头辩论。库柏代表钱学森出席了口头辩论，钱学森缺席本次辩论会。从目前掌握的资料看，这次辩论会的具体情况不得而知。但是，从一些档案得知，1952 年 2 月 8 日，美国华盛顿移民归化局总部下发了维持原判的决定。

决定称：“这份材料是关于一位 42 岁的中国公民。根据记录，他于 1935 年 9 月第一次来到美国。此时，根据《1924 年移民法》第 4（e）款内容，他被允许进入美国麻省理工学院读书，并于 1936 年获得航空工程科学硕士学位。当年 9 月，他进入加州理工学院学习，并于 1939 年获得哲学博士学位②。随后，被告人对火箭和喷气推进做了大量的研究工作。第二次世界大战期间，鉴于他在这些领域的出色表

① Grant B. Cooper, Exceptions to Findings of Fact and Conclusions of Law & Proposed New Findings of Facts and New Conclusions of Law, provied by Marble.

② 在国外统称为哲学博士学位。但在国内，一般认为，钱学森获得是航空、数学博士学位。

现，受到美国军队嘉奖。”

“尽管记录不是很明确，但也表明被告人在 1947 年 9 月 27 日前的某一时间合法进入美国并作为美国的永久居民，拥有再进入美国许可。记录还进一步表明，被告人最后一次进入美国是 1949 年 6 月 16 日，通过密歇根州休伦港进入的。被告人 1947 年在中国结婚。他的妻子是合法居住的外国人，并且有两个在美国出生的孩子。”

决定还说：“这个案件讨论的焦点是，被告人是不是美国共产党员。他声称他并没有加入共产党，而且根据他的认识，他没有参加该组织的任何会议。”

随后决定引用了海恩斯、金普、鲁宾、韦克林、路易斯等证人在听证会上的证词，决定还引用了被告人在听证会上的发言以及表现说：“虽然他坚持说，他不打算永久留在中国，但他没有申请使他能回到美国的再入境许可。他也承认，他的妻子和孩子们会和他在一起。问及他打算用那些科学材料在中国做什么时，他含糊其词。”

决定还说：“仔细考虑整个记录，我们发现至少在 1938 年至 1939 年，被告人实际上是美国共产党的自愿成员。我们决定，政府部门所提供的证据是充分的、可靠的，并且具有证明价值，能够完全支持驱逐令。”

最后决定：“根据法律以及在听证会上对其指控，这位外国人应该被驱逐出境。”但决定同时指出：“命令的执行可以暂缓一段时间，等待进一步的指示。”[①]

为什么美国司法部在作出对钱学森驱逐出境的决定时，还同时指出“暂缓执行”？因为，美国有关部门在处理中国留学生问题上也不是铁板一块，他们也是从各自的职权以及利益出发作出不同的

① National Archive, File: A–4656868 Los Angeles (1600/84439).

决定。美国司法部移民局在处理钱学森案件时是根据1918年《安那切斯特条款》（Anarchist Art）以及1950年修订完成的《国家安全条例》，那是国会为了驱逐可能颠覆美国政治体系的外国人所制定的法律，移民局就是依照此法，打算驱逐钱学森。美国移民局就是想将留学生一赶了之，免得将来惹自己一身腥。但是，国务院则另有政策，必须防止具有科技背景的外国人离境，以免为敌国利用，来暗中破坏美国的军事防御能力。一位教授说得很准确："把我们的朋友送回去将是一种犯罪——因为他们所有人都是有高度专业培养的人。没有一个清醒的政府会让这些中国学生中的任何一个走近北平，不论他们是否愿意。"[①] 钱学森在喷气推进以及空气动力学等研究方面的专长，使他必然被列入此政策的考量之中，所以美国政府最终作出了将钱学森"驱逐出境，但暂缓执行驱逐"的命令。

1952年2月16日，钱学森在得知华盛顿维持其原来判决后，明确表示希望在华盛顿移民上诉委员会（隶属于司法部）前进行一次口头辩论。2月21日，库柏将华盛顿移民归化局驱逐令判决书复印一份邮寄给钱学森，并说："还有什么问题，请直接给我来电。"同时，库柏还将移民归化局的判决复印一份给杜布里奇寄去。

这一时期，加州理工学院官方就司法部作出驱逐钱学森的事情与库柏保持密切联系，并设法与有关方面协调保护钱学森。2月25日，加州理工学院院长杜布里奇致函库柏，说：

非常感谢你将钱学森案件的意见[②] 传给我，我也非常高兴能有机会阅读这个意见。

① 全国政协暨北京、上海、天津、福建政协文史资料委员会编：《建国初期留学生归国纪事》，中国文史出版社1999年版，第42页。

② 著者注：维持原判的决定。

这个意见读起来并不是令人鼓舞。很显然，推论并非基于这样的设想：对他的罪名没有合理的怀疑而宣判他有罪。而是基于这样的设想：对他的无辜有各种理由怀疑，然后就宣判他有罪。这个决定的确使上诉逆转的可能性很小，但是如果钱学森本人同意，还是应该上诉。

决定中所说的有一点需要澄清。移民部门强调这样的事实：控告钱学森携带资料具有涉密性质。但是我想，检察部门检查后发现，起初被认为是秘密的文件现在已证明不再具有秘密性质。我不知道关于将涉密文件带出国外的证据怎样进入移民听证会上的，但是我想，从司法部门得到钱学森所携带资料没有涉密性质的证明还是可能的。

在案件决定中，这可能不是关键的问题，但至少是一个确定的事情，可以在未来的听证会上得以澄清。①

根据杜布里奇的意见以及与库柏商定的结果，2 月 26 日，钱学森正式向美国司法部移民上诉委员会提出上诉。

移民上诉委员会在收到钱学森的上诉后，同意立案审查并择时召开口头辩论会。随后，库柏把这个情况告诉了杜布里奇，并且说："如果移民上诉委员会的意见对钱学森不利，我们会将此案件提交司法部部长审议。"1952 年 3 月 6 日，库柏致函杜布里奇。信中说："我们这里告知你，移民上诉委员会已经收到上诉通知并且安排了口头辩论。如果移民上诉委员会的决定对我们不利，我们可以根据联邦法律条例 90.12 部分的条款要求司法部长对这个案件进行审议。"90.12 部分的内容如下："90.12. 移民上诉委员会；案件转至司法部长。移民上诉委员会的决定在以下情况下会转至司法部长进行审议：（1）司法部

① Caltech Archives, Lee A. DuBridge Papers 100.4（1952, 2.25）.

长直接要求审议移民上诉委员会的决定；（2）移民上诉委员会的主席或者大多数委员认为需要司法部长对决定进行审议；（3）政府专员要求移民上诉委员会将决定转至司法部长处审议，并获得移民上诉委员会的同意。”“当司法部长需要审议移民上诉委员会的决定的时候，他的审议意见应当以书面形式形成，并且转交到案件涉及的个人或者他的法律代表那里。这一点在 90.00 部分条款 a 处有规定。”①

4 月 17 日，美国司法部移民上诉委员会主席托·G. 菲纽肯（Thos G. Finucane）致函库柏，把拟召开的口头辩论会的时间安排通知库柏。信中说：“本案拟定于 5 月 19 日周一下午 2 时举行口头辩论。如果你打算在上述日期参加听证会，要求回信通知委员会。如果没有收到你们的确认，我们将把这个案件从日程表上删除，并且我们将记录在案。除非有很好的充足理由，听证会不得推迟。如果你想提前浏览一下记录，请在确定的听证会时间之前来看。”②

4 月 21 日，库柏收到菲纽肯信件，并于当天致函杜布里奇，询问是否需要参加上述口头辩论。信中说：“你记得，在前一段时间，我通过杰克森·切斯（Jackson Chance）告诉你，我将要出席口头辩论，费用为 1000 美元，另付 500 美元的差旅费，这需要提前支付。如果你希望我在那个场合上进行辩论，我将很高兴这样做，基于以前我们达成的共识。希望早日得到你的回复。”③ 杜布里奇收到库柏来信后随即电话告知库柏，同意其参加口头辩论会。

4 月 22 日，库柏复函菲纽肯，说：“我这封信就是向你确认，我会按时出席口头辩论会。”④5 月 19 日下午，库柏代表钱学森参加美国

① Caltech Archives, Lee A. DuBridge Papers 100.4（1952, 3.6）.
② A letter from Thos. G. Finucane to Mr. Cooper, April 17, 1952, provided by Marble.
③ A letter from Grant B. Cooper to Dr. DuBridge, April 21, 1952, provided by Marble.
④ A letter from Grant B. Cooper to Thos. G. Finucane, April 22, 1952, provided by Marble.

司法部移民上诉委员会就驱逐钱学森以及钱学森的上诉所举行的口头辩论会。

虽然钱学森提交了上诉请求，虽然库柏也代表钱学森在司法部移民上诉委员会面前进行了口头辩论。11 月 26 日，美国司法部华盛顿移民上诉委员会还是驳回了钱学森的上诉请求。他们说，这个案件主要是响应钱学森的上诉，因为代理助理检察官于 1952 年 2 月 8 日命令，根据听证会上的控告，钱学森被驱逐出境。还说，摆在我们面前的唯一问题是，在这个记录中，是否有足够的证据支持这样一个裁决：钱学森是共产党成员。在案件第一部分那四个证人所提供的直接又不矛盾的证据表明，在 1938 年秋天，他们都与洛杉矶党组织有着直接的联系。其中两个证人证实，他们拥有 1939 年党员登记卡，钱学森名字列入其中。虽然在物证六中所包含的信息是传闻，但是在目前情况下，两个证人提供的口头证据将可以看作初步的但不能排除的事实证据。书面证据和口头证据给予一样的关注。它不应该被完全地漠视，而应该给予和其他证据一样的重视。最后，他们确信自己没有滥用道听途说的证据。代理助理行政人员所作出的命令是建立在大量证据基础上的，高等法院也把这些证据看作是相关的证据，一个有理性的人可以接受并认为证据足够支持所得出的结论。上诉将被驳回。①

1952 年 12 月 2 日，美国移民归化局洛杉矶分局局长赫尔曼 · R. 兰顿透露说，华盛顿移民归化局驳回了加州理工学院火箭专家钱学森博士的上诉。还说，钱学森博士是加州理工学院喷气推进中心主任，是因为跟颠覆组织有关而被指控并遭驱逐的。在他被捕后，在当地举行的驱逐听证会上提出了驱逐的建议，但是钱学森博士对移民归化局

① National Archive, File: A–4656868–Los Angeles (1600/84439), November 26, 1952.

的判决提出了上诉。他否认所携带的大量技术资料具有保密性质，也否认是或者曾经是共产党员。兰顿最后说，但到目前为止，他没有收到任何真正驱逐钱学森的命令。[①]12月3日的《洛杉矶时报》也对华盛顿移民归化局驳回钱学森上诉进行了报道，内容基本一致。

12月9日，司法部移民归化局致函钱学森，将移民上诉委员会作出的驳回上诉的决定通知钱学森，说："现在通知你，移民上诉委员会于1952年11月26日作出决定，驳回你的上诉。"并说："驱逐令因此是最后决定。1950年8月23日，你还获得不准离开美国的命令。根据驱逐令，你离开美国的行动将因此暂缓执行。除非这个命令被撤回。"[②]一些美国人士已经认识到驱逐钱学森对美国安全的危害，1953年3月6日的《纽约时报》以《驱逐仍被认为对美国不利》为题进行了报道："钱学森——加州理工学院著名的火箭专家，3月5日在洛杉矶被命令驱逐回中国。但是，他同时又被命令不许离开美国，因为他的离去'不利于美国的最高利益'。"报道还说："这个自相矛盾的消息是由美国移民归化局地区副局长艾伯特于今天披露的，此时钱学森博士仍在继续着他在加州理工学院的工作。钱学森博士是在8月份被逮捕的，他试图将1800磅的技术资料运往红色中国，他被驱逐返回他的祖国，但由于美国政府不承认中国，驱逐令并没有什么作用。"

在司法部作出最终判决时，库柏已出差到国外去了，回来得知情况后，对移民上诉委员会作出的决定深表遗憾，并于1953年1月2日与洛杉矶检察官古尔丘进行了电话沟通。古尔丘告诉库柏说，在可以预见的将来，不会对钱学森采取驱逐行动。库柏问古尔丘，是否

① New York Times, December 3, 1952.

② District Director of United States Department of Justice Immigration and Naturalization Service, ING, Los Angeles to Tsien , File No. 1600-84439 BP G, provided by Marble.

钱学森仍然处在保释自由状态呢？古尔丘没有做出保证回答，而是说，这需要华盛顿来决定，他们将按照华盛顿的命令采取行动。随后，库柏就把电话咨询古尔丘的情况写信告诉钱学森，还说："你可能随时被提审，甚至被监禁。如果这个情况发生，如果你、杜布里奇先生还有你的朋友都希望进一步挑战移民上诉委员会的意见，我会提交一份人身保护令，让法院去裁决这个事情。"[①]

三、中国政府担心钱学森被美监送至台湾

钱学森被美国驱逐的消息传到北京，我外交部迅速赴科学院办公厅文化处找曹日昌主任了解情况。1951 年 10 月 5 日，外交部美澳司将了解的情况给章汉夫副部长作了书面汇报。报告称："关于钱学森被美帝驱逐出境事，经赴科学院办公厅曹日昌文化处了解，结果如下：钱学森是留美研究生、航空力学专家，在美国甚至于全世界，其航空力学的研究都是著名的。他知道许多美国飞机的制造情形。他愿意回国参加建设工作。我科学院亟需争取此人返国工作。在两年前，科学院方面曾通过私人关系，数次写信叫他回国。在前年他要回国时，被美帝当局发觉，并把他软禁起来，从此科学院方面再得不到钱（学森）的消息了。前些日子，科学院负责同志从中文参考消息上看到台湾发出的消息称：'美帝将钱（学森）驱逐'，他们很着急，便拟设法援救钱（学森）回国。但由于除了从参考消息知道这一点消息外，其他别的情形（如被驱逐原因、现钱学森情况为何），均不知道。他们估计钱（学森）被驱逐后，可能走到香港附近，故电吴狄舟（在香港作统战工作同志），届时予以照顾，争取钱（学森）回国。但又

① A letter from Grant B. Cooper to Tsien, January 2, 1953, provided by Marble.

怕钱（学森）不能自由行动，被美监视送往台湾，所以他们又电克洛忒（Crowther，英共著名较进步科学家）在美国方面动员力量予以援救，使钱（学森）不致被美帝监送至台湾，而未能设法回国。吴狄舟和克洛忒都认识钱学森。”①

随后，外交部美澳司找到时任新华社副社长的吴文焘，他推荐说，可以通过英共方面设法找克洛忒，让其设法援救。

1953 年初，我外交部通过法新社台北消息得知，美帝已决定驱逐钱学森出境，但后续工作不得而知。为避免钱学森被押送到中国台湾，1953 年 1 月 7 日，我外交部同时给我国驻捷克谭大使②和新华社驻香港分社发了两个电报。

给谭大使的电文如下：“留美航空力学专家钱学森，我们曾争取其回国参加建设工作。一九五一年他因欲回国被美帝当局软禁。一九五二年十二月二十六日法新社台北消息称，美帝已决定驱逐钱学森出境，但尚未采取行动。其近况如何不详。请转告新华社同志通过英共方面转请英国著名较进步科学家克洛忒等设法协助钱（学森）安全回国，以免钱（学森）被押送台湾，结果如何望复。”③

给新华社驻香港分社的电文如下：“留美航空力学专家钱学森，我曾争取其回国参加建设工作。一九五一年他因欲回国被美帝当局软禁。一九五二年十二月二十六日法新社台北消息称，美帝已决定驱逐钱学森出境。其近况如何不详。请注意钱（学森）之行踪，如钱（学森）过港时，望设法护送至穗。”④

1953 年 1 月 18 日，我国驻捷克大使馆将钱学森的下落情况上报

---

① 中国外交部档案馆馆藏档案，档案号：111–00081–03。
② 谭大使，指中国驻捷克大使谭希林。
③ 中国外交部档案馆馆藏档案，档案号：111–00091–16。
④ 中国外交部档案馆馆藏档案，档案号：111–00091–16。

外交部。文件说："关于钱学森情况，陈天声和英共方面打听无下落，他们希望告知钱（学森）现在何处（大概有个线索即可），有助于他们继续查清，并协助其回国。"[①]

① 中国外交部档案馆馆藏档案，档案号：111-00091-16。

第五章

软禁与等待：带着心灵创伤泛舟科学苦海

钱学森自从特米诺岛被保释出狱后，虽然仍然担任加州理工学院的教授，但活动受到了相当严格的限制，更不能从事涉密项目的研究。随后，钱学森参加了移民归化局召开的四次驱逐听证会。在证据不足的情况下，司法部作出了将钱学森驱逐出境的决定，虽然经过长达一年的申诉和上诉，但司法部还是作出了驳回上诉的最终裁决，这时钱学森已经身心俱疲。1953 年初，司法部又作出了假释钱学森的决定，钱学森被要求每个月到移民局报到一次。钱学森带着心灵的创伤，在苦苦等待中，将主要精力聚焦于研究工作，开拓了两大研究新领域，完成了两部旷世之作，再一次引起了美国科学界的震动。

第一节　被假释，每月到移民局报到

由于美国政府考虑到驱逐钱学森可能对美国的安全及核心利益不利，所以到 1952 年底，美国政府也没有真正驱逐钱学森，而是作出了假释的决定。假释一方面能够切实限制钱学森的自由，另一方面也能够及时了解钱学森的行踪。1953 年 1 月 28 日，美国司法部移民归化局致函钱学森，通知他必须在 2 月 4 日（周二）下午 1 时 30 分到 3 时 30 分间到加利福尼亚州洛杉矶 13 号南斯普林大街 458 号 224 房间来就所购债券的更新或者替代进行商谈，并要求来时带着信件找戈登 · M. 理查森（Gordon M. Richardson）。①

钱学森的辩护律师得知此消息，也希望在 2 月 4 日那一天同钱学森一起前往。1 月 30 日，钱学森的辩护律师库柏致函钱学森，说："毫无疑问，你已收到司法部移民归化局的通知。届时我也到那里，我很高兴陪同你前往。"②

2 月 4 日，钱学森按照要求，前往美国司法部驻洛杉矶办公室。辩护律师库柏也如约陪同。关于所购债券，也就是保释金问题，他们对此进行了商谈，要求重新对原来的保释金续签。在此期间，他们还就假释期间钱学森的活动作了明确规定。规定称：（A）应当停止并断绝一切与美国共产党以及任何国家、地区、任何层级的共产党和任何共产主义政治组织及其分支的联系，不能支持这些组织的任何活动及其政策和规定；（B）应当断绝与任何与上述共产主义组织活动有关联的个人的联系；（C）不能违反 1948 年 6 月 25 日颁布的《史密斯法案》第 2385 条款，也不能违反 1950 年 9 月 23 日颁布的《内部安全法案》；（D）应当根据书面要求定期到指定地点报到，宣誓且汇报近期个人行为、活动和联系；在驱逐命令最终下达时，应当按要求离开；（E）如果住宅地址或者工作情况发生变更，应当在 48 小时内前往加州洛杉矶市南斯普林大街 458 号（司法部洛杉矶移民归化局办公地点）罗湾大厦（Rowan Building）向相关负责人进行汇报；（F）应

① 钱学森图书馆馆藏档案，总登记号：000697。
② 钱学森图书馆馆藏档案，档案号：RW– 钱学森 –2505–004。

当永远在洛杉矶市区范围内生活或停留；如果要去别的地方，必须首先向保释官提出申请，获准许可之后方可离开；（G）在上午 8 时 30 分和下午 4 时 45 分之间，通过向保释办公室进行汇报的形式，每个月亲自前往加州洛杉矶市南斯普林大街 458 号向负责移民和国籍服务的官员报告情况。还规定：在驱逐上述外国人的命令下达时，如果任何责任人将上述外国人移交到移民官的监护下，并且移民官将这个外国人收下，那么责任人的义务即告一段落；否则，责任人一直需要负担这项义务；任何由司法部长颁布的法令都不能影响责任人执行自己的义务。这些命令可能包括：在移交过程中，给予上述外国人更多自我辩护时间的法令，使得驱逐令推迟执行的任何法令，给予上述外国人主动离开美国的权利的法令。而这些需要责任人进行约定并且许可同意。移民官有权利决定上述外国人是否违反前面提到的任何规定，而移民官的决定对于责任人来讲也是最终结论性的。[①]

这样钱学森就从 1953 年 3 月 10 日开始，每个月必须前往移民归化局进行报到登记。

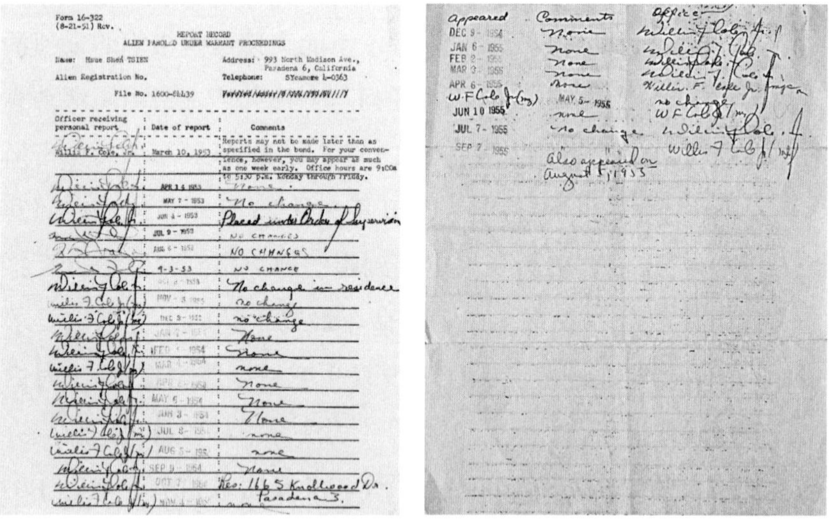

Form 16-322
(8-21-51) Rev.

REPORT RECORD
ALIEN PAROLED UNDER WARRANT PROCEEDINGS

Name: Hsue Shen TSIEN　　Address: 993 North Madison Ave., Pasadena 6, California

Alien Registration No.　　Telephone: SYcamore 4-0363

File No. 1600-84439

Officer receiving personal report	Date of report	Comments
Willis F. Cole, Jr.	March 10, 1953	Reports may not be made later than as specified in the bond. For your convenience, however, you may appear as much as one week early. Office hours are 9:00a to 5:30 p.m. Monday through Friday.
[illegible]	APR 14 1953	[illegible]
[illegible]	MAY 7 - 1953	No change
[illegible]	JUN 4 - 1953	Placed under Order of Supervision
[illegible]	JUL 9 - 1953	NO CHANGES
[illegible]	AUG 6 - 1953	NO CHANGES
[illegible]	9-3-53	NO CHANGE
[illegible]	[illegible]	No change in residence
[illegible]	NOV - 3 [illegible]	no change
[illegible]	DEC 3 - [illegible]	no change
[illegible]	JAN [illegible]	None
[illegible]	FEB [illegible] - 1954	None
[illegible]	MAR 4 - 1954	none
[illegible]	APR [illegible] - 1954	None
[illegible]	MAY 6 - 1954	None
[illegible]	JUN 3 - 1954	None
[illegible]	JUL 8 - 195[illegible]	none
[illegible]	AUG 5 - 195[illegible]	none
[illegible]	SEP 9 - 1954	None
[illegible]	OCT 7 - 1954	Res: 1665 Knollwood Dr. Pasadena 3.
[illegible]	NOV 4 - 195[illegible]	[illegible]

Appeared	Comments	Office
DEC 9 - 1954	None	[illegible]
JAN 6 - 1955	None	[illegible]
FEB 2 - 1955	None	[illegible]
MAR 3 - 1955	None	[illegible]
APR 6 - 1955	None	Willis F. Cole Jr.
W. F. Cole Jr.	MAY 5 - 1955	no change
JUN 10 1955	none	W F Cole Jr.
JUL 7 - 1955	no change	[illegible]
SEP 7 - 1955		[illegible]

Also appeared on August 5, 1953

钱学森每个月到移民归化局报到的登记记录

① 钱学森图书馆馆藏档案，总登记号：000698。

1953年6月4日，钱学森和往常一样到洛杉矶移民归化局报到。这次除了报到外，还签署了一份监管条令（ORDER OF SUPERVISION）。按照《移民和国籍法》242（d）款规定：任何外国人，只要政府部门发出的最后命令没有执行长达半年以上，并且没有被遣返的话，都要接受司法部总检察长所签署的监管条令控制。

监管条令除了外出活动以及居住地变迁要报告等部分规定外，还有一些新的规定。条例规定，任何外国人在待驱逐期间，都应该接受总检察长签署的法规监督，这些法规涵盖了要求任何外国人接受监督的所有条例：（1）不时到移民官面前接受身份检查；（2）如有必要，接受医疗和心理检查，费用由美国承担；（3）当总检察长认为适当或合适时，如实提供国籍、境况、习惯爱好、交往和社会活动的信息，以及此类其他信息；（4）遵守总检察长在案件中签署的对其行为或活动进行限制的合理书面文件。任何外国人，如故意不遵守这些法规，或者故意不出现，或不按照要求提供资料或者接受医疗和心理检查，或故意提供虚假信息，应被认定是犯罪，且被处罚1000美元或1000美元以下罚款或一年以下监禁，或者两者兼施。[①] 钱学森在当天的登记表上赫然写着“Placed under order of supervision”。

直到回国前夕，钱学森一直前往登记。另外，钱学森还被限制在洛杉矶一隅不得外出，如果出去需要事先报告行踪，到哪里，去干什么等。即使在离美回国前夕，他住处的变更都要及时向移民归化局人员报告。1955年7月14日，钱学森致函威利斯·F. 克尔（Willis F. Cole），报告住址变更。信中说：“现报告你，从1955年7月15日起，我的住处搬至：加利福尼亚州阿塔迪纳贝佛利路1041号（Beverly Way 1041）。”

---

① United States Department of Justice, Immigration and Natralization Service, District File No.1600–84439, A. R. No. 4 656 868, reproduced at the National Archives.

在每个月定期向移民归化局报告行踪的过程中，虽然有说不出的苦楚，但有一件事却让钱学森心里存有一丝欢喜，那就是每一次去移民归化局，钱学森总会买一包可口美味的咖啡回家。他风趣地说："去移民归化局路上要经过一家咖啡店，这家小店出售的咖啡味道极佳，虽说去移民归化局是件极为恼人的事，但每次去都可以顺路买上一包好咖啡回家，也算是一种补偿。"

假释期间，钱学森继续在加州理工学院供职，但是受到严密的监视，他不仅每个月必须到移民归化局报告一次行踪，移民归化局人员有时还会半夜造访，看看钱学森是否在家。如果钱学森耽误了接听电话，移民归化局人员就会叩开钱学森的门亲眼看一看他还在不在，是否出逃。他们有时也会在钱学森毫不知情的情况下闯入钱学森的办公室。钱学森的邮件受到查看，电话受到监听。钱学森的一些朋友和同事也有时因为拜访钱学森受到移民归化局人员的审问。

为了避免引起更多的麻烦，也为了不给周围的同事或其他人添太多的不便，钱学森很少参加社会活动，也很少与人打交道，只是保持着与身边几个特别亲近人员的交往。对待他们，钱学森仍然亲热和大方，但是明显有些谨慎。这些朋友也以不同的方式帮助钱学森，有的帮助他支付高额的法律费用，有的积极争取各方支持以还其清白，还有的从精神上给予鼓励等。马勃就是钱学森一家的坚定支持者。由于钱学森被限制于洛杉矶一隅，不得外出。而在周末或者假期时间，马勃夫妇则开着车子，载着蒋英以及两家的孩子到附近的山区以及沙漠地区游玩，放松身心。

在家庭生活中，蒋英自己承担起全部的家庭事务，不敢雇用保姆，蒋英说："为了不使钱先生和孩子们发生意外，也不敢雇用保姆，一切家庭事务，包括照料孩子、买菜烧饭，都不得不由我自己来动手。那时候，完全没有条件考虑自己在音乐方面的钻研了。”[①]

移民归化局所强压给钱学森的每个月到移民局报到以及不准离开洛杉矶的规定，引起了加州理工学院校方的不满。他们认为，这是对钱学森更为严厉的限制。1953 年 11 月 5 日，杜布里奇写信给华盛顿司法部助理检察长斯坦利 · N. 巴尼斯（Stanley N. Barnes）。信中说：

在你离开帕萨迪纳之前，我告诉你，我们就钱学森案件寻求司法部的帮助，虽然这不是你部门关心的问题。我现在希望得到你的帮助，给我建议：这个案件怎样继续下去，你也可以帮助我引荐一位合适的人选。

钱学森是一位火箭、喷气推进和空气动力学的权威，然而他是一名中国公民。他在中国的大学本科毕业，但是在美国完成了研究生学习并从事专业工作。战争期间，他对美国的火箭项目发挥了重要的作用。

1950 年，他计划返回中国探亲时遇到了麻烦。很明显，有人向司法部建议，不允许钱学森回中国，因为他知道美国的很多秘密，担心其落入共产主义政权的手中。最近，对他采取了更为严厉的限制，要求他每个月向移民归化局报到，没有经过特殊允许，不得离开洛杉矶区。这样不仅禁止他到海滩边休闲，他也不能参加一些科学会议。

我知道，将其逮捕的理由是在 30 年代末他与帕萨迪纳共产党俱乐部成员的其他学生有接触。我个人确信地说，钱学森从来就不是共产党成员，他忠诚地服务于这个国家。对他采取这样的不公正处理，美国将失去一位天才科学家所能带给这个国家的重大贡献。

① 高易金：《钱学森的一家》，《新观察》1957 年第 6 期。

如果你帮助我在司法部内纠正对这样一位杰出的人物、一位过去能够对美国起着重要作用的人物的不公正待遇，我将非常感激你。我也非常高兴拜访必要的领导去讨论这个情况。①

巴尼斯在收到杜布里奇的信件后，专门找到司法部移民归化局局长阿盖尔·麦基（Argyle Mackey）商谈了此事，了解情况，并查看了有关案卷。1953年11月12日，巴尼斯复函杜布里奇。信中说：

你1953年11月5日关于钱学森案件问题的邮件已收到。钱学森被指控为共产党成员，主要是因为他作为学生来美国后参加了共产党的会议。

我理解，能够帮助钱学森的所有技术补救措施都已经用尽了。我认为，你们唯一的途径就是代表钱学森越过移民局局长向更高的领导去申诉。

关于第二个问题，对钱学森行动的限制。根据初步了解，我认为不应该对他的活动采取什么限制，这个可以由他向移民归化局洛杉矶分局局长兰顿提出申请。②

杜布里奇对巴尼斯的答复颇为沮丧，但是杜布里奇还是根据巴尼斯的建议，不遗余力地努力越过移民归化局局长，向华盛顿上层寻求帮助。11月27日，杜布里奇再次致函巴尼斯，言辞非常恳切，说：

如果不是我相信，移民归化局关于钱学森是共产党员的发现是

① Caltech Archives, Lee A. DuBridge Papers (Box 100, Folder 4), LAD 100.4 (1953, 11.5).

② Caltech Archives, Lee A. DuBridge Papers (Box 100, Folder 4), LAD 100.4 (1953, 11.12).

虚假的，我也不会进一步追究此事。基于他同一些明显是党员人物的接触以及出席的党员会议，就断定他是共产党员是不足信的。

如果钱学森不是一名共产党员，如同我相信的那样。他已可以证实没有什么过错，因为他说，他不是一名共产党员以及在移民申请表党籍栏上没有填写，就是恰当的了，所以他没有做伪证。因此，限制他的行为就是不公正的。

相反，钱学森为美国作了很大的贡献。反过来，他受到了不公正的待遇。这不益于钱学森对美国态度的友好。如果这种不公正待遇不纠正，他的价值也就不能很好地发挥出来。

因此，我非常希望有一个机会将这个事情提呈给高于移民归化局局长职位的司法部人员，以便修改移民归化局的裁决，允许钱学森过上正常人的生活。我相信，如果移民归化局仅仅是为了阻止钱学森回到中国，我想会有其他方式安排此事。

如果你给我那个我要见的人的名字或者你把我介绍给他，将来在访问华盛顿时，我都很高兴拜访他。①

通过这么多次的沟通，杜布里奇也深知，情况不是很妙，与政府当局的任何交涉也很难坚持到底了。因此，就在杜布里奇复函巴尼斯的当天，弗莱德·林德瓦尔教授提醒杜布里奇："我认为，钱先生会拒绝在这个行动中采取主动。也许我们应当暂时将整个事情放在一边，只是在洛杉矶同兰顿先生（洛杉矶分局局长）探讨如何稳妥处理这件事情。如果你认为这样很有必要，我可以去做，而不惊动钱学森。"②

于是，杜布里奇就安排工程系主任林德瓦尔去问司法部驻洛杉矶

① Caltech Archives, Lee A. DuBridge Papers (Box 100, Folder 4), LAD 100.4 (1953, 11.27).

② Caltech Archives, Lee A. DuBridge Papers (Box 100, Folder 4), LAD 100.4 (1953, 11.27).

移民归化局局长兰顿，看看采取什么措施以减轻对钱学森的限制。虽然加州理工学院做了很多努力和沟通工作，但对钱学森的假释仍然没有取消，他仍然每个月要到移民归化局报到一次，活动仍然被限制在洛杉矶一隅。

第二节　向知己倾诉：与郭永怀一段难忘的研究生涯

郭永怀是钱学森的同门师兄，他虽然来加州理工学院较晚，但他比钱学森年长两岁。1941 年，郭永怀毕业于加拿大多伦多大学，随后来到加州理工学院师从冯·卡门，从事可压缩流体力学研究，和钱学森开始了他们的至诚之交。学习之余，钱学森经常开着车子，带着包括郭永怀在内的几个中国籍学生出去游玩、活动。1946 年秋，郭永怀应大师兄威廉·西尔斯邀请前往康奈尔大学任教。

1953 年，郭永怀在康奈尔大学任教已满七年，可以带薪休假，利用半年的时间去国外讲学或旅游。本来，郭永怀是应英国力学大师莱特希尔（Lighthill）的邀请去英国进行讲学，同样因为美国联邦调查局不允许中国学子离境而不能如愿。那时，钱学森也被美国联邦调查局软禁在家中，因此邀请郭永怀到帕萨迪纳（Pasadina，加州理工学院所在地）作短期访学，这样两个好朋友可以一起进行讨论和研究问题。郭永怀一家搭乘了横穿美国大陆的火车到了加州，在钱学森家附近租了房子。安顿下来后，钱学森就和郭永怀一起进行高超声速黏性流动的学术研究。钱学森在回忆那段岁月时说：“我以后再见到永怀同志是 1953 年冬，他和李佩同志到加州理工学院。他讲学，我也有机会向他学习奇异摄动法。”① 郭永怀的到来不仅使他们两位科学知己在学术上互相砥砺、互相扶持，更为重要的则是给钱学森以很大的精神鼓舞。钱学森回忆说：“我当时的心情是很坏的，美国政府不允许我归回祖国而限制我的人身自由，我满腔怒火，向我多年的知己倾诉。”② 他们有时还讨论回国的问题，他们谈论一旦将来能回国，有哪些亟待解决的问题需要做。郭永怀还鼓励钱学森说：“不能性急，也许要到 1960 年美国总统选举后形势才能转化，我们才能回国。”③

“那段时间，钱家的摆设也非常简单”，据李佩讲，“钱家的情况与过去大不一样了，屋里空荡荡的，倒是蒋英的那架大三角钢琴还在。蒋英说，是她找联邦调查局要回来的，说她是歌唱家，不能没有钢琴。”

第三节　两大杰作的问世

钱学森被吊销从事机密研究许可证后，他的交往圈子大大缩小，活动也受到了很大限制。因为钱学森不想在这样特殊背景下连累他人。同样的，他们也不允许和钱学森交谈。曾经是钱学森学生并和钱学森合署《远程导弹的自动飞行》一文的作者托马斯·亚当森（Thomas Adamson）回忆说：“即使是一般性问题，那时也是只能留给自己去解决，因为喷射推进实验室的工程师皆不准和钱学森交谈。”④

---

① 钱学森写在《郭永怀文集》的后面。参见中国力学学会、中国科学院力学研究所编：《郭永怀文集》，科学出版社 1982 年版，第 331—332 页。

② 钱学森写在《郭永怀文集》的后面。参见中国力学学会、中国科学院力学研究所编：《郭永怀文集》，科学出版社 1982 年版，第 331—332 页。

③ 钱学森写在《郭永怀文集》的后面。参见中国力学学会、中国科学院力学研究所编：《郭永怀文集》，科学出版社 1982 年版，第 331—332 页。

④ 张纯如著，张定绮、许耀云译：《中国飞弹之父——钱学森之谜》，台北天下文化出版股份有限公司 1996 年版，第 289 页。

在这期间，钱学森非常痛苦，他带着惨重的心灵创伤，泛舟在科学的苦海，他尽力从事科学理论的研究和喷气推进中心的教学工作，希望借着紧张的工作，忘却所遭受的困厄。马勃在写给冯·卡门的信中说，钱学森眼看着他的案子短期内无法得到解决，尽管当下不是很愉快，但是心情还颇为平静。钱学森将重心转到了研究工作上，所处理的题目十分多样。例如，在时间延宕下的线性系统、火箭喷嘴的多种功能、长程火箭的自动导航系统、纯流体的特性、点火脱离卫星轨道、压缩快速加热的薄壁气缸的相似法则等。他曾经创下了连续四个月每个月完成一篇论文的纪录，这在他所研究的领域里，是一项十分难得的成就。

这一时期，钱学森在研究中所遇到的困难超过以往任何时候，他的研究工作经常受到移民归化局的监视和随时的调查谈话，甚至电话都要受到窃听。虽然钱学森的心理遭受了难以言状的压力，身体也因几次听证会的煎熬受到极大的摧残，但这都没有抹灭钱学森的创新精神和对科学研究的兴趣。除了在此期间发表了很多的论文外，钱学森还开创了物理力学和工程控制论两大领域。

钱学森出狱后，仍然担任加州理工学院的教授，继续担任学院的教学任务，教学风格也依然保持一贯的严厉、认真，其中一位学生托马斯·K. 考伊（Thomas K. Caughey）后来回忆说："如果你对讨论的内容熟稔于心，他会尊重你；如果你对讨论的内容一知半解或者根本不理解，他会把你批得体无完肤。"[①] 在研究方面，由于他不能从事涉密研究工作，于是将研究重点转到控制论方面。在此之前，他没有研究过自动控制和自动调节理论，但他深刻明白自动控制在生产过程自动化以及国防事业中有着重要意义，它还与电子计算机密切相关，

① Carol Bugé, Interview with Thomas K. Caughey, March 25 and April 2, 1987.

钱学森就开始探索进行这方面的教学与研究工作。谈到转至工程控制论研究，他在1983年写给北京师范大学物理系主任方福康的信中这样说："不管它三七二十一，先在研究生班开课，自己是一面学一面讲，一面写讲义。讲了两次，心中有点数了，就着手写书。"① 钱学森还在写给另一位专家的信中说："三十年代到四十年代，我搞过应用力学，那时我在一个航空系，其目的是改进飞机的性能。也是为了提高飞行器的速度，才转而搞火箭。火箭出来了成为导弹，导弹要自动控制，我又转而搞工程控制论。"② 在钱学森之前，就曾经有工程师和数学家研究过这个理论，但是他们的研究有其局限性：工程师偏重于解决手头的问题，不注重理论的概括；数学家偏重于理论的分析，不善于解决实际的问题。钱学森在研究中，将这两方面的工作结合起来，加以全面论述，不但为这个技术奠定了基础，而且开拓了今后的研究方向。

《工程控制论》出版后，这本书在学界引起了广泛的关注。麻省理工学院教授、工程控制专家华莱士·凡得·维尔第（Wallace Vander Velde）说，这本书非常好，在那个时代那本书意味着极为杰出的成就。他还写道：

在一九五四年，有关线性、时间不变系统下的反馈控制理论已经出现，而伺服机构设计也已为人应用。但是钱学森预见了更复杂的控制和导航问题，特别是火箭推进载具的导航。这激起他对有时间变动系数、时间延宕及非线性行为的系统产生兴趣，而在此书中对以上各主题都有所探讨。

---

① 钱学森1983年12月13日写给方福康的信。参见涂元季主编：《钱学森书信》第1卷，国防工业出版社2007年版，第274页。

② 钱学森1985年6月3日写给王德林的信。参见涂元季主编：《钱学森书信》第2卷，国防工业出版社2007年版，第313页。

钱学森更进一步以变分法、最佳化控制系统和误差容忍控制系统来处理最佳控制系统，他建构出一个导航与控制理论，该理论非常与众不同，也必然对此领域的应用大有帮助。钱学森先驱性的理论，必定被认为是该领域发展至今的重要基石。[①]

后来，《工程控制论》先后被翻译成俄文、德文、中文以及捷克文等。关于这本书的写作背景和写作初衷，著者认为，这既是钱学森着眼航天技术发展方向以及突破重要技术问题的需要，同时也是钱学森不服输、不认输个性的充分彰显，还是钱学森利用理性形式克服眼前困境，学习知识，以求他日归国报效的重要途径。钱学森曾经对宋健这样说："当时并没有想到建立新学科，而是为避开美国特务的追踪和迫害。那时我还很年轻，虽然痛苦，精力还很充沛，我不能消沉。我必须积累知识，随时准备返回祖国，为建设新中国尽力。"[②]针对这本书的写作，钱学森还曾经说过一句精彩的双关语："那本书是给美国人看的。"[③]一方面钱学森的确让美国人看看，虽然他遭受如此困境，在如此艰难的条件下，虽然不能接触涉密研究项目，但钱学森一样能做出让美国人刮目相看的成绩。另一方面也让美国反动势力看到钱学森的确改变了科学研究的方向，打消他们的顾虑，以利于消除返回祖国的障碍。

物理力学也是钱学森在此期间创建的另一个科学领域。物理力学的诞生源于极端条件下物质特性研究的迫切需要，如核火箭喷管在4000K高温下的材料性质无法通过传统实验测量，钱学森提出通

---

① 张纯如著，张定绮、许耀云译：《中国飞弹之父——钱学森之谜》，台北天下文化出版股份有限公司1996年版，第294页。

② 宋健：《民族英雄钱学森》，《光明日报》2015年11月27日。

③ 华心编：《因为我是中国人——钱学森等科学家回国纪实》，陕西人民出版社1989年版，第8页。

过理论计算替代实验，突破工程技术的瓶颈，该学科以应用力学为基础，通过原子分子理论、量子力学和统计力学的结合，建立从微观结构预测材料宏观力学特性的理论体系。这个“物理力学”的名字也是钱学森不断深化认识而独立创造提出来的。他在 1952 年 5 月 2 日给冯・卡门的信中这样说：“在过去几年里，我们进行现代应用物理和应用化学的研究，现在我们正在从事高温热力学和气体辐射发射率计算问题的研究，然而我们不能就这个工程科学提出一个准确的名字。最近我发明了这个名字‘物理力学’，用这个古老的名字作为正处于发展中的经典力学。”[①] 钱学森始终觉得在工程和科学领域开展跨学科综合研究非常重要，受困时期，他将这一成果和方法进一步发展，并扩展到研究其他物体中去，努力创建一门新科学领域——物理力学。1953 年他正式发表了《物理力学——一个工程科学的新领域》一文，标志着这一新学科领域的诞生。物理力学主要从物质的微观结构出发，研究宏观物质在高温、高压、强辐射等特殊条件下的特殊性能。针对这一新兴学科，钱学森不仅自己编写教材，而且在加州理工学院开设了这门课程，将研究成果在学生中进行讲授。当时一名听钱学森课的学生托马斯・K. 考伊在接受采访时说：“钱学森教授开始这个宏大的计划，打破力学、物理和化学的界限。”他还说：“那时候，这个计划很受欢迎。”[②]

在书稿准备以及撰写过程中，那些美国友好人士也给生活在困境中的钱学森很大帮助与支持。钱学森经常与加州理工学院的马勃和德普利马博士进行广泛的交谈和推心置腹的交流。这些与少数朋友的沟通与交流常常使钱学森在研究中的一些模糊概念和困顿之处忽然清

① A letter from H. S. Tsien to Dr. Von Karman, May 2, 1952, reproduced from Caltech Archives.

② Carol Bugé, Interview with Thomas K. Caughey, March 25 and April 2, 1987.

晰起来。他们的帮助也使钱学森大大减轻了书稿写作的繁重压力和烦躁情绪。关于这段时期钱学森的研究工作以及他承受的身心压力，跟随钱学森攻读博士学位的郑哲敏回忆说："在那个条件下，他仍努力工作，可以想象那个压力有多大。但是在那个条件下，可以看出一个人的意志，他表现得很坚强。钱先生很快就把情绪扭转过来，一心一意，安心工作，做很重要的工作，他教两门新课程，一门是物理力学，一门是工程控制论。"①

加州理工学院资深荣誉退休教授、美国工程院院士吴耀祖在回忆那段时光时说："钱老的伟大，非但不放弃，而有内在宁静，以助深入的思绪，觅取捷径，追索饶兴好奇的崭新课题，因此有《工程控制论》，再有系统科学，更有物理力学等领域。钱老在中国极力协助而未能如愿离美返华这五年中，周末备讲稿，下周除正课外，再外加这些新课，不需二、三讲，即引起其他教授呼应参与。其中最重要的骨干是查利·德普利马（Charlie Deprima）和阿瑟·厄德利（Arthur Erdelyi）两大数学教授。吸引得教室座无虚席。年后，开讲物理力学时，钱老将古典力学、分子运动论、经典统计力学、量子统计力学一起融会贯通，更广求应用，看来好似深思熟虑，为来日运筹做好准备。钱老这些宏著，大有孔子困于陈蔡而著春秋之感。"②

第四节　钱学森："如果把我作为美国科学家团体中的一员，我感到很羞辱"

钱学森作为美国的戈达德教授，其在科学上的地位已经非常显

① 2013年6月6日，著者采访郑哲敏。采访地点：中国科学院力学研究所。
② 吴耀祖:《悼念恩师钱学森先生》，李佩、郑哲敏主编:《钱学森科学和教育思想研究文集》，上海交通大学出版社2014年版，第57页。

赫。1954 年，钱学森在困难时期写成的《工程控制论》，在科学界更是引起了强烈的反响。《科学美国人》杂志希望就钱学森的科学贡献作专题报道，该杂志编辑杰奎斯·卡特尔（Jaques Cattell）也希望将钱学森的名字列入美国科学团体。在卡特尔将这个想法告诉钱学森后，却遭到了他的明确拒绝，钱学森希望将自己的名字从杂志中删除。6 月 25 日，杰奎斯·卡特尔再次致函钱学森，询问为什么强烈建议将名字从杂志中删除。卡特尔在信中说："我们对你在生平事迹下面所作的不希望列入《科学美国人》的意见表示困惑。我们希望你能说明一下。"信中还说："一般情况下，人们希望将名字列入其中，而你则希望将名字从杂志中删除。"6 月 30 日，钱学森复函杰奎斯·卡特尔。信中说："（一）虽然我对美国的很多科学家充满崇敬之情，但是如果把美国科学家作为一个整体来看的话，我难有同感。换句话说，如果把我确定为美国科学家团体中的一员，我感到很羞辱。（二）事实上，我并不是美国科学家，我是一名中国科学家。目前只是由于美国政府的命令将我暂时滞留在这个国家而已。"钱学森在信的最后说："我希望你能理解这些理由，将我的名字从即将编辑出版的《科学美国人》中删除。"①

1954 年 8 月 4 日，美国科学促进会业务主管汉斯·努斯鲍姆（Hans Nussbaum）致函钱学森，告知他入选新一年度美国科学促进会会员。信中说："根据我们的记录，我们还没有收到你一九五四年度的会费。请你把附件中的卡片和汇款一同寄过来。收到这些材料后，我们将把会员证书邮寄给你。"②8 月 13 日，钱学森复函汉斯·努斯鲍姆，表达了与写给《科学美国人》编辑信件内容基本一致的态度。

1954 年底，美国政府仍没有任何消息显示，他们将对钱学森采

① A letter from H. S. Tsien to Mr. Cattel, June 30, 1954, provided by Marble.
② A letter from Hans Nussbaum to Dr. Tsien, August 4, 1954, provided by Marble.

取什么行动，钱学森的心也彻底伤透了。1954 年 12 月 8 日，已受尽折磨的钱学森给远在法国的好友马林纳写了一封信，倾诉心中的彷徨和郁闷。信中说：

你相信加州理工学院的行政当局会伤害他们自己的未来（他们至少认为他们会有未来），只为了忠于历史？就算你相信历史会还你一个公道，但你知道历史是经常被篡改的吗？你相信世上还有正义与诚信吗？没有你自己的公关人员，你还期待自己能在美国获致荣誉与声望吗？亲爱的朋友，别相信那些假话！你现在正忙于艺术工作，因此，何必让这些琐事困扰你？毕竟，一个人在最后的日子里，能告慰自己的良心说，他为人们付出的比人们给他的要来得多的话，岂不也是很好？①

第五节　查扣行李被赎回

如前所述，钱学森的行李审查工作持续了很长时间，还经过了很多部门的审查。从这些部门提交的审查报告以及司法部所掌握的情况看，也没有什么大不了的问题。虽然有些文件上还标有“涉密”字样，但从查封的时候看，这些资料绝大部分都已解密或者进行了降密处理，只有少数资料为内部资料，更有极个别资料当时仍为“绝密”资料。被扣资料在经过近一年的审查后，钱学森想索回那些被扣押的文件。早在 1951 年 4 月，在他签署同意将部分文件返还军部的时候，他就提出了索回这些资料的愿望。1951 年 4 月 28 日，钱学森写

① The Papers of Frank J. Malina, Section Ⅱ: Jet Propulsion Laboratory, Correspondence: Tsien, H. S. 1954, Folder 6.29.

信给美国海关，说："1950 年 8 月底的某一天，你们扣留了一些技术书籍、资料和属于我个人的行李，至今还扣留在你们那里。根据海军情报办公室的要求，就归还被扣押的材料，我签署了协定。他们说这些还在你们那里。我非常尊敬地要求你归还我的个人材料，包括书籍和笔记。根据我的理解，你们和其他政府部门不再需要它们。如果你们咨询我的律师，请拨电话 Madison6–5321，或者通过书信请邮寄到 610 South Broadway（洛杉矶）。" 1951 年 11 月 5 日，钱学森写信给律师库柏，看看是否可以收回那些非涉密的国家航空顾问委员会的出版物。同日，库柏把钱学森的意见转达国家航空顾问委员会的法律顾问保罗 · G. 邓布林（Paul G. Dembling）。邓布林表示，由于顾问委员会没有收到返还文件的通知，他也不能随意返还所扣文件。

钱学森索回文件的要求，无论是美国海关还是司法部，他们都迟迟没有答复。为了弄清如何处理其他被查扣的所有文件，美国洛杉矶地方法院资深法官哈利 · C. 韦斯托弗在联邦办公大厦于 1952 年 2 月 25 日、3 月 3 日、7 月 7 日，1953 年 1 月 5 日、2 月 2 日、3 月 3 日、4 月 6 日、5 月 4 日、5 月 5 日、9 月 1 日、9 月 15 日、9 月 21 日、11 月 17 日主持召开了十余次协调会，听取各方面的意见。

即使到了 1953 年 9 月，还有大批资料仍然被封存在洛杉矶海关，我们可以从财政部洛杉矶海关征收办公室写给洛杉矶海关的信函中窥见一斑。1953 年 9 月 30 日，美国洛杉矶海关规费征收办公室致函洛杉矶海关。信中说：

1950 年 8 月 24 日，美国司法部就查封钱学森的技术资料下发了扣押令，文件号：12180–HW。1951 年 9 月 10 日，司法部对扣押令进行了部分修改，同意将一小批技术资料归还给美国海军的洛杉矶情报部门和国家航空顾问委员会西部协调办公室等。

这次归还后，还有一大批资料存在手头上。目前，司法部没有采取进一步的行动，因此，你们能否与司法部协商，弄清楚这个案件目前进展情况以及他们在处理这些物品的一些想法。[①]

资深法官哈利·C. 韦斯托弗对这个案件的调查仍然没有完结，1954年1月4日、4月5日、4月12日、4月26日他又多次召集有关方面组织协调会，直到1954年底，才最后同意将钱学森那些封存在洛杉矶海关的资料归还给他。

经过数年对钱学森被扣行李的审查以及根据数十次听证会的意见，1954年4月，美国政府有关机构就此问题协商一致，同意撤销《扣押令》，并将那些封存在洛杉矶海关的钱学森资料归还给他。4月23日，美国司法部驻洛杉矶南部地区检察官劳克林·E. 沃特斯（Laughlin E. Waters）及助理检察官马克斯·多伊兹同钱学森的辩护律师库柏共同签署了《撤销扣押令的命令及条款》的文件。文件规定:（1）扣押可能事出有因，并且还说扣押是由美国政府代理人和雇员实施的。（2）美国政府同意在索取人向加州洛杉矶海关总长支付18.03美元货物运输费用后，释放在此扣押的所有材料，但带有密级的文件除外。（3）索取人同意美国保留所有带有密级的文件。（4）撤销申请签发的《扣押令》，内部诉讼应当予以驳回。[②]6月2日，美国国家航空顾问委员会法律顾问保罗·G. 邓布林致函库柏，询问钱学森想收回国家航空顾问委员会哪些文件。因库柏休假在外，特由秘书

① Office Memorandum · United States Government, from Collector of customs to Customs Agent in charge, Los Angeles, September 30, 1953, Neutrality Investigation Files, 1948–1988, Folder Title: LA23–24, Dr Tsien Hsue shen, Box Number:1, National Archives and Records Pacific Region.

② Confidential Reference Memorandums, 1940–1962, reproduced from National Archives at Riverside.

哈罗德·罗登（Harold Rhoden）将邓布林的意见转达给钱学森，并问："你是直接跟邓布林联系，还是由我们将你的意见转达给他？"6月23日，钱学森直接复函邓布林，说："我担心，在某些人看来存在着这样一个误解：除了我作为航空顾问委员会委员时我出版的技术报告以及我朋友的成果外，总体上看，美国国家航空顾问委员会的其他文件不值得一看。但是，我对我自己的成果以及我朋友的成果都非常熟悉，甚至没有这些文件我同样对文件内容也很熟。因此，我不想收回国家航空顾问委员会的所有文件。"① 同日，钱学森将致邓布林的邮件也抄送给库柏一份，并附函说："你知道，我不想收回美国航空顾问委员会的任何文件。我是想索要一些技术书籍，但受阻于对以下事情的不了解：（1）还有哪些技术书籍仍然扣留在美国海关手中。（2）我怎样支付18.03美元的货物运费②。请给我提出建议。"③

7月7日，库柏秘书哈罗德·罗登代表库柏复函钱学森，说："针对第一个问题，美国海关署已经通知我们，他们将归还除编号为16的所有技术文件。编号为16的技术资料为涉密文件，不适合于归还。海关署将邮寄一份'同意没收'的文件，包括了编号为16的具体书名。收到后，我会把清单给你。关于第二个问题，你直接把费用支付给财政部海关署洛杉矶海关即可。"7月8日，哈罗德·罗登把他们手头的一份"同意没收"文件以及文件清单邮寄给钱学森。

8月5日，钱学森向美国海关支付了18.03美元的运输费用，然后在"同意没收"的文件上签字，同意将海关扣押的部分文件归还给

① A letter from H. S. Tsien to Mr. Dembling, provided by Marble.
② 著者注：此运输费指钱学森的行李被扣时从白金斯的仓库运至海关评估仓库的费用，此费用先由政府垫支，现在需要钱学森补上。
③ A letter from H. S. Tsien to Mr. Cooper, provided by Marble.

国家航空顾问委员会和海军部门。这样除美国军方将部分资料没收外，钱学森赎回了绝大部分的行李。

在钱学森被软禁的两年时间里，他一心专攻学问，只是与几个要好的朋友保持着密切的个人联系与学术交往。他被限制了活动自由，社会交往也日趋减少。在与外界联系方面，钱学森也特别谨慎。这一谨言慎行的风格一直坚持到回国前夕，甚至在 1955 年 7 月 15 日，美国国家航空顾问委员会主席休 · L. 德莱顿希望钱学森为《航空科学杂志》即将设立的“庆祝冯 · 卡门诞辰七十五周年”栏目写篇文章，钱学森也是谨小慎微，不敢疏忽。他在 7 月 22 日的回信中说:“我必须把这一邀请看作是莫大的荣耀。浏览一下那些打算写文章的人员的名字，我尴尬地发现，我是唯一一个非美国的公民。这无疑对我在美国被滞留期间所遵循的行为准则带来了一个大的问题。即使不考虑这个问题，仍存在一个比较现实的问题，那就是，在不久的将来，我可能就会被驱逐出境，因此我不能承诺自己可能无法完成的事情。在凡此种种情况下，我必须婉言谢绝您的邀请。虽然您非常清楚，我对冯 · 卡门非常尊敬，并且随时准备为他做任何事情，但还是请您接受我的歉意。”①

在这期间，钱学森与蒋英经常通过在家里自娱自乐来排解心中的苦闷。钱学森吹西洋竖笛，蒋英就来弹吉他。

有时候，他们会听听古典音乐，他们最喜欢贝多芬的第九交响曲和莫扎特的交响乐，从中汲取力量，寻找心灵的慰藉。② 正当钱学森泛舟在科学的苦海时，一场有关中美侨民归国的谈判正在日内瓦拉开帷幕。

---

① Theodore Von Kármán Papers, Boxes 43 & 45, TVK 43.13 (1955, 7.22).

② 1995 年 10 月 28 日，在纪念钱学森回到祖国北京整整 40 周年之际，中央人民广播电台科教部《科技大世界》精心制作了一篇专题配乐报道。节目最后响起的就是钱学森在困难时期特别喜欢的贝多芬第九交响曲。

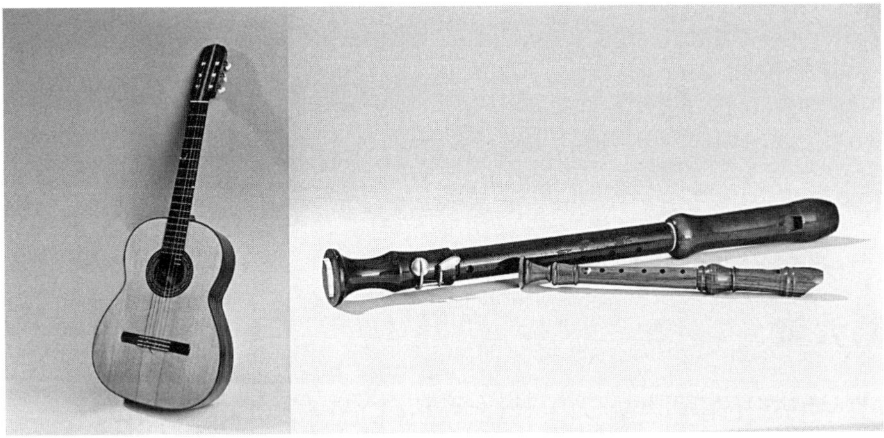

在困难时期钱学森与蒋英使用的乐器

第六章

钱学森回国与20世纪50年代中美侨民归国谈判

一谈起钱学森回国，很多人不由自主地想起1955年召开的中美大使级会谈。因为坊间广泛流传这样一种观点：在周恩来的指示下，中方代表在中美大使级会谈中利用钱学森写来的那封求援信（这封信在后面提及）与美方代表交涉，最后要回了钱学森。

著者在学习和研究过程中对这一观点存有疑问。钱学森回国关乎着美国的国家安全和核心利益，对这样一个问题，怎么会有中方的一个抗议就会把钱学森要回来，里面定会涉及复杂的背景和特殊的考量。著者还进一步发现，中方以钱学森事例与美方进行斗争，也就是利用那封求援信与美方代表进行交涉，则是中美大使级第四次会谈，即1955年8月8日的事情，而美国司法部正式签署同意钱学森回国的通知则在1955年8月4日。也就是说当美国作出释放钱学森的决定时，我国政府是不得而知的。带着这样一些问题，著者查阅了大量新近解密的中美档案，发现早在1954年的日内瓦会谈时，钱学森回国就是美方思量的重要问题，美方不断缩小禁止离美学生名单人数，最后聚焦于钱学森一人身上。在中美大使级会谈前夕，美方为了争取大使级会谈的主动权，德怀特·戴维·艾森豪威尔（Dwight David Eisenhower）总统召集有关方面商谈此事，最后提出了同意钱学森回国的原则意见。1955 年 8 月，随着中美大使级会谈的开展，美国国务院敦促司法部签署了同意钱学森离美的通知。另，钱学森回国是新中国成立后我国极力争取留美学生回国的一个重要组成部分。只有把钱学森回国放在当时的历史背景下考察，放在 20 世纪 50 年代中美侨民回国谈判的历史坐标中审视，我们才能看清钱学森回国的历史发展脉络，才能就钱学森回国得出比较全面而准确的认识。

第一节　日内瓦侨民谈判曲折中前行：“只有一个人不能离境，那就是钱学森”

朝鲜战争停战后，苏联在柏林举行的美、苏、英、法四国外长会议上提议召开谋求和平解决朝鲜问题和恢复印度支那和平问题的日内瓦会议。经过斗争和谈判，这个提议得以实现。1954 年 4 月，中国与美、苏、英、法并列作为五大国之一出席会议。但是美国在公报中明确指出，中国参加并不是对中国外交上的承认。实际上，日内瓦会议是新中国成立以来，首次以大国身份参加的国际会议，也是中华人民共和国成立后在外交上第一次和美国直接谈判。

日内瓦会议议程除会议确定的商讨朝鲜问题和印度支那问题外，参加国还在会外利用一切机会就他们共同关心的问题与有关方面展开双边或多边会谈。侨民回国问题就是中美代表团商谈和磋商的一个重要议题之一。在中国的美国侨民主要包括两部分：一部分是新中国成立后，留在中国大陆因触犯了中国法律而遭受关押的美国罪犯。另一部分，在朝鲜战争期间，中国在战场上俘虏了一批美国士兵，另有一些非法侵入中国领空被擒获的美国空军。中国政府根据中国法律对他们进行了控制，赎回这些人员是美国政府谈判的首要目标。

对于我国政府来说，新中国成立后，刚刚摆脱半殖民地半封建教育体系的高等教育百废待兴，一时无法培养大批社会主义建设所需要的人才。在这种形势下，争取海外留学生回国，则成为年轻共和国的重要任务之一。这样就为中美双方坐下来谈判提供了有利的条件。

但是由于美国没有承认中华人民共和国，它又极想要回那些在华滞留人员，于是美国想通过第三方来办理此事。他们就找到自己的盟国——英国在北京的代办汉弗莱·杜维廉（Humphrey Trevelyan）接手协助办理此事。在周恩来总理的英明决策下，中方代表团对此给予积极回应，特指定王炳南为中方代表，宦乡和柯柏年也参加此事办理。1954 年 5 月 17 日上午，杜维廉会见了宦乡，宦乡不仅就英国公民回国提出意见，而且说：所有美国在华公民，只要没犯法都可以自由离开。同时，宦乡提出了美国扣押中国同胞的问题。当天下午，杜维廉会见了美国代表，通报了他与宦乡会谈的情况。他说，得到的印象是共产党提出来被禁止离开的中国人一事，提供了一种可以讨价还价的余地。杜维廉还说，除非原则上美国同意让被禁的中国人自由离境，否则他不愿当中间人。美国代表同意授权杜维廉作为一个中间人同中方对话。美国代表还说，任何和中国的接触只能通过中间人。最后，美国代表感谢杜维廉为此付出的努力，希望这事能推动得越快越好，并希望这一方案不仅能包括美国平民也包括美国的空军人员。[①]

5 月 18 日清晨，杜维廉来到美国代表团就被扣美国人问题进一步听取意见。美国代表团授权他按如下方针立即和中方接触：借故宦

① Telegram from the Under Secretary of State (Smith) to Department of State, FRUS, 1952–1954, Volume XIV, China and Japan, p. 417.

乡提到的中国人被扣留在美国的问题，杜维廉可以告诉宦乡他有理由相信美国人在这一点上是可以通融的，并且要问一问，如果美方愿意让这些在美的中国人自由回国的话，那么中国共产党对被扣美国人的态度会怎样？同时让杜维廉在询问时要把美国飞行员也放在被扣美国人之列。①

5月19日，杜维廉与宦乡会晤。杜维廉首先把美国的态度向宦乡作了交代。宦乡则正面阐述了中方的意见，还说，中国从未扣留美侨，而很多华侨则被无理扣留不予回国。最后，杜维廉指出，愿纯粹以私人身份居中斡旋，使许多美侨在中国不能回美国、同时也有许多华侨在美国不能回中国的问题能够得到解决。②随后，美方代表把杜维廉同宦乡交谈的结果向美国国务卿作了汇报。5月21日，美国国务卿约翰·福斯特·杜勒斯（John Foster Dulles）致函日内瓦会议代表团。信中说："你们可以告诉杜维廉，任何一名现在被美国政府禁止离境的中国人，只要想回到中国大陆，我们都将同意，只要不违背外籍侨民出境的法律规定。并且可以告诉你们，经过国务院、司法部、国防部和跨部内务安全委员会之间的积极讨论，我们确信，如果有的话，在这些仍想回到中国大陆的少数中国人中，只有少数几人的离开会对美国的利益造成损害。我们希望杜维廉能利用释放中国人这一点尽量和对方讨价还价。"③

5月26日，中国代表团发言人黄华向新华社、塔斯社、路透社、

---

① Telegram from the Under Secretary of State (Smith) to Department of State, FRUS, 1952–1954, Volume X ⅳ , China and Japan, p. 421.

②《1954年5月19日宦乡与杜维廉关于中美两国侨民回国问题的谈话记录（节录）》，中华人民共和国外交部档案馆档案，案卷编号：206-Y0012。载中华人民共和国外交部档案馆编：《中华人民共和国外交档案选编》第1集，世界知识出版社2006年版，第379页。

③ Telegram from the Secretary of State to the United States Delegation at the Geneva Conference, FRUS, 1952–1954, Volume X ⅳ , China and Japan, p. 427.

美联社、合众社、法新社、国际新闻社等通讯社记者发表了关于中美两国侨民问题的谈话。指出："中华人民共和国中央人民政府自成立以来，对于居留中国境内的外侨，包括美国侨民在内，只要他们遵守着中国政府的法令，一贯给予保护。他们可以安居乐业。如果他们要离开中国，不论为着任何理由，都可以按照法定手续向各级人民政府申请，只要他（或她）没有什么未了的民、刑案件，都可以获得准许。"最后指出："美国政府如果尊重国际法原则和人道主义，就应该立即停止强迫扣留和虐待中国的留学生和侨民，恢复他们离美返回祖国与家人团聚的不可被剥夺的权利。"① 针对这一声明，特别是黄华声明中指出的美国扣留了 5000 名中国学生。美国国务院否认有 5000 名学生被扣留在美国，称自 1951 年 6 月以来，只有 120 名在美国的非美籍中国学生未获准离开美国。他们还称，这 120 名学生是因为朝鲜战争而规定的条例被拒绝发给离境许可证的，国务院还说，自从去年 10 月以来，只有四件离境申请书被拒绝。美国的新闻发布官林肯・怀特发表了一项声明："自一九五一年六月，有条例公布，规定对某些外国人离开美国的管制办法。在那时以前，在美国中国学生是可以自由离开美国的，是毫无任何限制的。当共产党中国公开参加在朝鲜的战争时，住在美国的约 4500 名的中国学生中，约有 450 名要离开美国。到今天为止，其中约有 120 名不准离境。"他们还指出："那些不准离境的学生掌握着美国不愿被用来反对它自己的技术资料。"②

5 月 27 日，宦乡与杜维廉举行会谈。宦乡首先表明了我国的态

① 《黄华关于美国政府无理扣留中国侨民和留学生问题对记者发表的谈话》，中华人民共和国外交部档案馆档案，案卷编号：206–C064。载中华人民共和国外交部档案馆编：《中华人民共和国外交档案选编》第 1 集，世界知识出版社 2006 年版，第 380—381 页。

② New York Times, May 29, 1954.

度，滞留在中国的美国侨民是违犯了我国的法律，而那些滞留在美国的中国留学生则没有违犯任何美国的法律。这是两个性质不同的问题。同时指出，即使这样，但只要美国方面愿意谈这类问题，中方是不拒绝的。杜维廉建议由美国与中国开展直接谈判。①

杜维廉关于中美开展直接会谈的建议引起了美国国务院的担忧。5月28日，国务卿杜勒斯则认为，那样会导致大量的评论，以为是美国向承认中国共产党迈进了一步。因此，建议不要派美国代表去和共产党谈判——至少等一等看杜维廉进一步的努力再说。②

5月30日，美国副国务卿史密斯致函国务院。信中说："现在的情况是没有约定下一次开会时间，要等国务院答复。我们问了杜维廉，作为中间人还能不能再做工作？他的回答是否定的。既然现在不可能通过中间人解决，只好做下一步选择，或是放弃在日内瓦争取释放美国人的企图，或是至少安排一次会议，由美国代表和杜维廉一起和共产党谈判一次。我们充分认识到和中国直接谈判的缺点，但是显然这只是出于人道主义性质，不包含政治内容，这就不会让人们把这看成是承认中国的一步。而且在会议后还可以安排一次专门的记者招待会，特别否定有任何承认意义。"最后还说："总起来看，我们认为可以派罗伯逊（Robertson），由马丁随从，要求中方必须派张闻天，他是中国代表团的第二号人物，副部长，兼驻莫斯科大使。"③

5月31日，美国国务院在研究了史密斯的信件后作出指示意见，

① 《1954年5月27日，宦乡与杜维廉关于中美两国侨民回国问题的谈话记录（节录）》，中华人民共和国外交部档案馆档案，案卷编号：206-Y012。载中华人民共和国外交部档案馆编：《中华人民共和国外交档案选编》第1集，世界知识出版社2006年版，第381—382页。

② Telegram from the Secretary of State to the United States Delegation at the Geneva Conference, FRUS, 1952-1954, Volume XIV, China and Japan, p. 436.

③ Telegram from the Under Secretary of State (Smith) to Department of State, FRUS, 1952-1954, Volume XIV, China and Japan, p. 438.

基本上否定了史密斯的意见。认为:“在我们看来，现在仍然没有理由改变我们的立场。至于派高层领导（罗伯逊）和张闻天谈，这要比在低层次谈判带来更大的副作用:（1）事实上的承认。（2）背离了我们在日内瓦只和共产党人谈朝鲜和越南问题的立场。（3）利用直接谈判取代了由第三者代表美国在大陆利益的做法。”最后指出:“我们不授权直接谈判，请你们敦促英国代表团让他们告诉杜维廉，作为美国利益的代表继续尽力与共产党周旋。”

虽然意见已经发出去了，但是这牵涉美国所要求的释放在美平民问题，意义重大。杜勒斯还是努力争取有关方面意见。6月3日上午8时15分，杜勒斯会见了总统新闻发言人詹姆斯·C.哈格蒂（James C. Hagerty）。杜勒斯首先指出自己的担心，直接会谈会不会在国内造成一种指责，认为这是承认红色中国的开始。哈格蒂说:“第一，在我看来美国必须要尽可能采取措施以争取释放被扣在红色中国的美国人；第二，我看不出这样一谈怎么就会被人当成是官方的外交承认；第三，如果对此实在担心的话，为什么不可以让史密斯就在日内瓦宣布一下他准备进行谈判但不应看作是外交上的承认。”① 国务卿肯定了哈格蒂的建议。

当天晚上10时50分，杜勒斯致函美国日内瓦会议代表，一改原来的态度，采纳了哈格蒂的建议。信中说:“（1）我同意你们的建议，可以由一名美国代表团的成员随杜维廉去和中国共产党至少开一次会，讨论目前在中国人手里的美国人问题。（2）派罗伯逊代表美国去参加这样的一个会不妥。但是，考虑到你们提到的级别问题，我授权尤·亚力克西斯·约翰逊（U. Alexis Johnson）随杜维廉去。他是一名我们委任驻共产党国家的使节，而且具有和中国谈判朝鲜问题的

① Extract from the Diary of James C. Hagerty, Press Secretary to the President, FRUS, 1952–1954, Volume XIV, China and Japan, p. 442.

经验。（3）请通知我们在哪一天开会。”[①]

美国日内瓦会议代表团收到国务卿杜勒斯的指示后，立即安排杜维廉同中方接触，协商会谈事宜。6月4日上午，杜维廉会见了宦乡。杜维廉首先把美国就直接谈判的态度向中方作了通报，说：“美国愿意与中国就侨民问题举行会谈。美国准备以美驻捷克大使约翰逊为代表，他在美国代表团的地位仅次于史密斯和罗伯逊。希望中国方面以同等地位的代表出席。如果是王炳南先生这样的人就很好。”宦乡说：“我们原则同意进行接触。关于参加人员、时间、地点，等我请示周外长后再答复你。”

6月4日下午，宦乡和杜维廉再次会面。两人就中美直接会谈的具体情况作了商谈，鉴于中方代表柯柏年要离开日内瓦几天以及杜维廉将要前往伦敦，最终确定第二天上午只作初步接触。

从1954年6月5日到6月21日，美方代表与中方代表在日内瓦会议期间共进行了四次直接会谈。在6月5日的第一天会谈中，双方只是进行了初步接触，并商定在第二次会谈中就实质问题进行磋商。6月10日，直接会谈进入实质阶段。约翰逊首先就在押美国人数、类型进行了说明。王炳南发表了事先准备好的声明，说只要双方有诚意，所说的在中国被扣的美国人和在美国被扣的中国人的问题是不难解决的。这次会谈也没有具体谈到个人，而是提出原则性的意见。6月15日，第三次会谈举行，中方建议双方可以发表一个联合声明，表明在各自领土的对方公民都应被允许回到自己的祖国。约翰逊说：“联合声明没有必要，而且怀疑联合声明能否达成协

① Telegram from the Secretary of State to the United States Delegation at the Geneva Conference, FRUS, 1952–1954, Volume XIV, China and Japan, p. 443.

议。”[①] 但是经过这次会谈，美方也认识到：“估计今后几个月内，共产党非常有可能会将一批在监犯驱逐出境，他们还答应在监犯可以和家属通信，对‘表现好的’可以减刑。我们也希望告诉共产党人，经初步审定，我们将对 10 至 15 名中国人发放离境许可。”[②]

6 月 17 日，美国国务卿杜勒斯给日内瓦美国代表团电报，就国务院了解的情况向他们通报，说：“国务卿已经口头和书面请求司法部长逐步向那些想回大陆的中国学生发放离境许可，国防部的意见是他们离开美国不能违背美国的安全利益，司法部长口头同意。根据非正式的审查，国防部迄今只发现一个人不能离境，那就是钱学森（FYI 唯一的制导导弹专家，加州理工学院，是你们 453 号表上的第一名）。”[③]

第二节　艾森豪威尔总统亲自过问：“这不应该成为障碍”

日内瓦会议后，在美中国留学生分别于 1954 年 8 月、9 月在美国的东、西两岸给艾森豪威尔写了内容基本一致的信件[④]，说：“我们都是一些背井离乡的中国学生，到美国多年，远离妻儿，远离父母，想回国不能，不仅不能以爱心报答父母的深爱，而且令父母忧愁、失

① Telegram from the Under Secretary of State (Smith) to Department of State, FRUS, 1952–1954, Volume X ⅳ , China and Japan, p. 468.

② Telegram from the Under Secretary of State (Smith) to Department of State, FRUS, 1952–1954, Volume X ⅳ , China and Japan, p. 471.

③ Telegram from the Secretary of State to the United States Delegation at the Geneva Conference, FRUS, 1952–1954, Volume X ⅳ , China and Japan, p. 475.

④ 全国政协暨北京、上海、天津、福建政协文史资料委员会编：《建国初期留学生归国纪事》，中国文史出版社 1999 年版，第 479—483 页。

望和十分痛苦。美国扣留我们背离了美国的人道精神，我们所学知识是公开的，不影响美国的安全。”最后呼吁美国总统撤销禁令。他们不仅将信邮寄给总统，而且邮寄给美国的各大报社。留学生的信不仅给总统以压力，而更为重要的则是将美国扣留中国留学生的事情公开化。

一石激起千层浪，这封信还引来无数的同情者和社会人士的声援，他们就美国的政策质问政府，增加了美国国内力量对政府的压力。在艾森豪威尔举行的一次记者招待会上，一名《纽约时报》的记者在会上提问：“总统先生，有 26 名在美的中国学生说给您写了一封信，请您放他们回家去。他们说他们知道有数以千计的中国学生现在正被禁止回国。尽管我们从报上看到已经要有 15 人被释放了。您如果不能告诉我们这件事的具体情况，能不能告诉我们有关这一问题的政策？”面对记者的提问，艾森豪威尔支支吾吾地说：“嗯……我不太清楚这个事情的前因后果，也不清楚解决到什么程度了。这一恼人的问题，我们曾长期思考过。”①

美国一位名人的遗孀内奥米·本森给国务院的领导写了一封很有意思的信，说：“我看到了中国学生们写的一封信，说他们被美国政府禁止回国。你们各位是了解情况的，请代我向总统先生致意。”最后说：“我们相信这些来到美国的学生们只是学生和朋友，没有理由认为他们不能仍以朋友的身份回去，这并不冒风险。让慈悲的善性不被官僚主义所玷污吧。”②

那些被俘美国人的家人、朋友得知他们的亲人在中国被困，纷

---

① 全国政协暨北京、上海、天津、福建政协文史资料委员会编：《建国初期留学生归国纪事》，中国文史出版社 1999 年版，第 61 页。

② 全国政协暨北京、上海、天津、福建政协文史资料委员会编：《建国初期留学生归国纪事》，中国文史出版社 1999 年版，第 62 页。

纷向国务院施加压力，宗教界、报界和国会的压力也纷至沓来，要求国务院争取解救被扣在中国的美国人。他们认为，这些在押人员的命运受到了美国政府僵硬的对华政策的影响，他们将成为这种政策的牺牲品。早在 1954 年 5 月，就有一些人士认识到这个问题，如美国远东事务助理国务卿德鲁姆赖特在给副国务卿墨菲的备忘录中认为："美国扣留中国人造成了我们要求中国释放美国人这一交涉中严重的困难。"①

1955 年 3 月 3 日，美国国务院副国务卿赫伯特·克拉克·胡佛（Herbert Clark Hoover）就美国扣留一些掌握技术能力的留学生与滞留在中国的美国人写了一份备忘录给艾森豪威尔总统。备忘录说，由于滞留在中国的美国空军飞行员仍然被困，那些留在美国的技术人员的滞留问题需要重新审查，国务院将研究这个问题并提出建议。1955 年 4 月 1 日，国务卿杜勒斯就滞留在美国的中国学生写了一份备忘录给艾森豪威尔总统。备忘录主要涉及那些滞留在美国的有技术培训经历的中国学生。备忘录指出，在目前规则下，移民归化局禁止中国学生离美不利于释放那些滞留在中国的美国人。备忘录还指出，释放学生可以使美国更加有效地在联合国和其他地方抗击中国共产党。因此，国务院已通知司法部移民归化局不反对被发现有资格离美的任何中国学生离开美国。文件最后说，对于那些希望回到中国大陆的受过技术训练的学生，他们的回国问题仍然按照 1952 年移民法第 215（a）款的规则执行，如果有的话，也只有很少数可能被禁止离美。②4 月 4 日，艾森豪威尔总统审阅了这份文件。

在那些具有技术人员的回国问题还没有最终确定的情况下，1955

① Memorandum by the Deputy Assistant Secretary of State for Far Eastern Affairs (Drumright) to the Deputy of Under Secretary of State (Murghy), p. 417.

② Foreign Relation of the United States, 1955–1957, Volume II, p. 443.

年6月10日，国务卿杜勒斯与艾森豪威尔总统举行会谈，就战俘、平民回国等问题进行磋商。国务卿把9日梅金森交来的一份备忘录向总统作了汇报。备忘录简要梳理了梅农在伦敦向麦克米伦提出的建议。备忘录指出，梅农认为，双方都希望利用会谈解决问题，中国接受以消除台湾地区的紧张局势作为会谈的主题。梅农建议，通过美国和中国外交代表在伦敦、新德里和莫斯科的接触开启谈判，双方采取必要的措施消减紧张局势。例如，美国可以明确表示，所有愿意回国的学生都可以回国，另外中方允许被滞留美国空军飞行员的亲属访问中国等。杜勒斯说："针对那十一名空军飞行员的遣返，我们应该采取强硬的立场，不允许将这个问题与平民回国搅和在一起。"总统回答说："我确信我们不能采取这样一个硬性的立场。"杜勒斯说："对遣返中国平民我们没有协定。但对遣返我们的战俘，我们已经形成了一致意见。"艾森豪威尔总统说："如果中国来的时候可以暗示让他们明白，那些在美国的中国人可以回家。"杜勒斯说："那可以通过暗示让中国人知道在中国的美国平民可以回家。"艾森豪威尔总统说："我认为，我们应该让所有的中国人都回去。"杜勒斯说："有两个人，国防部所指出的两个人，其中一个就是钱学森，另一个是从事奈克火箭研究的王大卫①，国防部对他们持怀疑的态度，因为他们都了解非常多的涉密信息。"总统回答说："这不应该成为障碍。"他还说："他们所掌握的信息现在已不是我们所想象的那样有价值了。"② 在后来一份美国国家航空和太空管理局介绍喷气推进实验室的报告中对钱学森五年监禁生活评价说："其目的是使他（指钱学森——著者）所掌握的技

① 王大卫：航空喷气工程公司的研究工程师，在1943年底到1953年初拥有美国涉密安全许可证。1953年初涉密安全许可证被吊销。在此期间，他密切接触了固体燃料火箭项目的设计、发展以及试验的细节，熟悉奈克、小斗牛士导弹、麻雀等项目的部分内容。1953年后，在航空喷气工程公司从事非涉密性质的工作。

② Foreign Relation of the United States, 1955–1957, Volume II, pp. 588–589.

术知识逐步变得过时。”①

在钱学森的去留问题上，美国国防部的意见至关重要。国防部一直以钱学森掌握机密资料对美国的安全非常重要为由而拒绝放他回去。6月11日，美国国务卿杜勒斯给国防部副部长安德森（Anderson）一个电话，杜勒斯把昨天同总统会见就中国留学生回国的意见向安德森作了简要的介绍。杜勒斯说，总统比较坚定，坚持让所有中国人都回去。安德森说，鉴于总统的意见，考虑到当前的情况，国防部会给总统写一份备忘录。杜勒斯还鼓励说，如果必要的话，国防部就这个问题同总统讨论一下，以便在备忘录到达之前，把事情弄清楚。②

当天，美国国防部就滞留钱学森以及最终决定放回钱学森的经过给艾森豪威尔写了一份书面报告。报告称："自从第二次世界大战以来，有五千多名中国学生来美国学习，其中有110名学生可能掌握了不利于美国安全的信息。在这110名学生中，除两名同学外已全部释放。现把这两名同学的信息提交如下：钱学森，空气动力学的著名权威，喷气推进专家。他目前担任加州理工学院喷气推进戈达德教授。在1951年他从事机密研究的许可证被吊销前，他在喷气推进实验室从事高级机密的国防项目。”报告还指出："现在看来，他那个时候掌握的涉密信息可能被最新研究所超越，并且这些信息在苏联阵营看来也可能成为基本常识。”③

---

① Franklin 0’Donnel, JPL101, p.12. http://wenku.baidu.com/link?url=JrFGoZRWGre2593o5WotaWevB41O8Lgen4MnKt2OMa061L_hEe_IXU-gIz-tLTLcVi_wahKZ4wymdvflepuh53tfKJdhfLcYzZs0MN43K8W.

② Eisenhower Library, Dulles Papers, General Telephone Conversations.

③ 另外一个人信息与本文没有直接关系，内容略。资料来源：Memorandum, 11 June, 1955, Chinese Alien Detained in the U.S. for Security Reasons, reproduced from the holdings of the Dwight D. Eisenhower President Library.

6月13日，古德帕斯特同艾森豪威尔总统商谈了这个问题，总统表示同意国防部释放他们的决定。① 这样，关于钱学森回国，在当时美国总统艾森豪威尔亲自过问下最终有了初步意见。也就是说在中美大使级会谈前，面临美国国内要求争取滞留在中国的美国人回国的情况，在美国国务院、司法部、国防部等部门的协调下，经过艾森豪威尔总统的亲自过问，不得不作出释放钱学森回国的原则意见，试图扫清大使级会谈的障碍。但正式释放钱学森则要等到一个合适的机会，那就是中美大使级会谈。

第三节 共识中的错位：重新解读钱学森回国与大使级会谈的关系

1955年7月25日，中美双方在沟通一致的情况下同意在日内瓦举行大使级会谈，并发表新闻通告，宣称："中华人民共和国和美利坚合众国通过联合王国的外交途径通信的结果，同意过去一年双方在日内瓦的领事级代表们的会谈应该在大使一级进行，以便有助于愿意回到他们各自国家去的平民的遣返问题的解决，并有利于进一步讨论和解决双方之间目前有所争执的某些其他的实际问题。双方大使级代表的第一次会晤将于1955年8月1日在日内瓦举行。" ②

7月29日，美国方面为了准备在日内瓦举行的大使级会谈，美国国务卿杜勒斯致函谈判大使约翰逊，提出了谈判所要遵循的十八条

① Foreign Relation of the United States, 1955–1957, Volume II, p. 588.

②《中华人民共和国对外关系文件集》第3集（1954—1955），世界知识出版社1958年版，第334—335页。

原则[①]，并说在此意见指导下同中方代表进行会谈。中国政府为了掌握谈判的主动权，也于会谈的前一天又释放了 11 名美国空军飞行员。

1955 年 8 月 1 日，下午 4 时许，中美大使级会谈第一次会议在日内瓦国家会议厅总统办公室举行。由于是秘密会议，房间里没有速

① （1）这次会谈是去年双方代表在日内瓦举行的会谈的继续；（2）通过你和中方代表将会谈恢复到大使级层面进行。（3）会谈商定的目的是帮助解决那些希望回到他们各自国家的平民遣返问题，还包括进一步讨论和解决双方其他实际问题。（4）你应该寻求共识：会谈秘密进行。除双方同意或者事先通知对方并经对方同意而外，不得对会议有任何声明。我方同意或者通知对方必须经国务院同意。（5）你应该根据外交礼仪，礼节性地同中方代表会面。（6）当然应该理解，将要进行的会谈并不涉及外交上的承认。（7）由于会谈的范围是美国和中华人民共和国之间的一些实际问题，你不要讨论涉及中华民国权利的问题。如果你对这条指示意见的应用有什么疑问，请向国务院寻求指导。（8）美国希望讨论除遣返平民之外的其他实际问题，因为我们不希望同任何人有任何没有必要的分歧，如果这些分歧能够可以解决的话。（9）我们欢迎直接对话，而不再通过第三者谈判。原因在于通过第三者容易引起误会。（10）会议首先要达到的目标，也是双方谈判的话题，那就是解决那些愿意回各自国家的平民的遣返问题。你可以指出，如果美国平民仍然滞留在中国大陆，美国对此很是生气。但是我们不会通过政治退却来换回他们的释放。由于中国对美国公民的“虐待”，只有通过中国的自觉行动才能真正消除美国社会中出现的普遍反感情绪。（11）正式授权你向中国保证，美国不会对那些希望回中国大陆的中国平民采取限制。美国准备授权有关政府通过他们驻美国的使馆帮助中国学生回到中国大陆。（12）双方商谈的实际问题之一就是在朝鲜战争中的战俘问题以及联合国采取的行动。美国希望加强那个行动，你应该在提出美国平民问题的同时提出这个问题。针对美国平民问题的考虑同样适用于美国的军事人员。（13）在合适机会，你可以提出来，如果那些滞留在中国的美国公民（包括战俘）被释放，则有利于美国对那些愿意回中国大陆而滞留在美国的中国公民采取一项稍微缓和的政策。（14）你应该在会谈的最后阶段，提出另一个现实的问题，就是确保避免击落国泰航空公司事件的再次发生，造成美国人员的伤亡。（15）在你认为合适时机，你应该强调美国关注的问题就是确保中国准备放弃武力实现自己的野心。（16）如果中国怀疑美国及其同盟国接受放弃原则，作为回应，你可以指出我们与中华民国的安排只是保卫的性质，特别举出《1954 年中美共同防御条约》。（17）如果中国提出其他实际问题，授权你把他们说的记下来，然后报告给我，等待进一步指示。（18）安排你与中国代表的会谈，使你不定期回到布拉格。我认为这是很重要的，使捷克斯洛伐克的人民不要认为美国对他们的命运不感兴趣。但是事实恰恰相反，正如总统在以前给你个人表达的那样。假如你不能完全履行作为捷克斯洛伐克大使的责任，同时不能履行你目前的特别使命，请及时通知我。（Foreign Relation of the United States,1955-1957, Volume Ⅱ, p.685.）

记员，也没有任何录音设备，记者也不能入内采访。美国代表是美国驻捷克斯洛伐克大使尤·亚力克西斯·约翰逊、美国外交部中文官员拉尔夫·克劳夫（Ralph Clough）和爱德文·马丁（Edwin Martin）、美方中文翻译罗伯特·艾克佛（Robert Ekvall）。中方代表是王炳南大使及其助理。会议首先进行了五分钟的会面交流，随后约翰逊问王炳南是否希望第一位发言，王炳南接受了邀请。王炳南开始宣读事先准备好的文件，指出，7 月 31 日，中华人民共和国中央政府宣布，根据中国法律程序，释放 11 名美国空军飞行员，同一天可以离开中国，拟于 4 日到达香港。中国政府希望这一行动对目前的谈判有积极的影响。王炳南还说，如果双方都采取缓和的态度，解决两国平民回国的问题不会有什么困难。王炳南还说，由于双方存在的问题还有很多，讨论的问题不应该只限于以上问题。随后，王炳南建议了如下议程：1. 将双方的平民遣返到他们各自的国家。2. 双方讨论其他实际的问题。关于第二项，王炳南建议每一方都可以提出各自希望讨论的问题，就此进行自由交流。

约翰逊对中方释放空军人员表示感谢，并说这将有利于中美双方的会谈。约翰逊还说：“你建议的议程符合双方政府达成的一致意见，对此没有什么反对意见。”双方还就对外宣传进行了磋商，并商定 8 月 2 日举行第二次会谈。①

在 8 月 2 日的会谈中，双方代表都表示了对滞留在对方人员的关切，美方说还有 36 人仍然被关押在监狱中。王炳南则希望美方提供在 4 月 8 日所宣布的释放 76 个中国人的名单，但王炳南大使没有提及具体个人。而约翰逊则说：“没有中国学生被禁止离开美国。”还说：“如果知道请通知我，我会立即调查。”这时，王炳南没有立即提

① Foreign Relation of the United States, 1955–1957, Volume Ⅲ, pp.1–2.

及钱学森事例，而是说："我会好好研究你说的，在以后的会议中答复。"有趣的是，他们还就开会所使用的会议室费用分摊进行了磋商，约翰逊希望中方和美方一起平摊费用，王炳南说："相对于会谈可能达成的成果，费用是不重要的。"①

8月3日，中美大使级第三次会谈举行，约翰逊首先就王炳南在上次会谈中所提及的问题进行了答复，王炳南仍然没有谈及钱学森回国的事例。而钱学森回国的事例则在8月8日的第四次会谈中被提及。为了准备这次会谈，8月7日晚，中国外交部给王炳南大使发了一份电报，并附上两份材料，说："如果对方提出临时互相派人视察，我们可以指出照前电所说侨民回国是一件经常性的事，派人视察根本不能解决这个问题。至于双方发表一项共同声明，那是需要的，但不能代替第三国代管的实际措施。兹发上对美方在第三次会议中发言的评论稿，可争取在第四次会上先用此稿，然后看对方说什么，根据反驳方的论点，相机予以反驳。另发上'关于钱学森的例子'材料一份，作为附件供你们在会上运用。"②

8月8日，中美大使级第四次会谈举行。会议一开始，王炳南就学生回国发表了一份长长的声明，表示到目前为止，还有很多学生被禁止回国，并特别提到钱学森事例。钱学森博士是1934年从中国到美国去留学的。他在美国，先后在麻省理工学院和加州理工学院求学，后来先后在这两个学院教书。早在1950年春他和他的家属就决定返回他们的祖国。当时美国移民局和联邦调查局曾经好几次警告他们，不许他们返回中国，并且派人监视他们的行动。但是，美国政府的这些干涉并不能阻止钱学森一家返回祖国的决心。1950年8月23

① Foreign Relation of the United States, 1955–1957, Volume Ⅲ, p. 9.
②《外交部发往日内瓦的电报：互相派人视察问题及两发言稿》，中国外交部档案馆馆藏档案，档案号：111-00015-07。

日，当钱学森一家已经办好行李托运、订好飞机票即将启程回国时，美国当局突然通知他不得离开美国，理由是他的行李里有与美国国防有关的“绝密”文件。可是，同年8月25日美联社报道，加省（州）理工学院院长米利肯[①]说，钱（学森）在该院的工作是纯理论性的，与秘密研究无关。后来《纽约时报》洛杉矶电（1953年3月5日）说，这些行李里面的印刷品，经联邦人员检查后，并无列入秘密的文件。到1950年9月7日，美国当局就以另外一个理由，说钱（学森）是共产党员，将他逮捕，囚禁在圣佩德罗移民站里，这样他又不能返回祖国。9月22日，美国当局命令钱学森交出了1.5万美元的保释金才将钱（学森）放出移民站，保释之后，据合众社报道，联邦当局在9月23日表示他们没有发现什么钱（学森）同共产主义有关的证据。可是他仍旧不能回国，经常要听候传讯。这样就在两年半之后，1953年3月6日，《纽约时报》登载了下面的3月5日洛杉矶特电：“钱学森博士正在受到驱逐出境的命令，离开美国到中国；但他同时也接到不许离开美国的命令。”被驱逐出境又不准离境的钱学森的行动被限制在一个县的范围之内，一步也不许出洛杉矶的县界。美国政府就是这样，从1950年起，以各种借口和种种手段将钱学森博士扣留到现在，已经五年之久。今年6月15日，钱学森写信给中华人民共和国全国人民代表大会常务委员会副委员长陈叔通，说：“被美政府扣留，今已五年。无一日、一时、一刻不思归国参加伟大的建设高潮。”他还说：“除去学森外，尚有多少同胞，欲归不得者。”钱学森博士的情况生动地说明了在美国的许许多多中国侨民欲归不得的处境。[②]

坐在谈判桌前，约翰逊是知道钱学森已被允许离境了。他说，

---

① 著者注：称谓不是很准确，米利肯实为加州理工学院古根海姆航空实验室主任。
② 中国外交部档案馆馆藏档案，档案号：111-00015-07。

美国司法部已经同意钱学森回国，除特殊情况外，所有人员都可以自由离开。①

钱学森的事例正式被提出来是在 8 月 8 日举行的中美大使级第四次会谈中。这不仅与中国外交部于 8 月 7 日给王炳南的指示相吻合，而且与第四次会谈当天约翰逊发给美国国务院的电报相一致。从中美解密的历史档案看，中方代表利用钱学森事例向美方交涉是中美大使级第四次会谈的事情。但是美方签署同意钱学森离境的通知是 8 月 4 日正式签署的，也就是说在第四次大使级会谈中，中方不知道美方已作出释放钱学森的决定。

关于美国释放钱学森回国，根据目前著者所掌握的档案显示，当中美双方政治谈判进入实质阶段时，美国国防部于 1955 年 8 月 3 日，由国防部部长助理威廉 · W. 戈德尔（William W. Godel）给美国国务院写了一份备忘录。备忘录指出："确认国务卿、副国务卿、国防部副部长、参谋长联席会主席和古德温帕斯特就这个问题所进行的讨论，到 1955 年 6 月 11 日达到了白热化。国防部撤回了反对意见，如果钱学森要求出境签证，同意释放他。我们理解，美国国务院正在和社会主义中国进行政治谈判，在合适时候可以作出释放的决定。"文件还说："这个事情早已告诉艾森豪威尔总统，并且他已同意释放他们。"②

8 月 3 日，美国国防部将这份发给国务院的电报抄送给司法部移民归化局局长。经过美国国务院以及司法部的最终确认，8 月 4 日，美国移民归化局洛杉矶分局局长艾伯特 · 德尔 · 古尔丘签署了同意钱学森归国的正式通知。

---

① Foreign Relation of the United States, 1955–1957, Volume Ⅲ, pp.19–20.

② Memorandum for the Secretary of States, copied from Eisenhower Presidential Library.

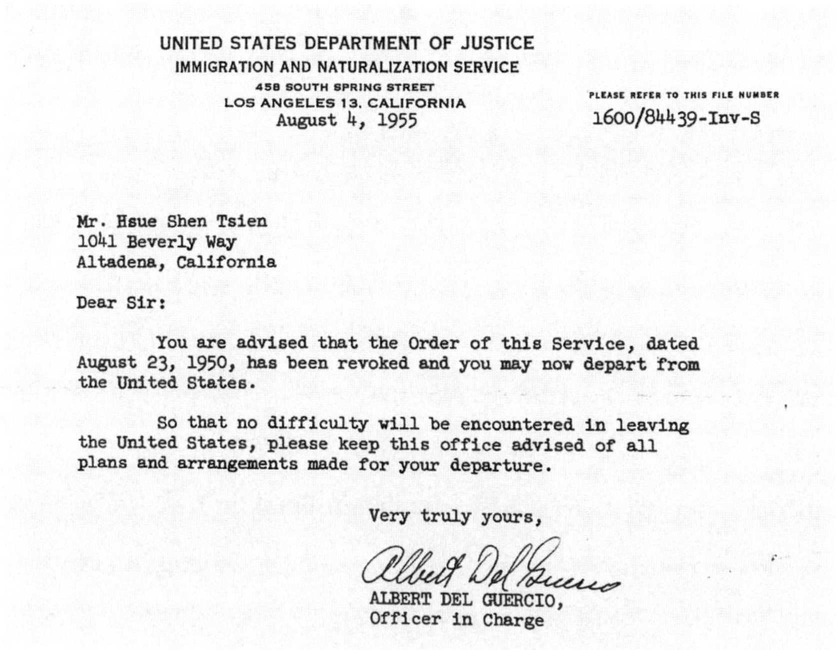
UNITED STATES DEPARTMENT OF JUSTICE
IMMIGRATION AND NATURALIZATION SERVICE
458 SOUTH SPRING STREET
LOS ANGELES 13, CALIFORNIA
August 4, 1955

PLEASE REFER TO THIS FILE NUMBER
1600/84439-Inv-S

Mr. Hsue Shen Tsien
1041 Beverly Way
Altadena, California

Dear Sir:

You are advised that the Order of this Service, dated August 23, 1950, has been revoked and you may now depart from the United States.

So that no difficulty will be encountered in leaving the United States, please keep this office advised of all plans and arrangements made for your departure.

Very truly yours,

Albert Del Guercio

ALBERT DEL GUERCIO,
Officer in Charge

美国司法部移民局局长签署的同意钱学森回国通知

通过以上过程的分析，我们更加看清中美大使级会谈与钱学森回国之间的关系，这种关系有其历史的渊源，但是又不能说钱学森回国是中美大使级会谈的结果，应该说是与当时的时代背景分不开的。朝鲜战争后，中美双方都有改善中美关系的愿望，特别是双方境内都滞留了一批对方的公民，滞留在中国的除中国扣留的军事人员外，也有一些其他美国公民。这些公民滞留在中国，美国政府在美国国内也面临着很大的政治压力。而中方最希望得到的是那些滞留在美国的留美学生。这种双方的主观需求就为中美大使级会谈以及美国国务院签署同意钱学森回国提供了可能和有利的背景。更准确地讲，著者认为，钱学森回国是中美双方从1954年日内瓦会谈以来长期谈判的结果，是艾森豪威尔总统亲自过问的结果，也是美国对形势判断的结果。在美国政府看来，钱学森掌握的机密资料，经过五年的时间，已不再像人们所设想的那样重要。彼时美国面临国内各种压力，想极力赎回在华滞留人员，释放钱学森回国，是其试图掌握谈判主动权的举措。

关于钱学森回国与中美大使级会谈之间的关系，著者认为，美国作出同意钱学森回国的决定，是在中美大使级会谈进入到关键时期作出的重要措施。在谈判中，中美双方都表现出了特别的耐心，同时也进行了惊心动魄的唇枪舌剑。约翰逊在其回忆录中这样说："我们搞不清楚北京究竟打算怎样解决俘虏问题……"一位《纽约时报》的记者评论道："光是就耐心这点来看，在美国外交史上，除了在美国独立建国时，本杰明·富兰克林（Benjamin Franklin）致力于向法国寻求经济援助的那次交涉外，没有任何人比得上约翰逊这次的表现。"[①]

长期以来，"书信赎回"这种观点看上去很"合理"，因为钱学森写来的那封信的确存在，中方要求用那封信同美方交涉也确有此事。其逻辑关系也看似合理，更重要的则是有关这方面的档案资料尚未公布，所以这种观点一直没有人怀疑过。

而实际上，不得不释放钱学森回国，大使级会议筹划之时，已经决定了。

① Johnson U. Alexis, *The Right Hand of Power*, Prentice-Hall, 1984, p. 261.

第七章

正式回国前的准备

在美国司法部移民归化局洛杉矶分局正式签署同意钱学森回国的决定当天，移民归化局官员电话通知了钱学森可以离境的消息。1955 年 8 月 5 日，钱学森和往常一样前往洛杉矶移民归化局威利斯・F. 克尔的办公室报告行踪，履行义务。这一次不同的是，他领取了一份离境许可通知。美国司法部移民归化局官员克尔在其办公室还将通知意见向钱学森作了口头说明，说："司法部 1950 年 8 月 23 日的命令[①]已经撤销，你可以离开美国。"还说："你离开美国将不会再遇到任何困难，请将关于你离开的所有计划和安排通知我部。"回来后，钱学森向加州理工学院官方口头辞去了他在学校的一切职务，辞呈也获得了校方的同意和认可，钱学森开始着手回国前的各种准备。

① 指钱学森于 1950 年 8 月 23 日在洛杉矶国际机场收到的禁止离美命令。

第一节 联络行李接收及转运事宜

就在钱学森得知自己被允许离开美国的当天，也就是1955年8月4日，钱学森致函香港中国旅行社有限公司，希望将行李委托该公司负责装船并协助运抵天津。8月11日，香港中国旅行社有限公司复函说：

一、本月四日的来信收到了，藉悉你将于下月回国，我们都怀着欣慰和热望的心情祝你一路平安。虽然你抵港时，我们不能到码头上来迎接，但一定派人至九龙车站候驾，可能时当陪送你至罗湖边境。你到达深圳后，一切照料事宜都非常方便，我们当通知深圳中国旅行社向有关方面取得联系。

二、关于你的行李拟委托我社装船运天津一节，我社可以代办。但如果你经港时，当局不让外人会见者，则我社人员无法与你接洽，虽不一定如此，但应估计在内。因此，我社建议你将笨重行李、家具、书籍等物，在离美之前先交运输公司（如American Express等）作为货物寄港，提单收件人请写：Mr. Fong Yuen Mow, 6 Queen’s Road Central 1st Floor, Hongkong。按：方远谋君系我社经理，因为我社目前与各美国轮船公司尚未建立业务关系，故请勿写上中国旅行社字样，以利提运，该行李等请缮制装箱清单一式两份，一并寄交我社备用。你经过深圳时，请向我国海关声明，尚有行李若干件委托我社装船运至天津进口，以资存案。

三、如果你行李中有精密仪器者，则将来在港转运时，可能受到限制，最好尽量由你随身携带，过境时不会有麻烦。如果你那方面携带出口有麻烦，那就只好连同其他行李寄来香港。

四、行李在天津进口无甚不便，我社会代为安排，俟你到达国内时或稍后再行启运，只要你能向天津海关出示你的身份证明，即可获准进口。

五、由香港装船运往天津费用，水脚系按尺码吨计算，每四十立方英尺港币120元，连同其他驳运等什费，共约港币150元左右。你的行李体积大小，可依此标准计算，将运费设法汇来或开支票（请用 Mr. Fong Yuen Mow 抬头），用挂号寄来，一旦运妥后再行结算，多退少补。

六、特函奉复，统请台洽，为荷。①

这样，钱学森行李抵港接收及转运问题就由香港中国旅行社代为办理。行李接收及转运事宜安排妥当后，钱学森就着手订票回国。

第二节　购三等船票，取票时被FBI胁迫当间谍

钱学森得到可以回国的通知后，就全力进行回国准备。1955年8月16日，钱学森前往位于加利福尼亚州洛杉矶西六街514号美国总统号轮船公司，预订了拟于9月17日前往香港的“克利夫兰总统号”船票。据蒋英介绍说：“美国还耍了一个小动作，说一等舱没有票了，要坐就坐三等舱，他们认为我们不会坐三等舱，能拖就拖，坐后面的船。我们说，我们就坐三等舱，然后买了三等舱的票。”② 当天，总统号轮船公司工作人员菲利普·G. 常（Philip G. Chang）还将钱学森购

① 钱学森图书馆馆藏档案，总登记号：000702。
② 2010年5月25日，著者采访蒋英访谈录。采访地点：受访人家中。

票的消息通知了美国联邦调查局人员罗杰·S. C. 沃尔科特。

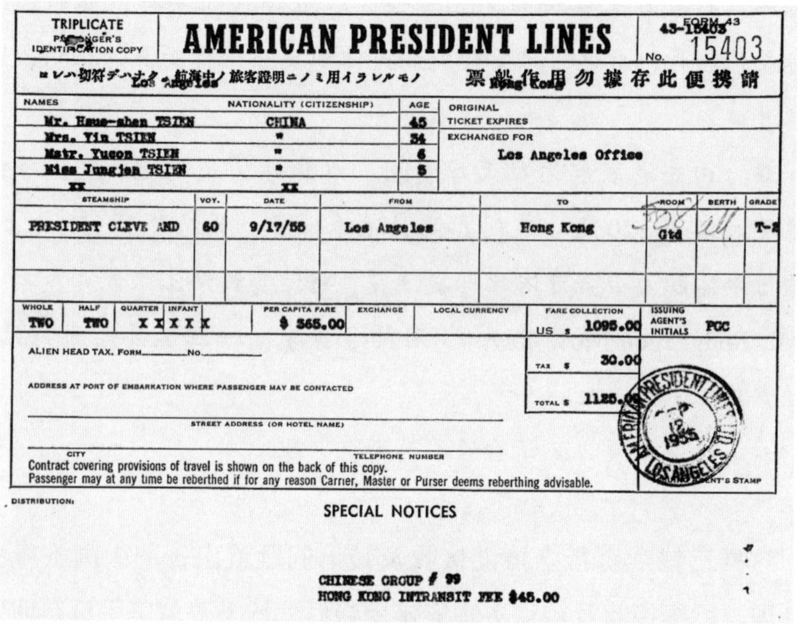

TRIPLICATE
PASSENGER'S
IDENTIFICATION COPY

AMERICAN PRESIDENT LINES

FORM 43
43-15403
No. 15403

コレハ切符デハナク、航海中ノ旅客證明ニノミ用イラレルモノ Los Angeles
請携便此存據勿用作船票 Hong Kong

NAMES	NATIONALITY (CITIZENSHIP)	AGE
Mr. Hsue-shen TSIEN	CHINA	45
Mrs. Yin TSIEN	"	34
Mstr. Yucon TSIEN	"	6
Miss Jungjen TSIEN	"	5
XX	XX	

ORIGINAL
TICKET EXPIRES
EXCHANGED FOR
Los Angeles Office

STEAMSHIP	VOY.	DATE	FROM	TO	ROOM	BERTH	GRADE
PRESIDENT CLEVE AND	60	9/17/55	Los Angeles	Hong Kong	508 Gtd	ill	T-2

WHOLE	HALF	QUARTER	INFANT	PER CAPITA FARE	EXCHANGE	LOCAL CURRENCY	FARE COLLECTION	ISSUING AGENT'S INITIALS
TWO	TWO	X X	X X X	$ 565.00			US $ 1095.00	PGC

ALIEN HEAD TAX. FORM______NO.______

TAX $ 30.00

ADDRESS AT PORT OF EMBARKATION WHERE PASSENGER MAY BE CONTACTED

TOTAL $ 1125.00

STREET ADDRESS (OR HOTEL NAME)

CITY TELEPHONE NUMBER

Contract covering provisions of travel is shown on the back of this copy.
Passenger may at any time be rerberthed if for any reason Carrier, Master or Purser deems reberthing advisable.

AMERICAN PRESIDENT LINES LTD
12
1955
LOS ANGELES

AGENT'S STAMP

DISTRIBUTION:

SPECIAL NOTICES

CHINESE GROUP # 99
HONG KONG INTRANSIT FEE $45.00

钱学森回国的船票

在取票的过程中还发生了这样一件事，FBI 要钱学森作他们的间谍。钱学森是被政府遣送回国的，因此一家人的船票应由美国政府出。但钱学森却坚持要自己出，不要美国政府的船票款。即将离美，钱学森将他的雪佛兰处理掉了，钱学森乘坐马勃的车子到洛杉矶城中取票。从售票处到停车场的路上，钱学森和马勃被两名联邦调查局的探员叫住。据马勃回忆，当时的探员把钱学森叫到一旁，要钱学森回中国后做联邦调查局的特务，并说随时会与钱学森联系。钱学森毫不客气地说，你们可以随时联系，但要自冒风险。[①] 无独有偶，在留学生回国前夕，有几位都遇有类似的事件。美国虽然放走了这些学生，但是美国中央情报局、联邦调查局以及国防部仍然希望这些回国留学

① 马勃:《钱学森在美国的最后日子，临走被 FBI 探员盯上》，原载美国《侨报》http://gb.cri.cn/27824/2009/11/07/110s2670656.htm.

生能在未来的时间为美国“服务”“效力”，向美国提供情报和很有价值的资料。和钱学森同船归国并被钱学森称为“小弟”的张士铎在接受著者专访中也说：“回国前夕，美国国防部让我回国后给他们送去桥梁资料，并保证随时可以接我到美国。”[①]

钱学森已经订好了回国的船票，按照事先约定，8 月 17 日，钱学森将自己归国行程以信函的形式通知司法部移民归化局洛杉矶分局的克尔，信中说：“这封信是为了核实我们 1955 年 8 月 5 日在你办公室的谈话。我将自己作出离开美国的安排：我已经订下了美国总统航运公司‘克利夫兰总统号’船票，计划 1955 年 9 月 17 日从洛杉矶启航。如果没有什么意料之外的事情发生，那天我将按时离开。”

钱学森订好船票后，就开始联络回国行李打包及托运事宜。这一次，钱学森仍然委托白金斯公司协助其打包。8 月 23 日，钱学森致函白金斯公司总经理塞克史密斯，授权其公司负责回国携带物品的打包、装箱和搬运工作，并告知将行李运抵至香港皇后道中六号一楼，方远谋先生（Mr. Fong Yuen Mow，6 Queen’s Road Central 1st Floor Hong Kong）。信最后说，所有物品保价金额为 5000 美元。8 月 24 日，公司派员工前往钱学森家中进行打包，由于有些物品还没有拆包，这次打包较为顺利。随后几天，双方对托运行李进行了确认和签字。这次共托运 42 件行李，其中 19 件是书籍，包装、存储、托运、保金等费用合计 1586.95 美元。9 月 14 日，钱学森的行李被运至洛杉矶码头，美国海关还检查了钱学森携带回国的行李。出发前一天，即 9 月 16 日，轮船公司对这些行李进行了登记，总运费为 869.13 美元。

① 2014 年 10 月 18 日，著者采访钱学森同船归国人员张士铎。采访地点：上海市第一人民医院。

第三节　司法部正式发布公报，否认被赎人员“交换说”

虽然美国司法部在8月4日就签署了正式通知，但没有正式发布通报。9月12日，美国司法部移民归化局正式就驱逐钱学森发表声明。声明说，现年46岁的钱学森博士，加州理工学院喷气推进专家将于周五被驱逐出境，返回共产主义中国。移民归化局办公室执行主任罗伯特·罗宾森说，驱逐令指出，出生在中国的钱学森在进入美国前就是共产党员。钱学森博士对指控他为共产党员予以否认。他于1936年在帕萨迪纳进入加州理工学院学习，并在那里担任非军事机构古根海姆喷气推进中心主任。罗宾森还说，钱学森自愿被驱逐出境。但是美国政府禁止他离开美国，直到今年8月4日禁止离境令被撤回。罗宾森说，撤销禁止钱学森离境的决定是华盛顿作出的。随后，钱学森博士就向加州理工学院辞职。1950年，钱学森寻求返回中国，他说，他是看望年迈的父亲，联邦调查局扣押了钱学森托运到上海的八个箱子。二战时，钱学森博士曾是阿诺德将军领导的科学顾问委员会的成员。钱学森博士将乘坐前往香港的“克利夫兰总统号”轮船离开美国，同样在国内有亲戚的妻子以及两个孩子将同船归国。①

1955年9月，中国又释放了几位美国的空军飞行员，而美国已经同意钱学森回国。美国的很多报纸媒体都把两者联系起来考虑，说这两者之间其实是一种交换。9月13日，美国国会针对钱学森用11名空军飞行员来交换的传闻发表声明，否认任何“交换”说法。美国国务院新闻发言人亨利·苏达姆（Henry Suydam）说：“我注意到洛杉矶报纸的评论，说‘钱学森博士获准回国是释放11名美国空军飞

① New York Times, September 13, 1955.

行员交换的结果'。"他还说:"不管交换个人还是一组人,都与我们的原则完全相反。美国过去不曾、现在也不会以人来当作交换条件。"还有一些记者进一步追问,是不是美国宁可让美国人待在中国监狱里也不会以人作交换条件?这位发言人回答说:"不是,我们不会让美国人待在监狱里,我们会竭尽全力让我们的公民出狱。"①

从双方谈判的目的以及他们采取的行动来看,这的确就是一种交换。美国政府对日内瓦会谈的高度重视以及在中美大使级会谈中展示的积极姿态,正透视了美国努力赎回在中国被关押的美国人的迫切心情。而中国政府也是以释放在美科学家和留学生作为谈判的条件。张纯如在写《中国飞弹之父——钱学森之谜》时,电话采访当时参加中美大使级会谈的美国代表约翰逊。约翰逊在电话中说:"钱学森得以出境,的确是交换得来的。钱学森和其他科学家,对于被俘在中国的美国人而言,的确是主要的交易品。"②1954 年底回国的中国留学生李恒德,在谈到美国否认"交换说"时说:"美国明明是以中国留学生作为交换条件来向中国要求释放他们的在监人员,但是又装模作样地说'我们不是以人质作为交换'、'我们不是交换战俘'。看起来,美国在这件事上诚实不足,虚伪有余了。"③

第四节　与导师辞别:"'你在学术上超过了我'令我激动极了"

数年为师,终生为友。回国前,钱学森偕夫人蒋英以及孩子们

① Los Angeles Times, September 14, 1955.

② 张纯如著,张定绮、许耀云译:《中国飞弹之父——钱学森之谜》,台北天下文化出版股份有限公司 1996 年版,第 316 页。

③ 全国政协暨北京、上海、天津、福建政协文史资料委员会编:《建国初期留学生归国纪事》,中国文史出版社 1999 年版,第 84 页。

去向他的恩师冯·卡门告别。冯·卡门刚从欧洲回来不久。据蒋英老师讲，回国前，钱学森拿着已出版的《工程控制论》和授课用物理力学讲义去见冯·卡门。钱学森说：“我送你两本书，这是我在最困难的时候写的，我要回国了，来向你辞行。”冯·卡门一边看着书一边看着钱学森，有点不高兴的样子，并对钱学森说：“钱（学森），你在学术上已经超过我了。”说完，他拍拍钱学森的肩膀，眼泪就流出来了。卡门还将他的一张照片上用德文署名，送给钱学森，意思是：“希望我们不久再见面！”

冯·卡门送给钱学森的签名照片

钱学森在回忆那次会面时说：“到1955年夏天的时候，我被允许可以回国了，当我同蒋英带着幼儿园年纪的儿子、女儿去向我的老师告别时，手里拿着一本在美国刚出版的我写的《工程控制论》，还有一大本我讲物理力学的讲义。我把这两本东西送到冯·卡门手里，他翻了翻很有感慨地跟我说，‘你现在在学术上已经超过了我’。这个时候他已74岁了。我一听他这句话，激动极了，心想，我20年奋斗的目标，现在终于实现了，我钱学森在学术上超过了这么一位世界闻名的大权威，为中国人争了气，我激动极了。这是我有生以来第一次这么激动。”[①] 蒋英回忆说：“冯·卡门一个人住着一套大房子，没有结婚，很孤独，相依为命的妹妹也早已过世。当我们全家离开时，冯·卡门把我们送到门口，然后站在那里，静静地看着我们的汽车渐渐远去。我们心里也难过极了。”[②]

冯·卡门是世界著名的应用力学大师，世界航天泰斗。1963年，冯·卡门以其对科学、技术和教育事业的卓越贡献荣获美国第一枚“国家科学勋章”，由美国总统肯尼迪亲自为其颁奖。钱学森回到中国后，师徒两人的情谊随着岁月的流逝日渐浓厚。但他们终归没有如愿——“在不久的将来再一次见面”。

风雨阻不断钱学森的报国志，岁月割不断他们浓浓的师生情。1956年5月，在冯·卡门诞辰75周岁之际，钱学森致信祝贺。贺信说：“值此你七十五岁寿辰之际，我要用什么语言向你致敬呢？是说在帕萨迪纳一起愉快工作的日子，还是在你家中度过愉快的时光？不，我觉得都不合适。因为我不只是你的朋友，更重要的我是你的学生。是说一下你对科学和技术作出的伟大贡献还是祝愿你在以后的岁月里作出更大成就？不，那也不过是重复一下世人皆知的事实和内容相同的生日祝辞。我是想说一些更深层次的一些事情，因为你是我尊敬的老师。我原以为，对于一个纯粹的科学家，重要的是为人类作出持久的贡献。在这一点上，冯·卡门先生，你可能没有感到根据对科学技术的贡献所享有的骄傲和自豪，因为你的很多成果被用来制造毁

① 钱学森：《在授奖仪式上的讲话》，《人民日报》1991年10月19日。
② 2010年5月25日，著者采访蒋英教授。采访地点：受访人家中。

灭性武器，几乎没有造福于人类，难道不是吗？但是你真的没有必要这样想。自从我回到我的祖国，感到这里的世界不同于美国，这里生活着九亿人民[①]，超过世界人口的三分之一，科学和技术真正被用来建设幸福生活。在这里，每个人都为实现一个共同的目标努力工作，因为他们知道只有协作才能在最短时间内达到这个目标。你的贡献应该让我们铭记在心，我非常尊敬你。我希望，一个科学家对科学和技术的贡献能够促进人类生活的幸福、安全和美好。这个声明作为我在你七十五岁寿辰的致辞。”[②]

随后不长时间，即10月25日，钱学森又一次致信冯·卡门，信中主要谈及郭永怀回国参加社会主义建设工作的情况，以及希望冯·卡门接受邀请参加在北京召开的纪念富兰克林诞辰250周年活动，重游旧地，到清华大学去看一看。[③]但遗憾的是，由于美国政府敌视中华人民共和国政府，冯·卡门未能成行。1960年，冯·卡门致信钱学森，邀请他参加一个国际会议，但是钱学森得知有中国台湾代表参加，也拒绝参加，他语气坚定地说：“世界上只有一个中国，如果会议邀请台湾代表参加，我决不出席。”[④]

1963年5月6日，冯·卡门在德国埃森逝世。当钱学森得知这一消息时，特致唁电，说：“我深为遗憾地获悉冯·卡门先生去世的消息。但是，我认为他作为一个杰出的科学家，将长久地活在我们心中。我们更加欣慰地看到，他对科学的贡献得到不拘其社会制度的世界各国的承认。”[⑤]

---

① 原文如此。但据《中华人民共和国人口统计资料汇编1949—1985》记载，1956年我国人口实为6.2828亿。

② Letter from H. S. Tsien to Von Kármán, Caltech Archives.

③ Letter from H. S. Tsien to Von Kármán, October 25, 1956, Caltech Archives.

④ 冯·卡门、李·爱特生著，曹开成译：《航空与航天时代的科学奇才——冯·卡门》，上海科学技术出版社1991年版，第378页。

⑤ 文洋：《钱学森在美国》，人民出版社1984年版，第62页。

第五节　为父亲拿药，遭联邦调查局人员怀疑

回国前，钱学森从父亲那里收到一个处方，希望钱学森在回国前能从美国为他的胃病拿点药。钱学森带着这个处方到地方药房买药，遭到拒绝，他们告诉钱学森，由于处方是从中国寄来的，并且是以中文的形式书写的，这个处方需要得到当地美国医生的确认。

后来，帕萨迪纳科罗拉多东街 599 号（599 East Colorado Street）的霍顿和匡威大药房的药剂师 E. H. 埃里克森（E. H. Erickson）检查了 1955 年 9 月 16 日前一周的单子，没有发现钱学森的处方。但是他说，在 1955 年 9 月 16 日前十天内，钱学森来过这个药房，想用那个用中文写的处方买药，没有成功。钱学森希望买到处方上的药，这个处方用中文写的。埃里克森还说，他不记得那次来访的详细细节。但是他认为，从这次接触以后，钱学森再也没有回来买药。

当时钱学森想到了以前给蒋英治病的医生——查尔斯·波斯纳（Charles Posner）博士。波斯纳是美国一位著名的内分泌专家。9 月 12 日，钱学森首先给波斯纳办公室打电话。经同意后，他随即赶到波斯纳位于加利福尼亚州帕萨迪纳北哈德逊大街 99 号的办公室。钱学森紧紧抓住那个塞满东西的公文包来到波斯纳的办公室。钱学森进门时说话声音很响，波斯纳无意听到，立即赶出来，邀请钱学森进入他的私人办公室，他们商谈了 15 分钟。波斯纳博士为钱学森确认了那个处方。事实上，这是一个普通的麻醉药，对身体没有什么大的害处。

此后不久，钱学森拿着他的公文包离开了波斯纳的办公室。钱学森的这次访问纯属医学问题的专门访问，但却引起了美国联邦调查

局的警觉与怀疑，特别是在钱学森访问后的两三天时间里，波斯纳所表现出来的焦虑不安以及烦躁情绪更引起了联邦调查局人员的疑虑。他们联想到钱学森将要回国的事实，认为钱学森和波斯纳进行了针对美国安全的阴谋活动。

于是，他们对波斯纳的档案进行了现场查看。1955 年 9 月 14 日，联邦调查局人员伯纳德 · W. 麦卡锡（Bernald W. Macarthy）检查了洛杉矶的选民登记记录，透露了波斯纳的具体信息：

名字：查尔斯 · 波斯纳

年龄：55 岁

体重：165 英磅

性别：男

种族：白人

眼睛：蓝

头发：灰黑色

妻子：克莱拉 · 波斯纳（Clara Posner），已故

儿子：劳伦斯 · 波斯纳（Lawrence Posner），17 岁

儿子：马丁 · 波斯纳（Martin Posner），20 岁

兄弟：两个，一位在洛杉矶从事家具生意，一位居住在纽约。

在军队服役：在美国部队服役时间较短，但具体多长时间不详，因身体某部位残疾而退役。

他现居住在加州帕萨迪纳安南达尔路 259 号，出生于俄罗斯，通过其父亲获得美国国籍，对一些主要政党产生兴趣。1950 年美国医学手册还表明，查尔斯 · 波斯纳出生于 1901 年，1928 年获得内科医生资格证。[1]

---

① Federal Bureau of Investigation Report, reproduced at the National Archives.

为了切实了解钱学森这次访问的动机，彻底弄清楚事情的真相，联邦调查局兵分两路分别对波斯纳和钱学森进行问话。1955 年 9 月 16 日，威廉 · G. 卡彭特（William G. Carpenter）和弗朗西斯 · D. 库利（Francis D. Cooley）在波斯纳位于加州帕萨迪纳北哈德逊街大街 99 号的办公室会晤了查尔斯 · 波斯纳。波斯纳博士说，在 1955 年 9 月 16 日前一周，钱学森来到他位于加州帕萨迪纳北哈德逊大街 99 号的办公室进行一次专业访问。钱学森说，他从父亲那里收到一个处方。波斯纳仔细看了处方，发现除了单词“Testerone”外都是用中文写的。很明显，钱学森过去到过其他地方的药房，他们希望在拿药前有一个内科医生批准、认可这样一个处方。基于这样一个目的，钱学森拜访了波斯纳。考虑到这是一个普通的麻醉药，而不是一个有害或有毒的麻醉药，波斯纳博士为钱学森确认了处方。波斯纳博士说，他可能在以前某个场合见过钱学森，因为自从 1954 年 5 月，他经常给蒋英治病。蒋英患有支气管炎，主要是烟雾所致。波斯纳回忆说，有一次他访问过钱学森的家，也就是在那次访问中遇见钱学森，但是，从严格意义上讲，那只是一个专业上的拜访，对钱学森本人则没有任何情况的了解。①

就在联邦调查局人员会见波斯纳的同一天，也就是 1955 年 9 月 16 日，威廉 · J. 圣考利（William J. HcCauley）和罗杰 · S. C. 沃尔科特在洛杉矶西六街 512 号附近地区会见了钱学森。沃尔科特在其报告中这样说，虽然起初钱学森有点担心，但整个会见，钱学森还是保持了比较配合的态度。钱学森说，他于 1955 年 9 月 12 日上午 11 时 15 分到 11 时 30 分在波斯纳博士的办公室，让其确认处方，他希望在他离开美国前能在这个地区的药房买到父亲寄来的处方里写的药。他

① Federal Bureau of Investigation Report, reproduced at the National Archives.

说，那个处方是由中国医生开的，因此对他联系的药房来说不是很明白。由于在处方中有一个词语“Testerone”是用英语写的，这足以让波斯纳能够辨认出这个处方。钱学森说，这个药是他父亲需要的激素混合物。

钱学森说，他认识波斯纳博士已有三年多的时间了，不是社会交往，而仅仅是他妻子的内科医生。钱学森还回忆说，最初接触波斯纳是由马勃介绍的。

钱学森说，在这个国家，他从来没有被人（无论西方还是东方的）接近过，并联系向中国或其他国家提供美国国防和安全问题的任何资料。他还说，他也不知道就这个方面有其他同事被联系过。[①]

经过联邦调查人员的访问，他们明白：无论钱学森还是波斯纳，他们说的都得到了相互证实，也表明了钱学森确实是为父亲确认药方来找波斯纳的，他只是希望在准备拿药之前需要一位美国内科医生对这份来自中国的处方进行确认。就是这个目的，钱学森拜访了波斯纳博士。这才消除了联邦调查人员压在心头的疑虑。

钱学森在得知可以回国的通知后，很快做好了回国的一切准备：辞去学校工作、订船票、行李托运，还与导师辞别以及为父亲拿药，同时钱学森还结清了所有在美国工作应该交纳的税费，翘首以待那个期盼了很多年的归国之日。

① Federal Bureau of Investigation Report, reproduced at the National Archives.

第八章

从洛杉矶到北京的归国航程及新中国的救援

经过五年的艰苦斗争和难以言状的苦闷等待，期待已久的日子终于到来了，钱学森一家踏上了回国的征途。从钱学森 1935 年 9 月踏上美国国土，到 1955 年 9 月离开这块土地，钱学森在美国待了整整 20 年时间。钱学森在美国 20 年的生活经历，也是钱学森对美国的态度从爱到恨的过程。一些申请美国国籍的中国留学生向钱学森致意告别时，钱学森则说："你们是美国公民，我不和你们说话。"[①] 钱学森对美国的爱，得益于冯·卡门高师的指导，得益于钱学森在美国所取得的卓越成就，得益于美国良好的民主自由学风，得益于在美国能与世界著名大师快乐地进行科研交流。钱学森的恨，缘于美国社会思潮的大转变，缘于钱学森最后五年所遭受的屈辱生活。钱学森说："从 1950 年到 1955 年回国的这一段时间里，我除了教书和做一些研究工作以外，学术活动和社会活动参加得很少，而同时因为特务四周虎视，给我很大的压力。我有时间也有需要对美国的政治，以及世界

---

① 钱学森:《自传》，1958 年 9 月 24 日，中国科学院档案处，档案号：1959-11-010-01。

形势作些思考和分析。罗斯福时代是过去了，美国政府越来越法西斯化，人民不要战争，人民不要侵略，但是政府是能背着人民的意志干事，而且所谓宪法等法规都是一张纸，反动政府可以运用各种手段违法行事，所以民主、自由都是完全骗人的东西。美国人民是被骗了，他们生活在痛苦绝望的气氛中而不能自拔，资产阶级的社会制度已到了人民利益与垄断资本家利益相矛盾的时候，人民一定被压下去这是看明白了。这就彻底消灭了我对美国的幻想。”①

但钱学森对美国人民则是尊敬有加，他说：“美国人民对中国人民是友好的，这一点我深有体会。就在 1950 年至 1955 年期间，美国政府整我的时候，就有许多美国朋友安慰我，千方百计地给我解决困难，对我表示了真正的友情。”钱学森还说，他认识到他是环境的牺牲品。他宣称，他从来不让他的逆境来转变他对这些人的友谊和美国人民的友好。

第一节　从洛杉矶到香港：“使同胞过上有尊严的幸福生活”

一、洛杉矶：“我相信我的前途在中国”

“克利夫兰总统号”邮轮是从旧金山启程的，第一站到达洛杉矶。钱学森就是在这里上船。9 月 17 日下午，钱学森一家在马勃和加州理工学院其他同事的陪同下，来到洛杉矶港口，等待登上“克利夫兰总统号”邮轮。同时，联邦调查局人员罗杰 · S. C. 沃尔科特也

① 钱学森：《自传》，1958 年 9 月 24 日。中国科学院档案处，档案号：1959-11-010-01。

到码头上监督钱学森离境。码头上还挤满了记者，他们纷纷向钱学森发问。

据路透社洛杉矶18日电，一位记者追问钱学森是否还打算回来，钱学森回答说："我不会再回来，我没有理由再回来，这是我想了很长时间的决定。我打算尽我最大的努力帮助中国人民建设自己的国家，以便使他们能过上有尊严的幸福生活。"

有人说，他憎恨美国，因为美国下令驱逐他出境，还命令他不准离开这个国家。据合众社加利福尼亚州威尔明顿18日电，当有记者问钱学森是否憎恨美国时，钱学森说："我并不恨美国人民。当你被一条狗咬的时候，你不能够恨那条狗，只能够恨那条狗的主人。"他还向记者说，他不希望谈论会显露他的愤恨情绪的东西。当有人问他是否将帮助中国政府重整军备时，钱学森回答说："这是一个我拒绝加以答复的假设性问题。"还说："我是同情中国政府的，我相信我的前途寄托在中国，全世界人民都是一样，都在谋求和平和追求幸福。"

不只是火箭这个话题过于敏感，钱学森努力淡化自己的特殊身份，特别纠正记者所说的他是一位火箭专家的观点。钱学森说："我不是一个火箭专家，我只是一个帮助工程师解决问题的应用科学家。火箭方面的科学只是这个领域的一小部分。"①

钱学森被延迟回国的问题引起了记者的兴趣，有一位记者不停地追问钱学森"是不是人为延迟回国"。钱学森回答说："我被人为延迟回国，我建议你们应该问美国政府为什么，情况对于'你们国务院来说比对于我来说'是要尴尬的。"他尖刻地回答说："如果你们要知道真实情况，去问你们的国务院吧！"说完，钱学森转过身，走进他的三等舱。那是当天下午3时20分许，钱学森、夫人蒋英及两个

① Los Angeles Times, September 18, 1955.

孩子在洛杉矶维明顿154号码头登上邮轮，走进了“克利夫兰总统号”308房间。据同船归国的许国志介绍：“我们听说钱先生一家也将在洛杉矶登船返国，于是我们怀着激动敬慕的心情，在上船的旅客中找寻钱学森一家人的身影。当时，久闻钱学森的大名但并不熟识。当他在联邦调查局人员的监视下上船出现在三等舱时，立刻被大家认出来了。”当水手们把绳索从码头上的系索墩上渐渐松开，船身渐渐离开码头时，钱学森一家终于解脱了长达五年的愁苦生活，盼望着不久能与家人重逢、团聚。这也是“克利夫兰总统号”轮船第60次航程，因此在他们回国船票以及登岸证中都印有“60”字样。

AMERICAN PRESIDENT LINES
LANDING CARD
S. S. PRESIDENT CLEVELAND Voy.
IMPORTANT—As a means of identification and in order to expedite your landing upon arrival at Port of HONG KONG please present this Landing Card personally, together with your Medical and Immigration Documents, to the Port Authorities when notified by Purser.
NAME OF PASSENGER Tsien, Hsue Shen
List Number
Number On List T-34
Number on Passenger List
O.D.P. 50 REV. 2-50 25M
60
登岸証

钱学森回国时的登岸证

钱学森回国的消息，美国的各大报纸都进行了报道。在其正式离美前，9月13日的《基督教科学箴言报》就以《驱逐令将钱学森送回中国》为题报道：“世界最著名的火箭专家之一、加州理工学院喷气推进中心主任——钱学森博士将在驱逐令下返回中国。一名负责洛杉矶移民归化局业务的执行长官罗伯特·罗宾逊（Robert Robinson）说，‘实际上，是钱学森自愿离开这里的’。”[①] 钱学森离美后，美国的一些媒体也公开报道了此事。9 月 18 日的《洛杉矶时报》头版发表了《喷气推进科学家返回红色中国》，9 月 18 日的《芝加哥每日论坛报》发表了《中国火箭专家案件》，9 月 20 日的《帕萨迪纳星报》发表了《中国的喷气专家回归祖国》。

作为钱学森的辩护律师，库柏理应对钱学森案件的进展全面了解，并具有知晓权，但是美国移民归化局并没有把同意钱学森回国的命令通知库柏。他只是从美国媒体上获知钱学森回国的消息。当他得知这一消息时，他感到非常震惊和生气。他在以前就宣布，他确信通过上诉能够赢得钱学森驱逐案件，而现在美国政府没有通知他就释放钱学森回国。1955 年 9 月 23 日，库柏致函美国移民归化局，对移民归化局没有将钱学森案件进展情况及时通知表示不满和抗议。9 月 28 日，代理局长纳尔逊·E. 内尔（Nelson E. Noell）复函库柏。这位局长的复函不仅没有道歉，而且对案件的处理也没有作说明，这令库柏更是生气。9 月 29 日，库柏再次致函美国移民归化局。信中说：

客气地说，作为钱学森的辩护律师，我为你部没有通知我情况进展这一明显的疏忽表示惊讶！我一直认为，你部打算驱逐和将其拘禁都要拿出证据，其目的是为了提交请愿书以保护钱学森的人身安全，否则这个诉讼将在法院受到质疑。根据我对法律的理解，在诉讼中采取任何行动，特别是那些深刻影响到当事人的权利，就如同钱学森案件的行动，没有通知这个案件中的辩护律师，完全剥夺他的知晓权。我作为钱学森的辩护律师是正式参加这个诉讼案件的，所有的通知都应该送达给我。

① Christian Science Monitor, September 13, 1955.

1955年8月4日的书信，邮寄给钱学森，但是会出现误解：对一个不熟悉法律的人士来说，他可能认为驱逐令被撤销了。

如果通知我，也本应该通知我，我会调查这个事，并得知驱逐令仍然有效。我会告知钱学森将继续按照我们最初计划的路线去做，利用可能的机会将事情交付于法律。

我写这封信有两个目的：一是保护钱学森的权利，以便钱学森在未来某一时间决定返回美国。第二，建议重新审查你们的程序，以便于这样的疏忽不再出现在其他律师面前。①

移民归化局没有详细回答库柏信函的内容，只是简单地说："你的邮件收到，我们将把这一邮件归档保存。"②

对钱学森来说，司法部移民归化局已同意其回国并拿到同意其回国的通知，此时是否赢取上诉已不再重要，他只是希望尽早结束被限制的局面而早日回到他朝思暮想的祖国，早日离开这块令他爱恨交加的土地。

当"克利夫兰总统号"轮船快要到达夏威夷时，1955年9月19日，洛杉矶移民归化局将钱学森的驱逐令传到檀香山的移民归化局，洛杉矶移民归化局驱逐和假释办公室的官员亨利·G. 格拉顿（Henry G. Grattan）还假惺惺地说："是钱学森自愿离开美国的。"③

二、在友人相助下升舱以及寄给国内第一份电报

如前所述，钱学森一家归心似箭，在收到美国允许其归国的通

① Caltech Archives, Letter from Cooper to United States Department of Justice Immigration and Naturalization Service, September 29, 1955.

② Milton Viorst, The Bitter Tea of Dr. Tsien, Esquire, 1967, p.169.

③ Federal Bureau of Investigation, reproduced at the National Archives.

知后，他们一时一刻也不想在美国多待。即使是三等舱，他也毅然买下并尽快办好了一切回国手续，尽早离开这个在钱学森看来“披着民主外衣的虚伪国家”。王祖耆说：“钱老和我们一起住在三等舱，这让我们感到非常的惊讶和意外。三等舱主要是一些穷华侨和在美国打工的华侨旅途居住的地方，和学生宿舍一样，分上下铺，四个床八个人。吃饭也是分开的，三等舱符合亚洲人的口味，一等舱是西式的，餐厅也很讲究，还有服务人员服侍。”①

邮轮没有开出多久，一位住在一等舱的女权运动领导人，很有名望，在得知世界著名科学家钱学森住在三等舱时，便去找船长，说：“你们怎么让这样有名的教授住三等舱？”据蒋英介绍说：“船长没有办法，到夏威夷时，把我们请到了一等舱。”②9 月 19 日，钱学森一家就从三等舱换到了一等舱舱位。

为了加强船上归国人员之间的沟通，便于日后联系，他们还组织了一个“同学会”。“同学会”的第一项工作就是在 9 月 20 日，印制了一份《克里（利）夫兰轮第六十次航行归国同学录》。说起这份归国同船人员的同学录，负责收集并誊写这份材料的王祖耆在接受著者采访时，似乎有很多话要说。他自谦地说：“这份材料是我写的，字迹歪七扭八的。名字的前后是按照姓氏笔画顺序排列的。钱老的名字还是用的繁体字，所以编排在后面了！”王祖耆还说：“由于是同船归国的，人又不是很多，大家都希望搞一份名单，于是就先让大家分别登记，然后统一编排。”整理好后，王祖耆就找到了三等舱的服务部，因为每一个舱位都有一个服务部为旅客服务。据王祖耆介绍，当时服务部的印刷设备还不是特别落后，这份名单也不是用钢板刻出来的，而是直接写在什么材料上直接油印出来的。油印好后，然后分

① 2013 年 10 月 3 日，著者采访王祖耆。采访地点：受访人家中。
② 2010 年 5 月 25 日，著者采访蒋英。采访地点：受访人家中。

发到每一个同学手中。大家拿到这份同学录后，争相阅读。[1] 钱学森是“同学会”中比较年长的，他很珍视在船上结识的这些“同学”，这份《同学录》也一直珍藏在他身边。在上海交通大学筹建钱学森图书馆开馆前夕，由其长子钱永刚先生捐献给钱学森图书馆保管。

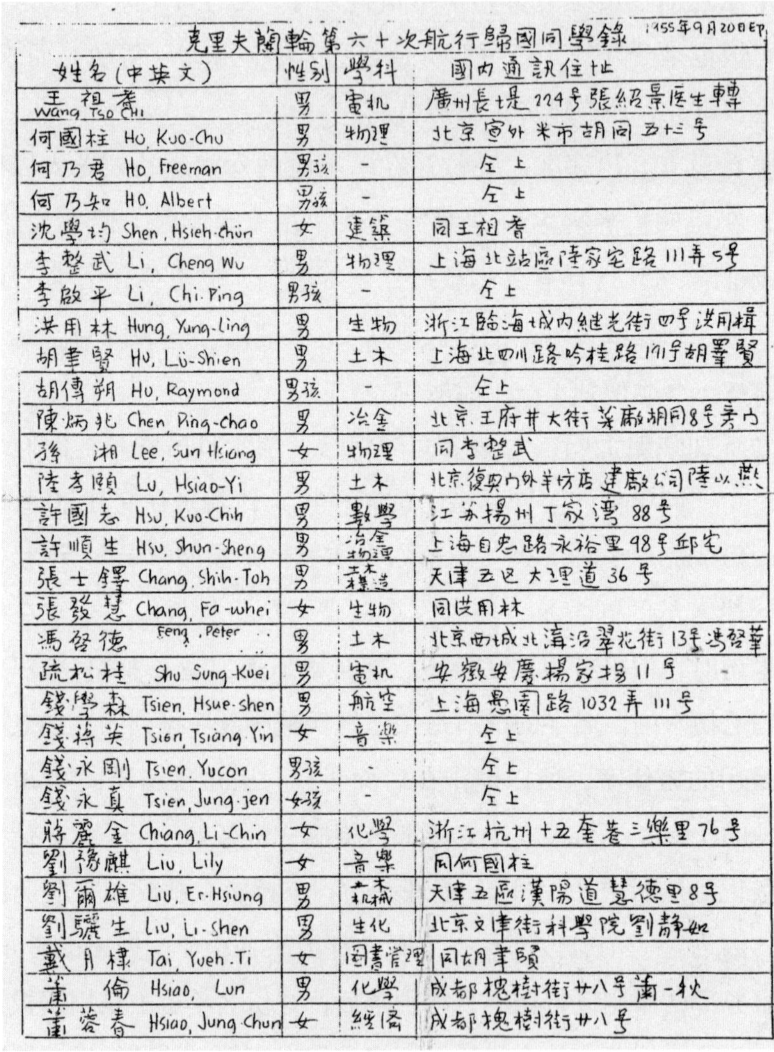

克里夫蘭輪第六十次航行歸國同學錄　1955年9月20日Ep.

姓名（中英文）	性别	學科	國内通訊住址
王祖耆 Wang Tso Chi	男	電机	廣州長堤224号張紹景医生轉
何國柱 Ho, Kuo-Chu	男	物理	北京宣外米市胡同五十三号
何乃君 Ho, Freeman	男孩	-	仝上
何乃知 Ho, Albert	男孩	-	仝上
沈學均 Shen, Hsieh-chün	女	建築	同王祖耆
李整武 Li, Cheng Wu	男	物理	上海北站區陸家宅路111弄5号
李啟平 Li, Chi-Ping	男孩	-	仝上
洪用林 Hung, Yung-Ling	男	生物	浙江臨海城内繼光街四号洪用樟
胡聿賢 Hu, Lü-Shien	男	土木	上海北四川路吟桂路171号胡聿賢
胡傳朔 Hu, Raymond	男孩	-	仝上
陳炳兆 Chen, Ping-chao	男	冶金	北京王府井大街菜廠胡同8号奔内
孫湘 Lee, Sun Hsiang	女	物理	同李整武
陸孝頤 Lu, Hsiao-Yi	男	土木	北京復興門外羊坊店建廠公司陸以燕
許國志 Hsu, Kuo-Chih	男	數學	江苏揚州丁家灣88号
許順生 Hsu, Shun-Sheng	男	冶金物理	上海自忠路永裕里98号邱宅
張士鐸 Chang, Shih-Toh	男	土木構造	天津五区大理道36号
張發慧 Chang, Fa-whei	女	生物	同洪用林
馮啓德 Feng, Peter	男	土木	北京西城北海沿翠花街13号馮啓華
疏松桂 Shu Sung-Kuei	男	電机	安徽安慶楊家拐11号
錢學森 Tsien, Hsue-shen	男	航空	上海愚園路1032弄111号
錢蔣英 Tsien, Tsiang Yin	女	音樂	仝上
錢永剛 Tsien, Yucon	男孩	-	仝上
錢永真 Tsien, Jung-jen	女孩	-	仝上
蔣麗金 Chiang, Li-Chin	女	化學	浙江杭州十五奎巷三樂里76号
劉豫麒 Liu, Lily	女	音樂	同何國柱
劉爾雄 Liu, Er-Hsiung	男	土木机械	天津五區漢陽道慧德里8号
劉驪生 Liu, Li-Shen	男	生化	北京文津街科學院劉靜如
戴月棣 Tai, Yueh-Ti	女	圖書管理	同胡聿賢
蕭倫 Hsiao, Lun	男	化學	成都槐樹街廿八号蕭一秋
蕭蓉春 Hsiao, Jung Chun	女	經濟	成都槐樹街廿八号

“克利夫兰总统号”第60次航行归国同学录

① 2013年10月3日，著者采访王祖耆。采访地点：受访人家中。

9月22日，“克利夫兰总统号”邮船停靠檀香山。回国留学生都被美国警察看押在轮船休息室内，不准上岸。下午4时44分，钱学森在这里发出了给国内的第一封电报，是写给时任全国人大常委会副委员长陈叔通的。电文如下：

想到回到祖国，很是高兴。克里（利）弗（夫）兰总统号邮船十月八日到达香港。到现在为止，没有什么阻碍。[①]

三、畅谈学问及邮船上的特殊节日

在归国轮船上，钱学森还多次和同船的回国留学生一起交流，了解归国人员的专业背景，畅谈归国后的打算。有一次，当他得知许国志是从事数学研究工作时，他兴奋地谈起如何开展运筹学研究的问题。钱学森说：“我们国家是计划经济，很多计划管理方面的科学技术将来会在国家经济建设中发挥作用，例如运筹学等，这些东西对祖国建设很有用。”许国志说：“有用是有用，可是牵扯到计算机，国内暂时恐怕不一定用得上。”钱学森接着说：“暂时没有计算机也没有关系，可以先搞个讨论班，发挥人的聪明才智，来弥补计算机方面的不足，中国是会出成绩的。”钱学森回国后，就在筹建力学所的时候搭建运筹学研究室。钱学森长子钱永刚教授在回忆回国时说：“父亲常常和各种各样的人交谈，其中有男有女，有披着金发的外国人，也有满头青丝的华人。直到25年之后我才知道，他们当中有数学家许国志和他的夫人蒋丽金。许国志后来为我国开展系统科学的研究作出了巨大贡献；蒋丽金在感光化学领域取得了重要成果。他们成了一对夫

① 中国外交部档案馆馆藏档案，档案号：111-00081-03。

妻院士。而父亲在船上与他们的邂逅和交谈，对他们回国后的科研方向，起了至关重要的作用。”①

船上的生活枯燥、单调，但是同船留学生还是尽其所能地举办些活动来丰富他们的旅行生活。有时他们会为过生日的孩子庆祝生日，9月21日是归国留学生胡聿贤大儿子胡传朔的周岁生日，同船留学生一起吃蛋糕，共同庆祝他的生日。他们还在“克利夫兰总统号”轮船照片上共同签名以示祝贺。胡聿贤在接受专访时感慨地说：“为了这次儿子生日，同船的中国留学生开了一个别开生面的派对活动，活跃了旅途气氛。但遗憾的是，那张有所有中国留学生签名的照片，则在‘文化大革命’期间，不知去向了！”②

更令中国留学生难忘的是在“克利夫兰总统号”轮船向中国前行的时候，他们迎来了中华人民共和国建国六周年庆。在国庆日之前，同船留学生就商定在船上举行“庆祝中华人民共和国诞生六周年”活动。10月1日早饭后，钱学森及其妻子儿女穿戴整齐，一起来到邮轮的小餐厅，庆祝会在这里举行。同船归国人员张士铎说：“蒋英非常活跃，她教我们唱歌，唱的是革命歌曲，我们就跟着一块唱。”同船归国人员王祖耆在接受专访中指出：“大家都来了，但会场装饰非常简朴，庆祝会仪式也十分简单，主要是钱老有一个讲话。讲话的稿子是钱先生自己写的，还是别人写了一个初稿，不记得了，可能是钱先生自己写的。讲话并不是特别严肃，比较随和，但围绕这样一个主题，就是在美国被扣留这么长时间，不能早点回来，我们是在祖国关心下才能回来的，对祖国为留学生回国付出的努力表示感谢。还说，在回国的途中庆祝国庆，心情非常激动。他还讲到，祖国正在

---

① 钱永刚：《父亲钱学森牵着我的手》，《人民文摘》2012年第2期。
② 2009年4月20日，著者采访胡聿贤。采访地点：受访人家中。

建设时期，迫切需要各方面的建设人才，我们会大有用武之地。”[①]

钱学森讲完话后，同船归国人员在船上举行了简短的文艺表演活动。蒋英和何国柱夫人刘豫麒也登台演出，孩子们也表演了节目。

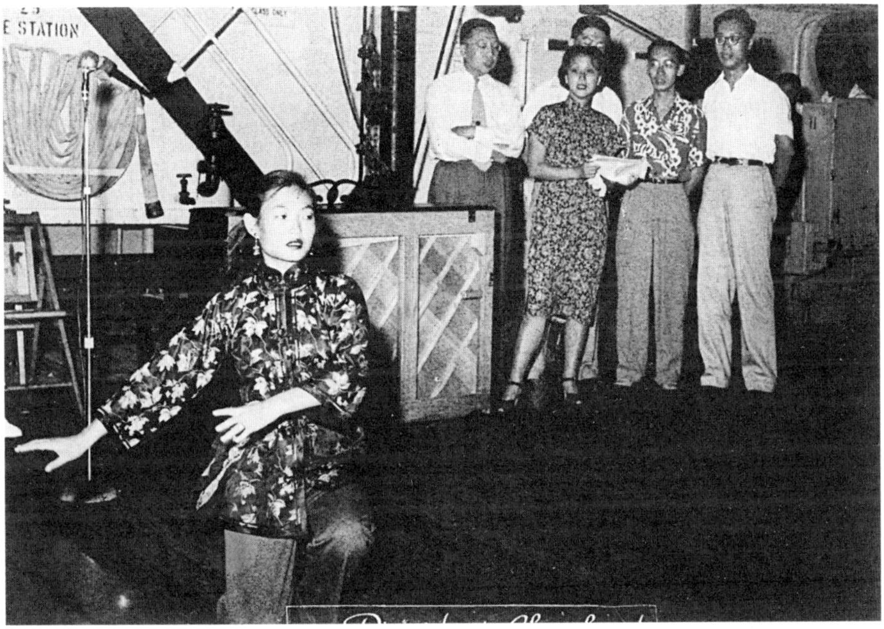

归国同学为庆祝新中国成立六周年在“克利夫兰总统号”上演出

四、马尼拉港：“我还不够格做一名共产党员”

十一节过后，“克利夫兰总统号”邮轮开始驶向菲律宾。10月5日，承载着40余名中国乘客的轮船抵达马尼拉。当时全菲销量最大的《马尼拉时报》10月6日对“克利夫兰总统号”的航行进行了报道，文章指出：“携带着商业精英、教会领袖、学者和美国游客的‘克利夫兰总统号’邮轮于昨天中午12时30分之前停靠在9号码头。

① 2013年10月3日，著者采访王祖耆。采访地点：受访人家中。

这些乘客来自美国、夏威夷和日本。游客们将换乘东方号邮轮。”

文章还对钱学森回国进行了重点报道：“钱学森来自中国上海，在加州理工学院获得博士学位。现在他和妻子以及两个孩子正在返回祖国的途中。20 年前，清华大学将钱学森派到美国进行深造。在美国求学期间，他参与了一些美国政府的机密项目。五年前，钱学森博士提出要回国工作，但是美国政府拒绝他离境。”文章还引用了钱学森的话：“美国政府并不代表美国人民。我为能够回中国工作而感到荣幸。”①

所有的人员都在菲律宾情报人员的监督下活动，有的可以到岸上活动或购物，但钱学森一家却只能待在船上，不得外出。一些记者也来到船上采访钱学森，有记者问：“你回去准备干什么？”钱学森回答说：“我计划到北京的清华大学教书。”他还说，现在美国还有 100 多位学生滞留在那里等待回国。他决定返回祖国并不是突发奇想，而是考虑了好几年的时间。很高兴能为中华人民共和国服务，他说他将要用他的知识帮助中国成为一个世界大国。因为他同情中国政府。世界的人民是一样的，他们追求幸福，他们向往和平。②在与记者的交谈中，钱学森将自己描写成一个航空工程师，他说：“我在五年前就想回到红色中国，但是美国政府无理阻挠我。”③

钱学森被驱逐的身份问题也引起了记者的兴趣，他们极想就这个问题问个究竟。当船到达马尼拉，就有一个美联社记者到船上来找钱学森，问他是否在美国从事火箭或喷气式飞机的设计，钱学森没有回答。问他是不是共产党员，钱学森的回答是：“我还不够格做一名共产党员呢！共产党人是具有人类最崇高理想的人。”钱学森后来还

① The Manila Times, October 6, 1955.

② South China Morning Post, October 6, 1955.

③ South China Morning Post, October 7, 1955.

回忆说："那位记者见捞不到什么，只好灰溜溜地走了。"[①]

在马尼拉港口，还有一位送亲人登船前往加拿大的菲律宾籍华裔林孙美玉，她从报纸上得知"享有极高荣誉的科学家钱学森"也在这个船上，便主动走向安保人员，请他问问钱学森能不能见个面。一会儿工夫，钱学森从他的客舱走了出来，接待了这位菲籍华裔。他们会见的情形，我们可以从林孙美玉的回忆录中窥见一斑，林孙美玉在其回忆录《我心依然》中这样描述：

我问钱先生："你在美国待了这么多年，为什么还要回中国去呢？"我觉得这个问题很重要，当时的菲律宾人都不惜一切代价地想去美国工作。他们认为那里机会多，是一片自由的土地，那里的人们勇敢无畏。至少，我们接受的教育是这样告诉我们的。

他是这样回答的："中国比美国更需要我。经过几年的战争，中国正在进行民族复兴。可是，战后中国被美国及其同盟国排除在国际社会之外。中国的发展遇到关键性问题，我想为此做点力所能及的事，我相信中国的和平与繁荣于世界有益。"

我们又问了一个问题："你决定要回国时，很不容易得到美国方面的准许吗？"

他回答说："为了回国，是花了不少时间，做了一些妥协。但毕竟，我离开美国时没带走和工作有关的单张纸，我的家人也只带走了一些私人物品。"

我接着他的话问："为什么？你对美国的安全有威胁吗？"钱先生说："不，我不觉得。我为美国航天工程所贡献的所有知识都在我的头脑里。这些知识都可以再写出来。"

---

① 钱学森：《在授奖仪式上的讲话》，《人民日报》1991年10月19日。

之后他问我：“你在菲律宾从事什么工作呢？”我告诉他我们只是平凡的教师。我同时在小学和中学教书。我姐姐在托儿所和小学任教。

“为什么要小看自己的工作呢？”钱先生对我说，“你的工作比我的重要多了，你的手里掌握着青年一代的未来，你们塑造着他们的思想。他们终将成长为国家之栋梁。我们的工作是相通的，和烤蛋糕是一个道理。你们的工作是做好这个蛋糕的基础，这决定了烤出来的蛋糕的味道和品质。而我只是蛋糕上的糖霜。所以，你们的工作并不简单——它很难，而且需要你们的耐心和对青年们的爱，为他们铸造出一个美好未来。”

我们都哑然。啊，多么的谦逊、质朴和仁慈啊。他又问我们：“菲律宾有很多华人吗？中国人在那里受歧视吗？”

我回答他：“是啊，这里有很多菲律宾华人。很多中国小伙子来这里，娶了朴素美丽、勤劳善良的菲律宾姑娘。他们共同抚育几个小孩，这些小孩都很爱菲律宾，还有很多甚至做了政府高官。是的，歧视也是存在的。这些种族和性别歧视需要依靠教育来解决。就是在美国，歧视也是存在了相当长的时间。”

他又继续问我：“那你会被歧视吗？”

我说：“不，不会。我们都是教师，很受学生和朋友的尊敬和爱戴。我们都出生在菲律宾南方的一个小省，各自在私立和公立的学校成长和学习。遗憾的是，我们上学时没有学习中文，不过后来我们在马尼拉学习了闽南语。我们还没去过中国，也许等有一天环境好些了，我们能去中国寻根。”

钱先生示意我：“安保人员在暗示我回舱了。感谢你来看我，我们聊得很开心。你是第一个和我聊天的菲律宾人。不过很抱歉，再会。”

“再见。谢谢你，钱先生。我主保佑你和你的家人旅途顺利、归国后万事如意。”①

这次不经意的邂逅以及简短而真诚的交谈却给林孙美玉留下了难以磨灭的印象，对其一生产生了悠远深长的影响。林孙美玉在其回忆录中说：“正是这些话鼓励了我，让我在当教师的岁月里出色地工作。我把他的话珍藏于心。”②2005年，林孙美玉看到时任国务院总理的温家宝在301医院看望钱学森的新闻报道后，非常激动，特委托他人带信给钱学森。她在信中回忆那次在船上的会面，说：“啊，您真是给我上了美妙的一课！听了您的话，我感到前所未有的幸福。这样谦逊，这样理解人的话语，在当今物质世界里真是再也难以听到。”③

10月6日晚，“克利夫兰总统号”船离开菲律宾前往中国香港。对于钱学森在马尼拉所逗留的两天，菲律宾报纸《华侨商报》载：

中国留美学生二十四名包括气流航行专家钱学森，前日自美国搭总统船“克利夫兰号”返回中国，途中经岷，逗留两天，该轮于昨晚离岷直放香港。钱学森告本地报界，其返回中国大陆，并非“突然”决定，“五年前我就要回去”，因美国不给予出境证。钱氏对其延缓五年始得成行，表示“遗憾”，“减少五年参加建设的时间”。④

无论船经过檀香山、横滨还是船到达马尼拉，大家都可以上岸

① 林孙美玉:《我心依然》，香港运通制版印刷国际有限公司2014年版，第234—236页。
② 林孙美玉:《我心依然》，香港运通制版印刷国际有限公司2014年版，第237页。
③ 2005年8月4日林孙美玉写给钱学森的信。复印件系钱学森图书馆馆藏。
④ [菲律宾]《华侨商报》1955年10月9日。

游览，但只有钱学森一家始终待在船上，他们的行动必须审慎，稍有疏忽，就可能带来麻烦，甚至会酿成大祸。因为他们深知，一下船，美国政府对他们的安全就不负责了。正如钱学森在后来一次讲话中谈及途经日本时所说：“这次路过你们的横滨时，因为要免得再和住在你们国土上的美国特务打交道，没有上岸，只能在船上遥望你们的国土。”① 钱学森还说：“我是作为美国的犯人，被驱逐出境的，押送回国的。一路上我不能下船，因为一下船，美国政府对我的安全就不负责了。这一段历史，我绝不会忘记。”②

离开菲律宾后，船开始向中国香港进发。据同船人员王祖耆说：“同船几名人员聚在一起商谈了几个问题。第一个问题就是归国人员抵达香港时，是不是要发表一个声明。第二个问题就是‘克利夫兰总统号’轮船抵达香港时，要不要接受香港媒体记者的采访。第三个问题就是怎样保证钱先生的安全。”钱学森领导并参与了整个过程的讨论。最后决定，过港时可以向新闻界发表一个声明，会议责成许国志起草声明文本。关于第二个问题，他们商谈的结果是不接受媒体记者的采访。针对第三个问题，最后责成王祖耆和另外一个同志抵达香港后陪同钱学森，并分别坐在钱学森一家左右。许国志首先执笔起草，先写下了题目：“我们控诉！”钱学森说：“不必用左拉③的笔调，我们有我们自己表达的方式。”在钱学森的关注下，稿子很快写好，还说：“要船上的事务长替我们印刷。”但事务长却拖拖拉拉，不太愿意。钱学森说：“我们是旅客，船上的设备应为我们服务，我们一定要印。”在钱学森的鼓动下，船上的全体中国乘客团结起来向船方交

① 钱学森：《寄到日本去的信　让朝阳照遍亚洲》，《人民日报》1960 年 5 月 29 日。
② 钱学森：《一切成就归于党归于集体》，《人民日报》1989 年 8 月 8 日。
③ 左拉是法国著名的作家。19 世纪末，法国发生了一起震撼全国的德雷福斯冤案，在国外旅行的左拉得知真相后，于 1898 年 1 月 13 日在法《震旦报》头版发表《我控诉》。

涉。美国船方迫于正义的压力，不得不同意乘客的要求，为他们印制出了《向祖国致敬》的书面声明。①

五、香港:“每个中国人都应该讲中国话”

1955 年 10 月 8 日清晨，经过 20 多天的海上航行，略感疲倦的钱学森睁开双眼，隔着舷窗的玻璃，看到太平洋彼岸的巨大岩石渐渐映入眼帘:“克利夫兰总统号”正慢慢驶入香港，他一下子兴奋起来。钱学森在后来回忆“克利夫兰总统号”抵达香港时这样说:“我的头靠在船舱玻璃上。船正在行驶中，穿越黎明前的黑暗，随后，逐渐靠近香港港口。有时，我能分辨出一些巨大岩石的轮廓，露出海面。我急切地向外看，因为这是我在美国 20 年后的归国航程。”②

“克利夫兰总统号”抵达九龙港湾后，由小船将他们安全地送到尖沙咀警察码头，而“克利夫兰总统号”船则驶抵九龙仓码头停泊。尖沙咀码头戒备非常森严，布置了大量的警力，站了很多警察。就连附近的九龙公众码头也紧张起来。即使中国政府试图转移记者等人的视线，但还有记者站在了北岸的码头。一位摄影记者拿着相机走进公众码头，也受到警察的盘问，情况十分紧急。为什么邮轮不直接将归国学生送至香港码头，而停靠在港湾内，然后由小船把他们转运至九龙上岸呢？关于这个问题，有人认为，是为了钱学森和这一批中国学者及留学生的安全，转移更多人的视线。在“克利夫兰总统号”抵港之前，国务院已通过广东省有关部门秘密通知香港招商局的负责人到广州接受任务，该负责人到达广州后，广东省的有关人员让其速到香

① 许国志、疏松桂、何国柱:《钱学森一家在回国海轮上》,《神州学人》1991 年第 1 期。

② Tsien Hsue-shen, A Chinese Scientist Comes Home, People’s China, February 2, 1956.

港的轮船公司做工作，确保轮船停靠香港码头前先抛一次锚，让船上的中国人迅速转移。起初，著者觉得这一观点有其合理的方面，也很合乎逻辑。后来著者看了许多留学生归国途经香港时的一些记载，他们几乎千篇一律地采取了这一说法，这也让著者对“转移视线”论产生了一丝丝疑问，因此促使著者对这个问题探个究竟。据研究发现，情况应该是这样的：因为当时中国香港在英国的统治之下，途经香港须办理过港签证，英国驻美国的领事馆以大陆为共产党控制为由，拒绝给留学生办理过港签证。“总统号轮船公司”有一项“集体行动”①，那就是只要同船去中国大陆的乘客超过十人，就可以在九龙附近改乘小船上岸。

这批 40 多人的华人登陆后，被警察严密监视起来，并在其护卫下被安置到九广车站警察分驻所。在分驻所背后的第二号货仓也禁止旁人接近。数十名中外记者守候在月台上，准备拍照和采访。突然，有一列火车驶到，靠近第二号仓库的边线。记者们意料到目标人物可能就要登车。他们蜂拥来到第二号门口附近，把握有利阵地。但警察竟把大门关上了，使记者连远观的机会也没有，这引起了一位美国摄影记者的暴怒。他直接向高级警官交涉，其他记者也随和着走上前来交涉。在众多记者的“围攻”下，上午 10 时 35 分才准许记者入室采访。②

钱学森一行 40 余人到达九龙车站，香港中国旅行社的代表已在那里等候钱学森的到来。香港中国旅行社代表首先把行李托运的事情同钱学森进行了沟通，钱学森在车站也将 400 美元的运费交给香港中国旅行社的黎君。当日，香港中国旅行社还给钱学森写了一份便函，

① 全国政协暨北京、上海、天津、福建政协文史资料委员会编：《建国初期留学生归国纪事》，中国文史出版社 1999 年版，第 202 页。

②《钱学森过港一瞥》，《新生晚报》（香港）1955 年 10 月 8 日。

告知行李将于本月23日通过太古公司所属湖北轮运到天津，并将提单经亲友转交给钱学森，希望得到在天津的地址。函文如下：

一、台端于今日经港返国，在车站交给我社黎君之美金肆佰元，已招收妥，勿念。

二、你的行李（已）经于今日抵港，原拟装本月十日开行之汉阳轮运津，只以时间迫促，不及赶办，现定装本月二十三日开行之太古公司所属湖北轮运津。兹因天津中国旅行社业已结束，请即将你天津之地址见示，以便办理。如二十三日之前仍未接你的通知，则将该行李寄由天津中国国际旅行社转，收件人抬头仍写你的姓名，提单迳寄上海。如你离沪之前尚未收到提单者，则请贵亲友收到后即行转寄。行李运费一旦结出后，当将余款汇还，并请示知余款汇至何处。

三、用特函达，敬希台洽见覆为荷。①

钱学森一行同船归国人员抵达车站安顿好后，记者们对归国人员进行了追问和搜寻，但几十名华人大多数保持沉默、拒答他们的提问。记者们寻找的首要对象就是享誉世界的著名火箭专家钱学森。记者们首先向像是受过高等教育的人士用国语盘问："请问哪一位是钱

① 后来由于太古公司湖北轮需要整修，航期难以确定，为节省仓储费用早日运抵天津，特将行李改装美上美轮抵津。10月18日，香港中国旅行社有限公司将有关情况通过函件的形式告知钱学森：（一）我社本月八日运字第290号函，谅荷，台洽。（二）你的行李原拟装本月二十三日开行之太古公司所属湖北轮运津，顷悉该轮须入坞修理，暂定于本月二十七日开行，但仍未确定。航程先至秦皇岛，然后泊天津。（三）兹为节省仓租及争取早日运离香港起见，决定改装本月二十一日开行之丹麦轮美上美号（Heinrich Gessen）运津，由天津中国国际旅行社留交你收。提单迳寄上海。惟鉴于最近台湾海峡常遭骚扰，除依例代投平安险外，另加保兵险，保额按原美港发保单所估价值折为港币叁万元。查太古公司属轮及美上美轮投保兵险费率为1%，平安险费率为0.25%，我社代办保险按例可得酬佣20%，但为优待起见，你的行李我社不拟收佣，仍将全数拨还给你。故保率不会超出1%，为数有限，而又可保安全。（四）用特函达，敬希，洽照，为荷。

先生？”他们摇头不答。记者又用上海话和粤语各问一次，他们仍然是毫无表情、摇头不语。最后记者再用国语盘问他们：“你们能说中国话吗？”他们也是无动于衷。原来他们同船归国人员为了保护钱学森，事先就商量好几条对策，其中一条就是，他们不说自己是谁。同船归国人员何国柱后来接受访问时说：“主要是担心钱先生的安全，万一有人认出他来就麻烦了。我们有二十来个人，估计他们不容易辨认出来。”①

突然，有一位记者发现一个木凳上坐着一位中年绅士，旁边是太太，还有一个男孩和一个女孩。他们从电讯中得知，钱学森是一家四口离美回国的，这就引起了记者的注意，他们认定那就是他们搜索的对象钱学森。

于是记者一窝蜂地把他包围，发问的发问，拍照的拍照，场面相当混乱。但钱学森表现得很镇静，没有不耐烦的感觉。据10月9日《大公报》载：“他穿着一套褐色的西装，戴黄色领带，脸上挂着微笑，显得十分谦和与庄重。他的太太穿着一身浅绿色的旗袍，上面绣有红、黄、绿三色相间的小花染的图案，精神很好。”

针对记者的围追堵截，在其他同行人都没有应答的情况下，钱学森回答了记者的提问，但钱学森拒绝用英语回答他们的任何问题。这种回答也不是像有些人所说的事先安排的记者见面会，而是钱学森面对记者的咄咄逼人态势不得不站出来回答他们的提问。香港《新生晚报》报道说：“钱学森好像显然成为三十九人的领袖，因为虽然其他人士对记者群不瞅不睬，但钱学森终于向记者打交道，答复记者群的问话。”②

① 侯祥麟、罗沛霖、师昌绪等口述，王德禄、杜开昔访问，王德禄、高颖、程宏等整理：《1950年代归国留美科学家访谈录》，湖南教育出版社2013年版，第301页。
②《钱学森过港一瞥》，《新生晚报》（香港）1955年10月8日。

有一位记者问："钱先生，是不是可以谈一谈美国政府要阻挠你回国的原因？"他说："这个你必须问美国政府才知道。"这位记者又问道："那么，对于美国政府阻挠你回国这件事，你是怎么看的呢？"他缓慢而有力地回答说："我认为他们没有理由。"接着有人问他在美国是否受到监视的问题。他说："我从来不去关注这些事情，至于我是否受到监视，美国政府会清楚的。"另一个记者问："我们想知道您在美国的行动是否受到限制？"他肯定地说："是的，是受到限制的。"于是就有人问："为什么？"钱学森反问道："为什么，这个你必须问美国政府才知道。"

有一个记者问："你的朋友中，有没有和你的情形一样给美国政府扣留不放的？"他说："中国学生在美，是有谈话自由的，我不打算替他们讲话。"记者再问："你打算回到北平做教授吗？"钱学森说："我不愿意回答。""为什么你到了现在才获得出境证呢？""你问美国政府好了。"记者接着问："这次回大陆，有什么感想？"钱学森回答说："现在尚谈不到说'感想'的时候。"

又一个记者问："钱先生的行李是否已经全部带回来了？"他说："大部分吧！"这个记者马上问道："钱先生说大部分的意思是不是还有一部分没有带回来？"钱学森点点头。那位记者急问："那一小部分是什么东西？书籍？你的著作？或者是研究文件？"钱学森又点点头，接着说："凡是不能在书店里买到的记载着文字的东西，他们（指美国政府）都不准带。"另一个记者马上说："那么，你的笔记本子呢？"他说："我已经说过，所有不是在书店中买得到的东西，他们都不准带走……"说到这里，有一个记者打断他的话头，说："钱先生的意思是说，你的关于原子科学方面的研究心得也没有带走？"钱学森笑了，他说："我想，你在这一方面的情报是弄错了，我这个人与原子科学毫无关系。"这时候站在钱学森背后的一个记者搭口说：

“钱先生是研究航空工程的，是吗？”他说：“是的。”

有一个记者问：“关于钱先生的研究心得，如笔记、著作之类，我们想弄清楚，究竟美国政府把它们没收、扣留还是代为保管？”钱先生回答说：“问题在于他们不让我带走，至于这算是没收、扣留还是保管，那随你高兴怎么说就怎么说吧。”①

在谈话的过程中，曾经有一个为外国通讯社工作的黑发黄皮肤的记者口操英语向钱学森发问。钱学森笑着说：“我认为我对着中国人，应该说中国话。”那个人说：“我只会说英语和广东话。”钱学森说：“我认为国语是我国通行的最普遍的语言，作为一个中国人，应该学会讲国语。”于是所有的记者都笑了。

在记者向钱学森提问的时候，负责将写好的书面声明《向祖国致敬》给香港媒体的是随行人员王祖耆。据王祖耆回忆说：“当时这份声明也可能送出去，也可能送不出去，送就要送给进步的报纸。在九龙火车站候车时，有一位穿着比较朴素，年纪也比较轻，看上去不是很圆滑的记者，说是《大公报》记者，于是我将那份声明给了他，他拿着声明就走了。”10 月 9 日《大公报》全文刊登了 24 位归国人员署名的《向祖国致敬》。内容如下：

今天我们重新踏上祖国的土地，觉得无限的愉快和兴奋。过去四五年来，因为美国政府无理的羁留，归国无期，天天在焦虑和气愤中过活。现在靠了政府在外交上严正有力的支持，和世界爱好和平的人民在舆论上的援助，我们才能安然返国，我们向政府和所有帮助我们的人民致谢。

回想解放以前，人民生活困苦，国际地位低落。再看见现在的

① HongKong Standard, October 9, 1955.

祖国，充满着生气和希望，处处在大量的建设，人人都快乐的奋进，短短的几年中有这样的成就，简直是一个奇迹。我们深知这奇迹是国内父老兄弟姊妹们在中国共产党正确的领导下，用血汗争取得来的。但在那最艰苦的解放建国初期中，我们身在海外，无法来尽我们应尽的责任。今天却回来分享这做一个新中国人民的光荣，实在非常惭愧。

从旧社会里出来，又多年生活在一个资本主义的国家里，一旦回到人民民主主义的新中国来，思想上一定会落后，不自觉地仍有余毒。我们要抱着决心，处处去向人民学习。同时我们要全心全力在英明的政府的领导下，来参加建国工作，向社会主义的光明前途迈进。

克利夫兰轮十月八日由美抵港全体归国同学钱学森、蒋英、王祖耆、何国柱、沈学均、李整武、洪用林、胡聿贤、陈炳兆、孙湘、陆孝颐、许国志、许顺生、张士铎、张发慧、冯启德、疏松桂、蒋丽金、刘豫麒、刘尔雄、刘骊生、戴月棣、肖伦、肖蓉春。①

钱学森等一行在九龙火车站等候了两个多小时，中午时分，他们搭乘 11 时 25 分的火车赴穗。下午 1 时许，钱学森等一行归国人员到达了罗湖桥火车站。②然后在英国警察的监视下通过了罗湖桥。

第二节　新中国的救援：高层关注，集体协作

新中国成立后，海外学子归国问题一直牵动着祖国母亲的心。根据美国华美协进社出版的在美国专科学校和大学中的中国学生指

---

①《钱学森等经港回国》,《大公报》(香港) 1955 年 10 月 9 日。

② First Chinese from US cross line, The Manila Times, October 9, 1955.

南，在1953—1954学年中，在美国的中国学生有2564人，就是说每13名外籍学生中就有一名中国留学生。他们还表示，这些中国学生散布在45个州和夏威夷及华盛顿的497个不同的学校中，其中1440名是大学生，994人是研究生，95名是没有正式学籍的学生，35名是专业研究生。他们专修164种学科。①

在中美大使级会谈中，我政府得知美国已经取消禁止钱离美的命令，陈叔通遂于9月7日给钱学森发了一份电报。电文如下：

钱学森博士鉴。六月十五日函悉。美方在日内瓦通知我方已取消禁你离美的命令。你可随时回国。望电告行期。如有阻难，亦望电告。回电请发北京中国人民代表大会常务委员会。

关于钱学森于6月15日写给陈叔通的那封求援信，现在说法也很多，大多数人的意见是，陈叔通收到那封信后直接交到了周恩来手上或者放到他的办公桌上。但是，根据最新解密的档案，有必要就那封求援信的流传经过做一个翔实的交代。

1955年5月某一天，蒋英打电话到中国城买菜，要买大白菜和粉丝，并请他们送到家里来。美国的华侨就把菜送过来了，在菜篮子下面垫着一份《中国画报》，里面有一张国家领导人在天安门城楼上检阅游行队伍的照片，在这张照片上，有一位钱学森夫妇很熟悉的老人——陈叔通。钱学森夫妇叫他为太老师，陈叔通是求是书院的老师，是蒋英和钱学森双方父亲的老师。所以他们看到陈叔通的照片，高兴极了。②一方面，他们认为陈老当时担任全国人大常委会副

①《蒋匪中央社报道我国留美学生人数和分布情况》，中国外交部档案馆馆藏档案，档案号：111-00054-09。

② 2010年5月25日，著者采访蒋英。采访地点：受访人家中。

委员长，并且是毛泽东和周恩来的挚密朋友，他们的求助能够得到国家的支持。另一方面，陈老是一位爱国主义者，民主革命家，受父辈耳濡目染，钱学森夫妇对陈叔通尊敬有加。[①] 正如他在求援信中所说："(叔)老先生为人民服务及努力的精神，使我们感动佩服！"于是他们就想办法跟陈叔通联系。

6月15日，钱学森就给陈叔通写了一封信，告知近况，希望得到中国政府的支持和援救。信文如下：

叔通太老师先生：自一九四七年九月拜别后，久未通信，然自报章期刊上见到，老先生为人民服务及努力的精神，使我们感动佩服！学森数年前认识错误，以致被美政府拘留，今已五年。无一日、一时、一刻不思归国参加伟大的建设高潮。然而世界情势上有更重要更迫急的问题等待解决，学森等个人们的处境，是不能用来诉苦的。学森这几年中惟以在可能范围内努力思考学问，以备他日归国之用。但是现在报纸上说中美有交换被拘留人之可能，而美方又说谎谓中国学生愿回国者皆已放回，我们不免焦急。我政府千万不可信他们的话，除去学森外，尚有多少同胞，欲归不得者。以学森所知者，即有郭永怀一家，其他尚不知道确实姓名。这些人不回来，美国人是不能释放的。当然我政府是明白的，美政府的说谎是骗不了的。然我们在长期等待解放，心急如火，惟恐错过机会，请老先生原谅，请政府原谅！[②]

这封信写好后，蒋英就用左手模仿小孩子的笔迹写了一个信封。由于他们的信件受到严格审查，怎么投出去是个问题。据蒋英

① 张现民、范丰花：《陈叔通与钱学森回国》，《浙江档案》2006年第8期。
② 中国外交部档案馆馆藏档案，档案号：111-00081-03。

说：“寄到中国是不可能了，只好寄到比利时。我们就开车到黑人居多的超市，悄悄地把那封信寄了出去，那时候，特务不会检查到那里去。”①

果真，这封信如愿以偿地寄到了比利时蒋英妹妹——蒋华那里。据后来我们采访蒋华得知，她当时也不知道陈叔通是谁，也不知道寄到哪里，只知道他们急切需要援助。就像姐姐说得“像是生活在笼子里的鸟”。她只认识钱学森的爸爸钱均夫，于是收到信件后就将信件转寄当时住在上海愚园路 1032 弄 111 号的钱均夫。回忆那段难忘的岁月以及协助钱学森回国，蒋华还颇为动情地说：“我一生中做的最大的事情就是帮助我姐夫回国。我姐夫回国前，三姐常常写信说，他们像是生活在笼子里的小鸟，出不来，当时没有一个基本的认识。但是回中国探亲，知道自己姐夫在中国取得了这么大的成就，感到自己做的最大的事情就是帮助自己的姐夫回国。”②

钱均夫收到信件后，感到事情的严重性，但是由于陈叔通到芬兰访问了，因此直到陈叔通回来，才于 7 月 7 日，钱均夫致函陈叔通。全文如下：

通丈钧鉴：四月廿九日接奉覆示，旋于卅日又接到掷还之镜框一件，本应早日裁答，奈节日前后，杭市教育工作人员分队来沪参观苏联展览会，舍侄女二人，一为杭师附小级任教员；一为王马巷小学校长，亦先后来沪，均暂寄宿晚寓，而旧友中现仍任教育工作者亦来见访，因此抽不出时间果愿，歉歉。不料五月四日起，初患感冒，又变成肺炎，服西药愈，而后复发者再，遂改服中药，迟延至六月初，

① 2010 年 5 月 25 日，著者采访蒋英。采访地点：受访人家中。
② 2005 年 5 月 12 日，曾勋良、陈华新、史贵全就钱学森回国采访蒋华。采访地点：北京崇文门外大街便宜坊哈德门店。

方告痊愈。时届梅雨季节，右手臂关节炎症又发，直到上月半后方渐告康复，而此时报载吾丈荣任和平使者出国赴芬，本月四日沪报又载吾丈于二日坐飞机归来。因六月底小儿学森为欲归之志愿不遂，最近又看到同学中之放回者，特附笔，转恳鉴察其苦衷，得便向中枢申说，但此时正值人代大会开第二次大会，吾丈公务纷繁，不宜冒渎清神，但复念及吾丈对于学森行愿素所爱护，商诸直生、鹓先两兄，亦以即日附呈为是用。特转上，得暇再为料理。专上，顺颂公绥，附信一纸。[①]

钱均夫还将儿子写给陈叔通的信件一并寄出。7 月 11 日，陈叔通收到钱均夫的来信，遂转交中国科学院副院长竺可桢。7 月 12 日，竺可桢就此事致函中国科学院党组书记、副院长张稼夫。信中说：

昨天，陈叔老交来被美帝扣留在加州的我国留学生、加州理工学院航空工程教授钱学森和他父亲均甫（夫）先生的信各一封。叔老的意思希望我院能设法经过外交方式使钱学森能回国。从钱（学森）个人信里可以看出他是急切地想回国，而且极不愿再留在美帝的。但从附来美国报纸的新闻（1953 年 3 月）就可以看出美帝把钱（学森）看作航空工程的权威，而且以他为飞箭的专家，而这飞箭是美国想用来运载原子武器的，从此可以看出美帝之所以扣留钱（学森），并不是因为他携带 1800 本书，而是怕钱（学森）回国后为祖国服务。院里应该如何拯救钱君使他脱离虎口，请你设法。[②]

竺可桢还将钱学森的来信以及钱均夫的书信一起寄给张稼夫。

---

① 中国外交部档案馆馆藏档案，档案号：111–00081–03。

② 中国外交部档案馆馆藏档案，档案号：111–00081–03。

竺可桢在信件还说，所提郭永怀教授系原子物理专家，也应向美帝争取。

7月17日，张稼夫在接到竺可桢的信函后特向陈毅副总理进行了报告。报告说：

竺可桢副院长接到陈叔通先生交来被美帝扣留的我国科学家——加州理工学院航空工程教授钱学森和钱父的来信各一封，信中表示迫切希望归国参加祖国建设。据竺副院长说钱（学森）是研究火箭的专家，从美国报纸上看出美帝是把钱（学森）当作航空工程的权威而扣留的。现将信件送上，请考虑由外交部情报司先对此人情况加以了解后，考虑是否有必要设法争取其回国。[①]

7月21日，陈毅在报告上批示："汉夫同志，请外交部想办法，如何？"外交部在接到陈毅的批示后，就安排有关部门调查钱学森回国受阻一事。7月29日，外交部美澳司司长徐永煐就美国扣留钱学森事以及外交部初步处理意见向外交部副部长章汉夫、外交部部长助理乔冠华作了详细的汇报，他首先报告了钱学森的简历以及钱学森被捕扣留的情况。最后提出了详尽的处理意见："钱学森是喷气式飞机和火箭专家，在美国有相当地位，因此估计美国可能还不会轻易放他回来。但是，由于四大国会议后国际局势一般趋于和缓，美国又终于接受了周总理在万隆会议所宣布的中美直接谈判的建议，因此也有放他回来的可能，或以放钱（学森）作为对我释放更多一些美国在华人员的相应行动。如在会谈开始时已有钱（学森）回国的消息，则会谈中当然不提此事。如尚无被放回的消息，则我方应在此次日内瓦会

① 中国外交部档案馆馆藏档案，档案号：111-00081-03。

谈中谈到我留学生和侨民问题的时候，具体问美方关于钱（学森）的情况和是否放他回国。如对方作肯定答复，此问题即不再提。如不肯定，则提出释放的要求。如说不放，则用说理的态度，而坚持释放的要求。以上是否有当，请予批示。”8 月 2 日，章批：“阅”；乔冠华批示说：“同意所呈意见。”这封信则成为中国政府在大使级第四次会谈中的重要证据，这在第六章已有详述，在此不作赘述。

不仅陈毅批转钱学森来信，责成外交部协助钱学森回国，而且还有一些人士也给外交部写信要求援救钱学森回国，如徐璋本。徐璋本是钱学森小学时期和中学时期的同学，比钱学森低一级。在交通大学时，他也休学一年，由于钱学森也休学一年，所以徐璋本仍低钱学森一级。在交通大学读书时，徐璋本不问政治。交通大学毕业后，徐璋本到一电报公司做工程师。1938 年，徐璋本到加州理工学院读书，两人再次在美国相见。1940 年，徐璋本读完博士学位回国，到湖南大学教物理，后联系甚少。1950 年，徐璋本到哈佛大学工作，后又到加州理工学院工作，再次与钱学森相见在异国他乡。1950 年后，徐璋本也积极争取回国，美国移民局对他也不客气，拒绝他回国。但他表示，斗争回国。他曾代表南加州要回国的中国人到美国东部开过一个会，同其他 25 名学生一起给艾森豪威尔写了一封公开信，向驻日内瓦中国大使馆寄中国留美学生名单。他们在给艾森豪威尔的信中说，他们希望回大陆去与他们的家人团聚，他们七年没有看到他们大部分的家人了。他们是学工程、医学和自然科学的，但是他们没有任何秘密的知识，并认为他们的离去丝毫也不会危及美国的安全。他们没有受到要他们回去的压力。他们因远离家人而苦恼，并为他们无限期地留在美国而觉得无所依归。他们希望现在给他们出境许可证。

也是经过五年的斗争，徐璋本于 1955 年 5 月回国。在徐璋本回国前，钱学森专门找到他，并告诉他：“最好能在今年暑假回去”，并希望他回国后秘密转告科学院及政府方面，寻求协助。

7月29日，徐璋本给中华全国自然科学专门学会联合会写了一封信，希望该学会协助并商请外交部在日内瓦会谈时设法协助钱学森早日回国。函文如下：

中华全国自然科学专门学会联合会台鉴，按具甬人徐璋本于五月离美返国时，现任美国加省理工大学教授钱学森先生曾再三相告，他期望于今年暑假中返国服务。按钱先生于一九五〇年起程返国时横遭美政府移民局阻止并加逮捕，后起诉，结果，反被美政府无理判决不准离境且限制他不得自由离开洛杉矶区，迄今五年，情势并无变更。为协助钱先生心切返国服务之热忱，希望学联会诸位先生赐与研商并与我政府外交部协商于日内瓦中美两政府大使级会谈时尽力设法俾钱学森先生能于最短期间返国服务，不再受美政府无理阻扰是我国学术界和他的朋友们所馨香祈祷的，书不尽意。①

中华全国自然科学专门学会联合会在收到徐璋本的来信后，遂于8月4日致函外交部，把有关情况向外交部作了报告。函文如下：

我会收到本年五月返国留学生徐璋本来函称："现任美国加省理工大学教授钱学森先生于一九五〇年返国时遭美国政府逮捕且被限制不得自由离开洛杉矶区，至今情势并无变更，钱学森先生返国服务心切，希望设法协助其回国。"兹将原函转至你部，是否可以设法协助

①《关于我留美科学家钱学森回国的有关资料》，中国外交部档案馆馆藏档案，档案号：111-00081-03。

钱学森先生返国服务，请研究示复，以便函复徐璋本为荷。[①]

8月6日，外交部收到该文件。8月9日，外交部在文件上批示："建议函复该会，此事我们正尽力争取。"当天，美澳司起草了复函初稿。8月10日，美澳司司长徐永煐签发了该文件。8月11日，外交部发文函复中华全国自然科学专门学会联合会。函文如下：

一九五五年八月四日联会字第六〇六号来文及附件收悉。关于被美国无理扣留的钱学森教授回国问题，我们正在设法协助他早日回国参加建设工作。谨复。[②]

当时还有一事加重了中国政府对留学生归国问题的关注，那就是谢家麟案。谢家麟是在1947年到美国去学物理的。1951年，在斯坦福大学获得物理学博士学位。1955年7月，谢家麟开始了回国的旅程，他在洛杉矶码头登船之后，收到电报说他在美国的妹妹病重，心脏出血，叫他回去看望。他于是下了船，打了电话问他妹妹的病情。当他回到码头时，船已开走，他只得雇了一个小船，急忙赶上船去。船到檀香山后，谢家麟又接到他原来服务的机关打来的电报说，希望他回到美国去工作。该机关并且给参议员道格拉斯和移民局局长写信，为他办好回美国的手续，希望谢家麟在日本登陆，再向美国打长途电话联系。

当谢家麟所乘船只于7月25日到达日本后，许多新闻记者上船来见他，劝他回美国去。谢家麟见情势不妙，就表示不愿再回美国，

① 《关于我留美科学家钱学森回国的有关资料》，中国外交部档案馆馆藏档案，档案号：111-00081-03。
② 《关于我留美科学家钱学森回国的有关资料》，中国外交部档案馆馆藏档案，档案号：111-00081-03。

连长途电话也不敢去打。

7月29日，邮轮到了马尼拉，他看到马尼拉报纸上有消息说，他在中国的家人已不知去向，要谢家麟回美国去。美国大使馆人员和台湾的代表，姓周，自称大使，都上船去找他，说已为他做好了一切回美国去的安排，如果他愿意回去，可以在马尼拉登陆，然后坐飞机回美国。谢家麟在马尼拉接待了记者，发表了三点声明：一、他在中国的家庭没有问题；二、他曾一度想回美国去，但现已决定不再回去；三、他决定回中国去。

8月1日船抵达香港后，又有美国驻港副领事找谢家麟，说接到美国白宫电报，要弄清楚是否有人强迫谢家麟回中国。那位领事还说，如果谢家麟想回美国，一切手续都已办妥，而且回去后还可以照常工作，但是美国政府绝不强迫他回去。谢家麟拒绝回美后，他说要把谢家麟在马尼拉发表的声明寄回美国去，要谢家麟在声明上签字。谢家麟到九龙车站后，出现了一个来历不明的中国人，恐吓他说："你的家属被中国共产党判了。"谢家麟没有理会他。谢家麟最终在8月1日离开香港到达深圳，次日即由深圳入境，于下午6时30分抵达广州。8月3日晚，谢家麟在广州把情况报告给外交部。外交部利用电话记录把有关情况向主要领导报告。

谢家麟所受的遭遇是那个时代很多留学生回国遭遇非难的一个典型。谢家麟案传到我外交部，引起外交部对留学生归国安全的更大关注。当得知钱学森可以回国时，外交部就在积极努力协助做好钱学森的回国工作。

9月21日，为了确保行程中的安全，外交部以钱均夫的名义给归途中的钱学森发了一份电报，并通过香港海岸电台呼叫"克利夫兰"船长转钱学森。电文如下：

知你回国，甚慰。望小心保重，沿途勿登岸。政府将派人在边境车站接你。均甫（夫）。①

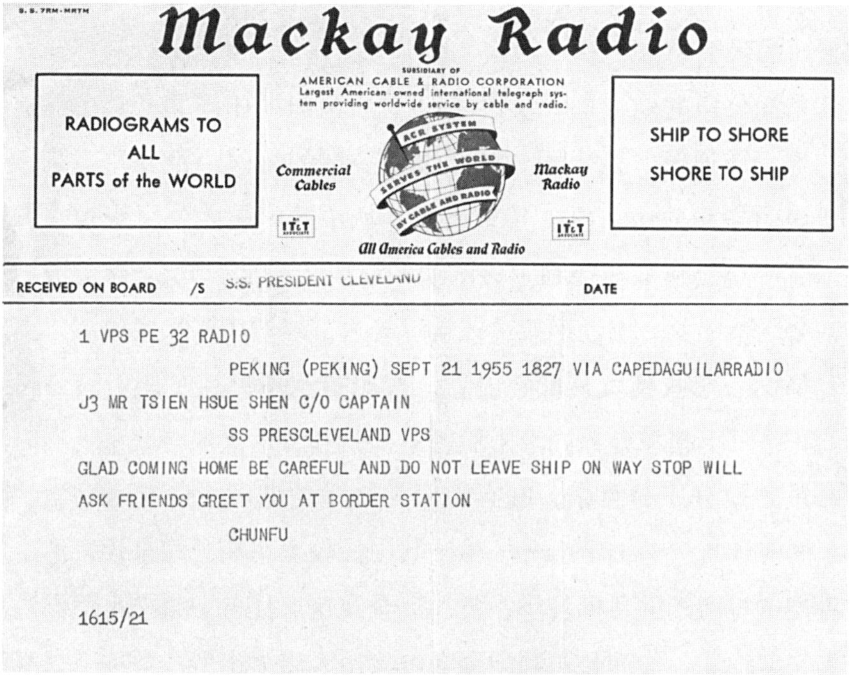
S. S. 7RM-MRTM

Mackay Radio

SUBSIDIARY OF
AMERICAN CABLE & RADIO CORPORATION
Largest American owned international telegraph system providing worldwide service by cable and radio.

RADIOGRAMS TO ALL PARTS of the WORLD

Commercial Cables

ACR SYSTEM SERVES THE WORLD BY CABLE AND RADIO

Mackay Radio

SHIP TO SHORE
SHORE TO SHIP

All America Cables and Radio

RECEIVED ON BOARD /S S.S. PRESIDENT CLEVELAND DATE

1 VPS PE 32 RADIO
PEKING (PEKING) SEPT 21 1955 1827 VIA CAPEDAGUILARRADIO
J3 MR TSIEN HSUE SHEN C/O CAPTAIN
SS PRESCLEVELAND VPS
GLAD COMING HOME BE CAREFUL AND DO NOT LEAVE SHIP ON WAY STOP WILL
ASK FRIENDS GREET YOU AT BORDER STATION
CHUNFU

1615/21

外交部以钱学森父亲名义给钱学森的电报

9月22日，中华人民共和国外交部、新华社联合给新华社香港分社发了一份加急秘密电报，要求派记者陪钱学森入境：“留美学生钱学森博士九月十七日乘‘克里（利）夫兰’号轮离美，抵港当在十月上旬，请注意他抵港日期并于抵港时派人接他并陪他到深圳。”

为了处理好钱学森赴香港的安全问题，国务院领导在指示外交部的同时，还指示贸易部做好协助工作，因为中共中央贸易部（对外经贸部前身）有很多境外的联系和交往。1955年9月20日，贸易部办公厅机要处收到总理办公室转来的密件，要求贸易部协助钱学森回

① 中国外交部档案馆馆藏档案，档案号：111-00081-03。

国事宜。时任贸易部办公厅副主任崔哲将这份密件递交给李强副部长（叶季壮部长不在北京）手中时，“钱学森”这三个字马上引起李强的高度重视。他马上指示崔哲，抓紧时间以密电形式将信息告知香港华润公司的张平同志。

华润公司的前身是“联和行”，是抗战时期中国共产党在香港建立的地下交通站，是中国共产党设在香港的海外经济联络点。1948年更名为华润公司。1952年隶属关系从中共中央办公厅变为中央贸易部。中央贸易部在接到中央的通知后电告华润公司：“指定可靠同志，会同蔡福就、方远谋接送钱学森等人，经费由张平拨付。”①

华润公司收到贸易部急电后，按照指示意见，时任华润公司经理的张平马上指派专人同港中旅的蔡福就和方远谋取得联系。当时港中旅员工成分十分复杂，既有中国共产党的党员，也有国民党的干部，同时还有一些旧帮会分子掺杂其中。较之华润公司来说，港中旅在香港进行活动的目标较小，更加适合在这次任务中直接出面同港英当局交涉沟通。华润公司则配合港中旅出人出力出钱。蔡福就认真听取了华润公司同志们的意见，同华润公司积极配合开展工作。当时大家认为：“华润公司和港中旅虽然是两家不同的公司，但所承担的任务是同样的。大家只有一个心思就是一定要把前期准备工作做好，保证钱先生一行在香港不出任何纰漏，让钱先生一行平安。”

华润公司与港中旅多次磋商，希望有一套切实可行的接送方案。经多方面努力后，方案终于出炉。他们认为，由华润公司利用在香港的船运业、港英当局海关和移民部门中的关系，设法在钱学森一行乘坐的邮轮靠岸前，派出他们自己的同志登船同钱学森取得联系。这样可以让钱先生一行在登岸前就可以感受到来自祖国同胞们的欢迎和问

① 蔡福就为中共党员，时任港中旅副经理；方远谋时任港中旅经理，此时并未加入共产党；张平时任华润公司经理。

候。钱先生就是在港中旅同志的陪同下先从大邮轮换乘到华润公司事先准备好的小游艇上，然后抵达香港码头。

1955 年，香港的环境可以说仍是鱼龙混杂，面对各种敌对势力，华润公司的同志根据经验，建议钱学森一行最好不要在香港停靠，尽快从香港九龙乘火车赶赴深圳。华润公司张平要求华润公司的同志提前几天为钱学森订好 10 月 8 日从九龙到深圳的火车票。华润公司在谈到这次迎接钱学森回国时说："1955 年 10 月 8 日下午，当钱学森先生一家连同其他二十二位留学美国的中国科学家一起走出深圳火车站的时候，所有的中国人可能都未曾想到，他们中有一个成为中国国防工业和航天领域的缔造者，1955 年 10 月 8 日，走出深圳火车站的那二十二位中国人不但影响了时代，更创造了时代。他们用饱满的民族自豪感和无上的爱国主义情操，给我们的民族以尊严。老一辈的华润人，有幸经历了一次又一次历史的重大事件，他们和他们的'华润'也在历史中创造着历史。"①

为了做好钱学森回国的接待工作，国务院分别给广东省和上海市电报，要求协助做好接待工作。9 月 27 日，国务院给广东省人民委员会和上海市人民委员会各发了一份加急电报，要求协助做好迎接钱学森回国工作，电文由国务院副总理陈毅签发。在给广东省人民委员会的电文中说：

在美国之科学家钱学森，已经美帝释放，于本月十七日由加利福尼亚动身返国，约于下月初经香港入国境。科学院特派朱兆祥同志偕家属去接。希予协助并对钱（学森）与其家属之食宿负责接待。②

① 吴学先:《护送钱学森先生去回祖国》，钱学森图书馆馆藏。
② 中国外交部档案馆馆藏档案，档案号：111-00117-07（1）。

按照国务院领导安排，中国科学院具体负责迎接钱学森回国的工作。9月20日，陈毅副总理指示中国科学院代表去深圳迎接钱学森并安全护送他到北京。当天，秦力生找到中国科学院办公厅借调来的朱兆祥同志。他当时是中华全国科学技术普及协会的常委又兼秘书处的负责人，英语较好。秦力生对朱兆祥说："给你一个特殊的任务，去欢迎著名的科学家钱学森归来。现在确知他三天前已乘坐'克利夫兰总统号'邮轮从美国起程，陈毅副总理要科学院派代表去深圳迎接他，把他安全护送到北京。看来，你是最合适的人选。"

朱兆祥一听是陈毅交代的任务，不觉一怔。他很清楚陈毅时任国务院副总理。他的意见就是代表党中央的声音，他交代要去迎接钱学森，那可是非同小可的一件政治任务！朱兆祥顿时感到肩上沉甸甸的。

朱兆祥接受任务后，很快就去拜访了中国科学院副院长吴有训和科学院物理研究所所长钱三强。吴有训和钱三强谈了钱学森归来后如何发挥其特长以及成立中国科学院力学研究所的事。

那时朱兆祥并不认识钱学森，为了做好接站前的准备工作，出发前朱兆祥还找到了中国科学院近代物理研究所的赵忠尧和数学所的郑哲敏先生，因为他们在美国时都与钱学森关系比较熟，了解钱学森的一些情况。赵忠尧回国前也是加州理工学院教授，与钱学森熟知。郑哲敏则是钱学森在美国培养的博士生。这次朱兆祥找他们，请他们介绍在美国留学时了解的钱学森的一些情况。据郑哲敏回忆："一天，一位身着干部服的人来数学所力学研究室来访问我，自我介绍说是朱兆祥，在科普协会工作。接到一个任务，准备到深圳欢迎钱学森先生一家回国，希望我为他提供钱家的一些情况。我一一作答并给了他一份书面材料。那天，我们谈得很投机，我的感觉很好。一个重要的原因是他平易近人，不要官腔，不盛气凌人，有文化，有修养，能体谅和尊重他人。"[①]

离京出发前，9 月 22 日，吴有训将他和陶孟和联名写给钱学森的书信交给前往深圳迎接的朱兆祥。不几天，朱兆祥踏上了南下的列车，专程来到上海，特地拜望钱学森的父亲——钱均夫先生。朱兆祥知道这位钱老先生是一位德高望重的人物。他是我国早期杰出的教育家，从小就读于杭州求是书院（浙江大学前身），后又到日本学习地理和历史，归国后供职于当时北京的教育部。他还是中国著名人物蒋百里、鲁迅和许寿裳的好友和同乡。在孩子培养方面，他十分重视培养孩子养成做事有条理的习惯。在钱学森赴美学习期间，多次鼓励他要学有所成，早日归来报效祖国。所以，朱兆祥拜望钱老先生时，格外敬重这位老人。钱均夫还给朱兆祥一张钱学森夫妇及其子女永刚、永真的合影，以便在口岸迎接时准确辨认。为了做好迎接钱学森的准备工作，安全、圆满地完成国务院和中国科学院领导交给他的任务，朱兆祥先期赶到广州，与广东省有关方面接洽商谈迎接钱学森事宜。据广东省档案馆一份文件《报告：关于留美回国学生事》载，朱处长[②]十月一日抵穗。[③]

在朱兆祥赶到广州之前，国务院的电报已发至广东省人民委员会。所以，朱兆祥到达广州时，广东省人民委员会、广东省人民政府已做好了迎接钱学森的全面安排，特委派负责接待工作的邵副处长陪同朱兆祥前往深圳欢迎钱学森归国。

第三节　从深圳到北京："我终于回来了"

1955 年 10 月 7 日晚上，朱兆祥和广东省人民政府派的交际处的

① 2013 年 6 月 6 日，著者采访郑哲敏。采访地点：中国科学院力学研究所会议室。
② 朱处长，指朱兆祥。
③《报告：关于留美回国学生事》，广东省档案馆馆藏档案，档案号：240-1-577-45。

邵副处长先期来到深圳。8日早晨从香港中国旅行社得知“克利夫兰总统号”将在9点停靠九龙码头。然后由香港殖民地军警“押送过境”，从罗湖桥进入祖国的南大门。8日上午，朱兆祥和邵副处长早早地就在桥头等候。罗湖桥是一条铁路桥，桥的两岸都有紧闭的铁栅门，对岸桥头有几个荷枪实弹的英国士兵来回巡逻。中午时分，激动的时刻来临了。据朱兆祥讲：“铁门打开了，一行人陆续上了桥，当我正在逐个辨认之时，走到前面的人已经走到我跟前。我猛一转首，看到一张张噙着眼泪的笑脸迎我而来，他们看到我这个第一个祖国亲人，也不问究竟，就使劲地握着我的手。我惶惑地不知怎样来表达我的感情，因为此时我的注意力集中搜索我的目标，对这没有料到的热情场面事先没有思想准备。在我旁边的邵副处长发现了目标，我顺着他的手指望过去，钱先生一家徐徐走过来了，他的神情很庄重，带着忧郁过后的开朗。他的夫人蒋英走在他前面，手上提了一把吉他。两个孩子和他们携手并行。我抢前一步过去向他们介绍自己，永刚和永真两个天真的孩子拉着我的手，不停地喊着：‘Uncle Zhu, Uncle Zhu’，他们也和父母一样沉浸在回到祖国的幸福之中。”① 钱学森后来回忆在深圳踏上祖国土地时说：“对我个人来说，深圳是我滞留美国二十年后，于一九五五年乘客轮横渡太平洋，在九龙登陆后，走上祖国的第一站！我也记得在边界就见到五星红旗和毛主席像的激动心情！”② 他在回忆文章中还说：“经过短短的火车行程，我们抵达深圳对岸，我们中的一位同志大声喊‘看，五星红旗’。是的，这是我们的红旗，如此鲜艳。在中午太阳的光照下熠熠闪光。我们所有的人突

① 朱兆祥：《钱学森1955年回国和参观东北的经过》（上、下篇），《神州学人》2010年第1期。

② 1998年11月10日，钱学森给鲍世行、顾孟潮的信。涂元季主编：《钱学森书信》第10卷，国防工业出版社2007年版，第414页。

然沉静下来，很多人眼里噙着泪花。我们跨过了桥，我们来到了我们的国家，我们的祖国，我们引以自豪的国度——一块四千年文明从未间断的土地。我们还从扩音器里听到‘欢迎你，同胞们！整个国家欢迎你！我们现在正处在五年计划的第三年，我们需要你。让我们一起工作，为更加美好、更加富饶的生活努力吧！’这时，我们感到异常的兴奋。”①

钱学森一家经过罗湖桥前往深圳

随着归国学生通过罗湖桥踏入祖国的土地，队伍也开始分散了。朱兆祥代表中国科学院除迎接钱学森一家外，还迎接同时从美国加州理工学院所在地帕萨迪纳出发，和钱先生一家一路同行的李整武、孙湘教授一家。会合后，他们一起步行去深圳火车站事先准备好的接待室休息。进入深圳车站休息室坐定后，朱兆祥把科学院副院长吴有训和陶孟和的欢迎函交给钱学森。信函如下：

① Tsien Hsue-shen, A Chinese Scientist Comes Home, People's China, February 1, 1956.

学森先生：先生排除万难返回祖国，我们感到无比欣慰。兹特派朱兆祥同志代表中国科学院前来欢迎。希望不久就能和您在北京相会。[①]

钱学森看完，激动不已，立即站了起来，再次和前来迎接他的代表握手，并走到李整武教授的跟前说：“整武兄，这下我们真的到了中国了。恭喜！恭喜！”两个人又激动地握手。孙湘急忙把怀中的孩儿递给丈夫，从手提包里取出他们从洛杉矶启程那天的报纸给朱兆祥看，上面印着特大字号的通栏标题——《火箭专家钱学森今天返回红色中国》。朱兆祥浏览报纸后感叹地说：“是啊，钱学森他们冲破重重阻挠才归来的，其中的辛酸和苦衷，是一般人无法体验到的啊！”[②] 接下来是钱学森等人办入境手续。程序是验查证件、兑换外币和填写《归国留学生自留学地点离境情况调查表》，里面有姓名、性别、籍贯、出生日期、学校名称、学科、学位、离开居留地以前住址、离侨居地之日期等内容，钱学森都一一认真填写。

10月8日下午4时，钱学森一家和李整武一家在科学院特派员代表的陪同下乘238次火车从深圳前往广州。路上，钱学森向朱兆祥讲述了在美国最后五年的遭遇，说，实际上这五年他是被软禁起来了，他的行动自由被限制了，不准他离开洛杉矶县境，每个月要到移民局报到一次，信件和电话受到检查，美国联邦调查局的特务可以任意进入他的住宅。这时，蒋英插话说：“我最讨厌的就是那些美国特务，他们平白无故地闯到我家来，在客厅里一声不响地坐上半天，他们以此来恐吓我们，在精神上折磨我们。为了避免牵累朋友们，我们

① 钱学森图书馆馆藏档案，总登记号：000730。
② 朱兆祥：《钱学森1955年回国和参观东北的经过》（上、下篇），《神州学人》2010年第1期。

和他们都很少来往，过着孤独的生活，学森也变得沉默寡言了。今天是他 5 年来说话最多的一天了，回到了祖国，可以自由地说话了。”①

当晚 8 点 40 分，他们乘坐的火车到达广州。在广州火车站迎接的有广东省人民委员会办公室副主任郑天保、中国科学院华南植物研究所所长陈焕镛、中山大学校长许崇清、华南工学院院长罗明燏、华南医学院副院长梁伯强等。②

第二天，广东省人民委员会书记陶铸会见了钱学森，并安排钱学森一家以及李整武一家游览广州名胜古迹越秀山、黄花岗等，还参观了农民运动讲习所以及苏联经济及文化建设成就展览会。谈到这次在广州的参观，钱学森说：“在广州待的时间很短，因为我以前没有来过，所以也不能和过去进行比较。但我参观的两个地方给我印象深刻。一个是苏联经济与文化建设成就展览会，一个是农民运动讲习所。苏联展览在一个宏大的建筑物里面举行，一个厅接着一个厅地进行展示。主要展示了苏联在农业、教育、纺织、音乐、科学、机械、食品等方面所取得的最新成就。这是我第一次目睹那个国家。……对我身边大部分群众而言，对我同胞来说，苏联展览确实让人大开眼界。它向他们展示，如果他们在五年计划里也和苏联朋友一样，那么他们的生活也会那样。”“农民运动讲习所则呈现不同的风格，曾经为当地庙宇，现在则成为农民运动组织者的第一个学校，这个学校的组织者就是毛泽东。建筑整修一新，装饰则保持着 1925—1927 年学校运行时的风格，非常朴素简单。……我怀着崇敬的心情离开了讲习所。”③

---

① 朱兆祥：《钱学森 1955 年回国和参观东北的经过》（上、下篇），《神州学人》2010 年第 1 期。

②《著名的我国科学家钱学森由美归国到达广州》，《南方日报》1955 年 10 月 11 日。

③ Tsien Hsue-shen, A Chinese Scientist Comes Home, People’s China, February 1, 1956.

钱学森还在广州书店购买了《中华人民共和国宪法》和《中华人民共和国发展国民经济的第一个五年计划（1953—1957）》。9日晚，中华全国自然科学专门学会联合会广州分会设宴为钱学森、李整武两家洗尘。当晚出席作陪的有广东省副省长陈汝棠、广东省人民委员会秘书长林克泽、广东省华侨事务委员会主任委员饶彰风、中华全国自然科学专门学会联合会广州分会副主席杜国庠、中国科学院华南植物研究所所长陈焕镛、中山大学校长许崇清等。[①] 钱学森回国引起各级领导的密切关注，就在钱学森即将离开广州前夕，中国外交部还打电话询问钱学森的情况。

10月10日，上午8时45分，钱学森一家在朱兆祥的陪同下乘火车离开广州赶赴上海。为了邀请钱学森父亲一同前往车站迎接，10月11日，中国科学院上海办事处专门致函钱家治（钱学森父亲，又名钱均夫）。函文如下："从美国归来钱学森博士等一行将于十月十二日（星期三）上午十时十三分到达上海，请拨冗前往车站欢迎，并请于九时四十分前凭函至上海北站休息室集合。"

次日上午10时13分，钱学森在朱兆祥的陪同下抵达上海火车站，73岁的老父亲钱均夫亲自到车站迎接。到车站欢迎的还有中国科学院上海办事处及各研究所负责人王仲良、冯德培、罗宗洛，上海市人民委员会办公厅副主任管易文及上海高等教育管理局代表等。回到家后，钱学森的父亲为了欢迎他，特地买了一套他喜爱的复制的"中国古代名画"送给他。晚上，中国科学院上海办事处特为钱学森举办了欢迎晚宴。13日，钱学森前往中国科学院上海植物生理研究所参观，并拜会加州理工学院校友殷宏章。

---

①《钱学森回国受热烈欢迎》，《大公报》（香港）1955年10月10日。

钱学森在罗宗洛（左一）陪同下参观上海植物生理研究所实验室

10 月 15 日，朱兆祥陪同钱学森一家前往杭州祭祖，钱学森还到浙江大学考察。在浙江大学参观的时候，他被学生们热情地包围起来，他看到新中国青年学生们充满着学习求知的热情，看到学生们美好的学习环境，这一切都使他非常感动。[①]16 日，朱兆祥给中国科学院、外交部写了一份材料汇报迎接钱学森一家回国的情况。电文说：“钱学森等八日抵深圳，当晚抵广州。在穗游览一日后赴沪，十二日达，一路安全。据钱（学森）说，此行除在檀香山、马尼拉、（中国）香港等地受新闻记者包围外，美国当局未加阻挠，可能最近美国对此态度略有改变，因扣留不成，就讨些好，故未留难。经历了五年的软禁和特务跟踪的不自由生活，到达深圳后他们互道恭喜，如获新生。沿途我为他们介绍国内建设和科学事业发展情况，他们说：比他们所

① 柏生:《热爱祖国的科学家钱学森》,《人民日报》1955 年 11 月 3 日。

想象为最好的还要好，在国外消息隔膜，只能凭《人民画报》知道一些。国内公共场所的整洁和招待人员的效率都使他们惊异，感到祖国进步的神速。”① 电文还抄送总理办公室、高教部、文化部和新华社等部门。10 月 22 日，钱学森到母校交通大学访问。在彭康校长和陈石英副校长的陪同下，参观了同学宿舍和实验室。在修葺一新的第一学生宿舍里，钱学森说，21 年前曾经在这里住过，现在变得既敞亮又清洁了。在实验室里，他还仔细地研究着那些新添的设备，也和旧日的朋友作了亲切的交谈，兴奋地表示，学校的发展情况比他想象中的还要迅速。② 为了密切钱学森与母校的联系，25 日，交通大学再一次邀请钱学森来学校，与系主任、研究室主任等 30 余人进行座谈，座谈会由陈石英副校长主持。钱学森以他在美国经历的具体事实以及回到祖国后的所见所闻，深刻说明了美国科学研究受社会制度的制约，不能充分发展的情况；而我国的科学研究具有广阔的发展前途。最后他就近期所从事的研究工作与该校老师进行了交流。③ 除了上面的访问，朱兆祥还在其日记中补记了钱学森在上海和杭州的参观访问单位：上海的电机厂、汽轮机厂、有机所、冶陶所。杭州的博物馆。④

10 月 26 日，钱学森一家在朱兆祥的陪同下乘火车启程离沪赴京。10 月 28 日上午，钱学森一家抵达北京火车站。中国科学院副院长吴有训和首都著名科学家华罗庚、周培源、钱伟长、赵忠尧等 20 多人到车站迎接。

---

① 朱兆祥：《给中国科学院并转外交部电报》，中国外交部档案馆馆藏档案，档案号：111-00117-07（1）。

② 张现民主编：《钱学森年谱》上卷，中央文献出版社 2015 年版，第 112—113 页。

③ 交通大学政治辅导处校刊编辑室：《我国著名科学家钱学森博士来校访问并与教师们举行了座谈》，《交大》1955 年 11 月 10 日。

④ 朱兆祥笔记，藏于中国科学院力学研究所档案室。

钱学森抵达北京时与前来迎接的中国科学院副院长吴有训握手

关于这次朱兆祥接受的特殊接待任务，谈及自从踏上祖国土地一行北上回到北京的感受，钱学森在 1958 年 9 月 24 日的入党《自传》中回忆说："从香港码头上开始，通过中国旅行社的工作同志，我就感到祖国的温暖。过了国境，我们一家就见到科学院派来接我们的朱兆祥同志，对我们的照顾可以说是无微不至的。朱兆祥是我见到的第一个党员，我对他有感情和敬重的心。在广州的参观使我第一次感到毛主席的伟大，以及革命先烈对人民事业立下的丰功。我所接触的党的领导同志他们看事物的清晰、深刻，使我对他们起了敬佩的心。我的确认为党是英明的，我可以完全接受党的政策方针。经过上海、杭州，最后到了北京，沿途的招待使我心里很过意不去。原因是在资本主义社会的，谁也不会对谁有那样的关心。"

钱学森一家回到北京后，被临时安排入住北京饭店的256、257房间。在他到北京的第二天清早，他就带着妻子和两个孩子去观看他们曾经在美国日夜想念过的那个伟大的地方——中国人民伟大领袖毛泽东主席曾经在那里宣布中华人民共和国诞生的巍峨的天安门。站在天安门的广场上，他越发感到祖国的伟大和可爱。①面对着飘扬的五星红旗，钱学森感慨道："我相信我一定能回到祖国，现在，我终于回来了！"1955年11月1日，郭沫若代表中国科学院在北京饭店七楼为钱学森举行欢迎晚宴。参加晚宴的还有陈叔通、吴有训、钱伟长、周培源、叶企孙、饶树人、江泽涵、曾昭抡、华罗庚、茅唐臣、严慕光、秦力生、郁文等。郭沫若致欢迎词，钱学森致答谢词，蒋英为大家演唱了一支德国歌曲。②

钱学森回到北京立即引起了中央领导同志的高度重视。抵京后，周恩来总理办公室指示人民日报社，要求尽快采写一篇爱国科学家钱学森回国的通讯。人民日报社领导接到任务后，将这一重任交给陈柏生③。他们认为陈柏生报道过知识分子较多，写稿也是一个快手。陈柏生也深深被钱学森热爱祖国、报效人民的一片热诚感动，抓紧收集有关钱学森的资料，还打电话给朱兆祥。仅用了一天的时间，陈柏生就写好了3500多字的初稿，还请人转交钱学森修改审稿。这样，一篇《热爱祖国的科学家钱学森》很快就见诸11月3日的《人民日报》。陈柏生在回忆那篇文章采写时说："我在文章中集中介绍了钱学森的爱国情怀，以及他通过回国后短短一个月所见所闻，感受到党和政府对科学家、科技事业发展的重视，深信祖国有无限美好的前途，

① 柏生：《热爱祖国的科学家钱学森》，《人民日报》1955年11月3日。
② 张现民主编：《钱学森年谱》上卷，中央文献出版社2015年版，第114页。
③ 陈柏生，女，1926年1月21日出生，1948年7月毕业于清华大学中文系，是朱自清教授的弟子。1946年入党，1949年到人民日报社任记者。

自己回到祖国大有可为。”1955 年 11 月 4 日，陈毅副总理代表国务院接见了钱学森。接见时，钱学森谈了我国留美学生的情况，特别是我国留美学生渴望回归祖国的心情。[①] 随后，中国科学院特别安排，并经国务院批准，钱学森到工业基础较为雄厚的东北三省开展了为期一个月的考察学习，深入了解国内工业现状和有关院校、研究机构的研究基础等。钱学森正式以饱满的热情、昂扬的斗志投入到社会主义建设的怀抱，从此他的人生掀开了崭新的一页。

① 张现民主编:《钱学森年谱》上卷，中央文献出版社 2015 年版，第 114 页。

余　论

通过上面分析，我们不难看出，钱学森回国是国际形势演变的结果，也是中美两国对各自所需人才和双方滞留人员博弈的产物。钱学森回国历程是一部感人肺腑的爱国主义史诗，折射出钱学森回国愈难愈坚的心路历程，是其回国思想萌芽、激活和升华的集中体现，特别是美国当局的怀疑和迫害，使钱学森深受打击。士可杀，不可辱，钱学森回国决心弥坚。

钱学森回到北京后，在中央领导同志和中国科学院领导同志的关心和安排下，先后到中国科学院应用物理研究所、北京大学、清华大学、中央民族学院、国营北京第一棉纺织厂等研究单位、高校工厂参观调研。科学院领导还特别希望钱学森到东北参观考察，了解我国的工业现状。1955 年 11 月底，中国科学院提请并报国务院同意，特地安排钱学森到东北三省进行为期一个月的参观访问，主要访问了有关厂矿、学校和研究所。钱学森后来回忆说："我回到祖国不久，在科学院，科学院领导说'你刚回来先去看看中国的工业吧，中国工业最好的是东北'。我说东北我还没有去过。就这样到东北去学习。"①

① 钱学森：《"稳妥可靠，万无一失"——周恩来总理关怀和领导"两弹"研究、制造和试验的情况》，《文献和研究》1987 年第 1 期。

这次访问不仅为钱学森了解中国工业发展的基础和现状提供了直观认识，同时钱学森在访问哈尔滨军事工程学院时向陈赓大将说："外国人能搞得，为什么中国人不能搞，中国人就比他们矮一截？"正是这句话，坚定了中国领导决策层发展导弹火箭的决心，吹响了中国航天事业起步的新号角。

1955年12月26日，钱学森回到北京后，在陈赓和朱兆祥的陪同下到首都医院拜会了彭德怀元帅。随后叶剑英元帅也接见了钱学森。1956年2月16日，周恩来总理在陈毅、范长江、张稼夫、刘杰等陪同下会见了钱学森，并委托他写一份发展中国火箭、导弹的意见书。2月17日，钱学森撰写完成了《建立我国国防航空工业意见书》，意见书不仅就航空工业的组织架构进行了设计，而且对人员需求也作了系统安排，是中国发展导弹、火箭的纲领性文件，该意见书受到了党和国家领导人的高度重视。随后国防航空工业委员会也随之建立，发展导弹、火箭的第一个组织机构——国防部第五研究院也于钱学森回国一周年之际成立，钱学森担任首任院长，从此开始了中国航天事业的起步和创建阶段。

在钱学森回国事迹感召下，一批有志参加社会主义建设的海外留学人员也选择了回国的道路。例如，1956年回国的吴锡九，在其著作《回归》中这样说："在1956年追随钱学森归国"，"钱学森的回归行动对我们不仅具有爱国激励作用，而且又多了一层兄长式的表率作用。"[①]钱学森不仅自己回国服务，而且还希望动员更多留美学生回国参加社会主义建设的高潮。1955年底，钱学森、李整武、师昌绪、谢家麟、许国志等70名刚回国的留学生联名写了一封《写给留美的中国同学们》公开信。信中说："我们是最近回到祖国的一群，经过

① 吴锡九：《回归》，上海辞书出版社2012年版，作者简介及第68页。文章所说的兄长式的表率指吴锡九岳父朱家与钱家有友好关系。

几个月的观察和生活后，使我们感到有向您们作一个真切详尽报道的责任。一方面可以满足您们对祖国建设关怀的热诚，另一方面使您们明了我们回国后的实况，用来协助您们选择一条最光明最有意义的道路。”

信中还说：“我们进入国境后，在海关税务人员检查我们行李的时候，就深深领悟到新中国工作人员的办事精神，他们是热诚而有计划的，和善而不徇私的。他们为了把事情办好，常会做到深夜而不休息。他们意识着是为群众服务，不是在应付公事。他们在做事的开端有一个精密的计划，在事情完了以后，还要来一个检讨，讨论他们犯了的错误，这是个极其普遍的现象。在火车上，公共食堂，合作社，甚至私人办的商店里，他们都是本着为人民服务的态度来做事。商店‘百询不厌’，到处都是‘实事求是’，这是他们做事的基本精神，也是新中国伟大建设最主要的动力。这是完全出于自发的，是由自我批判中慢慢养成的。他们并不以此为苦，他们深明这是把事情办好的唯一捷径。”

信最后指出：“希望能使同学们对新中国有一个新的认识。中国需要建设，需要每个中国人的帮助。她的康乐富强是大家的荣誉，也是由大家的血汗洗刷出来的，目前的新中国的科学事业，正当发展时期，需要人力的培植，不但需要基层干部，尤其是需要高级教学及研究领导人员，祖国期待着你们早日回来，参加光荣的愉快的建设工作。”①1956年2月，钱学森在中国人民政治协商会议第二届全国委员会第二次全体会上发言时也指出：“我到处看到祖国在突飞猛进地向社会主义的道路迈进，这使我万分地兴奋。但同时也想到许多尚未能摆脱美国政府无理阻挠的中国留学生，我们必需更加努力，为取得他

---

① 翻拍件，钱学森图书馆馆藏。

们的自由而斗争，使得他们能回到祖国的怀抱中来。”[①]

钱学森不仅动员留美学生回国参加建设工作，而且给在海外学习的其他国家的亲朋好友去信，还寄去《光明日报》和《文汇报》等国内报纸，一方面把祖国建设的好消息告诉这些海外学子，另一方面召唤或者敦促他们回国服务。钟朗璇为交通大学时期钱学森同级毕业生，电力门毕业，与季文美、曹鹤荪是同班同学。1936 年，钟朗璇入美国麻省理工学院攻读硕士学位。毕业后，定居瑞士，在瑞士工程巨擘艾波比公司从事航空机械研究，贡献卓著。钱学森和他熟知，经常给他邮寄国内报纸，让他了解国内发展情况，也希望他回国参加社会主义建设工作。钟朗璇在给钱学森的复函中说：“来信收到多时。……蒙老兄好意，敦促返国。……多承屡寄来报纸，我读得很留心，字里行间也颇能看出国内变动之方向。对于建设进展之敏速，我也甚感欣慰。遥望老兄等努力提高国民精神及物质之生活程度也。力学研究所工作之成绩，我也很想不旷得知一二。”[②]

为了钱学森的人身安全，钱学森回国后，我国媒体对其工作报道得很少，但很多美国人都深知钱学森的价值。自从钱学森离开美国大陆，就有美国人对钱学森的回国唏嘘不已。在钱学森已订好回国的船票而还没有离境时，钱学森一位加州理工学院的同事就说：“钱学森是喷气推进领域最热门的人士之一，我们将要感受到失去他的损失。”[③] 杜布里奇对钱学森的回国深表惋惜，感慨地说：“我们应该知道钱学森不是回去种苹果树的。”他们都认识到，对钱学森的迫害是美国政府所犯下的一个巨大甚至可耻的错误。一位美籍华裔科普作家

① 钱学森：《在中国人民政治协商会议第二届全国委员会第二次全体会议上的发言》，《人民日报》1956 年 2 月 3 日。

② 钱学森图书馆馆藏档案，档案号：RW- 钱学森 -2186-29。

③ Los Angeles Times, September 13, 1955.

说："我们都知道，二战前的德国曾经犯过一个巨大的错误，那就是将一大批最顶尖的科学家驱离了德国。可以毫不夸张地说，那个错误是希特勒送给盟军的最大礼物。完全类似地，钱先生返回中国也正是美国麦卡锡主义送给中国的最大礼物。"[①]

美国放走了钱学森，一时间引来了民众对政府的批评和不满。也许是为了对放走钱学森的决定寻找理由，或者是应对社会上存在的对政府的批评，美国政府对钱学森案件的审查并没有随着钱学森的离去而终结，而是展开了一系列的后续审查工作。1956 年 5 月 7 日、11 日，美国联邦调查局人员约翰 · P. 安德鲁斯和哈罗德 · F. 道奇会见了住在洛杉矶田纳西街 10550 号的唐纳德 · S. 韦克林。5 月 11 日，韦克林就其所了解的钱学森共产党员身份签署了下面的声明："1956 年 5 月 11 日，加州洛杉矶田纳西街 10550 号。我，唐纳德 · 韦克林特此自由而自愿向约翰 · P. 安德鲁斯和哈罗德 · F. 道奇作出如下声明。他们向我指出他们是联邦调查局的特别代表，作出这些声明不会对我构成任何威胁。我认识到这些声明可能用在法庭上。我于 1909 年 4 月 18 日出生在加州的旧金山，现住在加州洛杉矶田纳西街 10550 号。在 1938—1939 年，我住在加州帕萨迪纳南切斯特街的 400 号，是共产党组织 122 专业组持有正式证件的成员。此间，在我的寓所召开了数次该组织的集会。任何一名局外人被邀参加会议前，要获得集体同意那是惯例。如果一名被邀请的人没有获得同意，通常情况下，他不能应邀参加超过两三次这样的会议。在我成为该组织的成员之一后不久，通过集体同意，钱学森应邀并参加了在我寓所举行的集会。经过集体一致同意，他应邀再次来参加集会。因此，钱学森几乎参加了所有的会议，这些会议我都参加了。他只是在请假有事时

① 参见 http://www.changhai.org/articles/translation/misc/QianXueSen.php。

没有参加会议。钱学森定期、积极参加这个组织的集会。就我所知，钱（学森）在那期间还是122专业组较为遵章守纪的成员。我已阅读了这些声明，我自己将其打印出来。就我所知，这些都是真的。唐纳德·韦克林。证人：哈罗德·F.道奇（联邦调查局特别代表）和约翰·P.安德鲁斯（联邦调查局特别代表）。”

不管美国政府怎样寻找理由或者证据，怎样为放走钱学森替自己辩解，似乎都不能阻止美国民众和媒体对钱学森的持续关注。在中国航天事业取得的每一项进步以及航天科学试验成功后，美国媒体都会把目光聚焦于那位他们认为是“美国培养的火箭专家”身上。[①]1966年10月27日，我国“两弹结合”试验成功。第二天《纽约时报》刊登了《核心中国科学家》，还说：“这是冷战历史的一个讽刺，一个由美国培养、教育、鼓励、尊重、支付酬金和信任了15年的人帮助中国共产党用导弹把第一颗原子弹送上了天空。”[②]同一天《纽约时报》还以《中国试验表明工程上的巨大收获》刊文说：“具有讽刺意味的是，中国从他目前两个敌人那里获得帮助——苏联和美国。苏联在两个社会主义国家紧密结盟时公开给予帮助。据说，在两个国家于20世纪50年代末分道扬镳前，苏联派出科学家和技术人员帮助中国发展导弹和原子能项目。”针对美国的帮助，文章说：“1955年，世界著名航空工程专家、为美国火箭项目作出杰出贡献的科学家——钱学森离开美国，回到中国。据称，他在那里主管中国的导弹项目。因此说，美国的帮助并不是自愿的。”[③]1980年5月18日，中国在南太平洋成功发射第一枚洲际导弹。6月4日，《洛杉矶时报》

① 徐娜、张现民:《美国媒体眼中的钱学森》,《党史文苑》2013年第11期。

② New York Times, October 28, 1966.

③ New York Times, October 28, 1966.

以《美国培养的火箭专家》为题聚焦钱学森。①

1981年6月，钱学森的一位学生，时任五角大楼国防部副部长的首席科学家理查德·D. 德劳尔（Richard D. Delauer）仍然对钱学森的回国耿耿于怀，甚为叹惜，说："钱学森的驱逐对我们来说是一个极大的损失，对中国来说却是极大的收获。"德劳尔还坚定地说："钱学森是一位非常富有远见的人。"最后，德劳尔很伤心地说："当钱学森最终被驱逐后，他在自己的国家培养了很多出色的学生，促进了中国科学技术的进步，反过来挑战他们反对的美国，这对我们来说是一个灾难。"② 美籍华裔作家、《中国飞弹之父——钱学森之谜》作者张纯如关于钱学森回国给美国带来的损失也调查过很多认识钱学森的一些美国科学家，最后得出的结论是："根据我对认识钱学森的科学家所作的调查，他们认为，美国失去了一位在应用数学、高速流体动力学、结构学和喷射推进学上的第一把交椅的科学家，他对这几个领域的专精，还可延伸到其他领域，统整出难以数计的科技成就。而他更可能在国防武器上研发出更先进的突破，而这在其后的《喷射推进》和《迈向新视野》丛刊也得到证明。"③ 钱学森好友马勃仍然对钱学森的离去深表惋惜，2001年，他在接受《奥兰多哨兵报》（*Orlando Sentinel*）记者采访时说："逼迫钱学森回国是美国曾经犯过的最重大、战略性的错误之一。"④

钱学森回国后，再也没有踏上美国的土地。钱学森在1956年10月25日写给导师冯·卡门的信中这样说："请告诉邓肯教授，我的头

---

① Los Angeles Times, June 4, 1980.

② The Washington Post, June 14, 1981.

③ 张纯如著，张定绮、许耀云译：《中国飞弹之父——钱学森之谜》，台北天下文化出版股份有限公司1996年版，第329页。

④ Los Angeles Times, August 24, 2014.

仍然在我的肩上，我的肩也没有低下来。”[①]1979 年，在钱学森博士毕业 40 周年之际，加州理工学院决定授予钱学森“杰出校友奖”，希望他能回来领奖，并通过其好友马勃写信告诉他这个情况。钱学森在回信中说：“我不会来美国领奖的，原因是，我是被驱逐出来的，至今仍然生活在美国的驱逐令下。如果我回到美国，我会遇到新的麻烦。”马勃将这封钱学森拒绝回美国领奖的信件复印一份给加州理工学院院长。最后，加州理工学院校方也没有办法，直接将授予钱学森“杰出校友奖”的奖章与证书寄给中国科学院力学研究所，并请其转交钱学森。

有一次，中央召开科学技术会议，钱学森就坐在胡耀邦的旁边。胡耀邦说：“钱老，你在国际上影响很大，一些国家邀请你，我建议你还是接受邀请，出去走走。你出去和别人不一样，对推动中外科技交流会有很大影响。这也是今天改革开放的需要啊！今天，世界在变，中国在变，美国也在变。几十年前的事，过去了就算了，不必老记在心上。你去美国走走，对推动中美间的科学技术交流，甚至推动中美关系的发展都会有积极意义。”听了胡耀邦这一番话，钱学森说：“总书记，当年我回国的事很复杂，在目前这种情况下我不宜出访美国。”胡耀邦只好说：“钱老。我这是劝你，不是命令你一定要去。如果你认为不便去，我们尊重你个人的意见。”[②]从这里我们可以看出钱学森对这个问题一贯甚至坚决的态度。

1985 年 6 月 30 日，美国里根总统科学顾问乔治 · A. 基沃斯二世（George A. Keyworth Ⅱ）在京会晤时任国家科委主任宋健。基沃斯表示，钱（学森）在美工作过 20 年，对美国的科学技术进步特别

① Caltech Archives, October 25, 1956.

② 顾吉环、李明、涂元季编著：《科学道德——钱学森的言与行》，国防工业出版社 2015 年版，第 273 页。

是军事科学的发展，作出了很大贡献。他们还指出，在研究过联邦调查局的历史档案后，十分清楚，麦卡锡时期的美国是欠钱学森债的，他们现在感到很难过。美国政府对钱学森横加迫害是没有道理的。钱（学森）的遭遇和美国“原子弹之父”奥本海默的情况很类似（奥在麦卡锡时期被诬为苏间谍而受审；20 世纪 60 年代被授予国家科学勋章）。美愿邀请钱学森访美，并由政府和有关机构表彰他对科学的重要贡献。7 月 14 日，国防科工委、国家科委和外交部将情况写了一份报告——《关于美国政府和学术机构拟授予钱学森荣誉事》上报国务院和中央军委。文件除报告基沃斯的想法外，还指出如钱（学森）不去美访问，美国可派科学院院长弗兰克·普雷斯（Frank Press）来华，授予钱学森美国国家科学勋章。文件最后指出，可由国家科委向美方转达这一信息。8 月 14 日，钱学森只是在国务院、中央军委和国防科工委等有关领导批来的文件上圈注：“已阅！”

1986 年 9 月，国家科委副主任吴明瑜出访美国。29 日，吴明瑜与美中交流委员会办公室主任玛丽·布洛克（Mary Bullock）进行非正式会谈。会谈中，布洛克就美国打算邀请钱学森访美一事同吴明瑜进行沟通。布洛克说，美科学院院长弗兰克·普雷斯打算由他自己出面邀请钱学森访美。有两个方案：一是请钱（学森）参加美科学院明年 4 月末、5 月初召开的年会，将为钱（学森）举行高级别的特别会议；二是专为钱（学森）举办控制论学术讨论会。普雷斯想听一听中方意见。9 月 30 日，中国驻美国大使馆以加急电报的形式向外交部作了报告。10 月 1 日，外交部将电报抄送国家科委、中国科协和有关领导。10 月 3 日，时任中国科协党组书记、中国科协副主席高镇宁批：“即送学森主席阅。”10 月 4 日，国家科委也派人询问此事，钱学森答复说：“我们中国人有国家的尊严，美方既不能为过去对我有不公正待遇表态，那我就不能再去美国。”10 月 6 日，钱学森以便条的形式将这个信息传给高镇宁，还说：“就说我目前没有在近期访美的打算。”

1989年6月29日，国际技术与技术交流大会、国际理工所将1989年度“小罗克韦尔奖”授予钱学森博士，以表彰他对“中国火箭导弹技术、航天技术和系统工程理论作出的重大开拓性的贡献”。这项奖项是当今世界上理工界科学家所获得的最高奖项。每年最多奖励不超过三人。同年和钱学森获得此奖的是美国的“氢弹之父”著名物理学家爱德华·泰勒博士以及法国著名物理学家罗伯特·克拉皮施博士。就是这样一个含金量很高的奖项，钱学森也是坚决拒绝前往美国领奖。最后由中国驻美大使韩叙代领。针对朋友的祝贺，钱学森动情而自豪地说：“我的事业在中国，我的成就在中国，我的归宿在中国。”当提到奖章、证书中的表彰词，钱学森说：“我想到这里面‘中国’两个字是不可缺少的，是非常重要的。”还说：“今天给我的奖，说是第一名中国人得此奖。我说，要紧的是‘中国人’三个字，这个‘中国人’应该包括中国成千上万为此作出贡献的人。”1983年9月8日，钱学森在办公室会见来访的黑龙江省委党校副教授刘奎林，谈到出国以及回国感受时说：“出国留学，目的就是要回祖国效力，人人都有祖国，中国的文化叶茂根深，从小就接受伟大而渊博的中华文化的熏陶，人人都有一颗为中华民族振兴的远大理想。我的根在中国，我的魂一刻也没有离开中国。”①

与钱学森深厚的中国情结相比，“美国”这两个字似乎深深刺痛了钱学森的心。1992年初，华裔作家张纯如准备写一部英文版的钱学森传记，找到美籍华裔科学家张捷迁，因为张捷迁是钱学森在加州理工学院的好友，想通过他给钱学森招呼一下，一方面得到钱的同

① 张现民主编：《钱学森年谱》上卷，中央文献出版社2015年版，第542页。

意，另一方面可否接受专访或者提供有关资料。钱学森在张捷迁的来信上批："无论张捷迁还是 Iris Chang 皆美国公民，他们要为美国的利益办事。这与我有根本的分歧。"① 钱学森回国后似乎对美国使用的语言以及写英文稿件都有特殊的看法，1992 年 10 月，河北北戴河疗养院的张天戈恳请钱学森为英文杂志《神州之气》写一篇文章，钱学森在复函中说："我自一九五五年回归祖国后就一直不写外语英文稿子，是个思想感情问题。" ②

钱学森不仅坚决不去美国访问或者不接受他人专访，就连母校加州理工学院的院长来中国访问，希望通过宋健协助联络可否见一下他们的杰出校友钱学森，钱学森也是谢绝会见。2000 年 11 月 13 日，钱学森在给宋健的信中说："因为我从美国回国时，是美国警察押回的，所以不再见现任的加州理工学院院长，请您告诉戴维·巴尔的摩（David Baltimore）③ 吧，这类事多年都这样。"

钱学森从 1950 年下定决心回归祖国到 1955 年最终踏上祖国的大地，五年间他所经受的种种磨难与羁绊都是难以想象的，我们从内心里切实能感受他的心境。但所有这些都没有使他的坚定意志动摇过半分，也正是这样的坚强意志，彰显了他对祖国和人民的忠诚和大爱，集中反映了伟大人物在艰难时代中表现出的伟大人格和伟大魅力。这种精神不仅仅是钱学森作为世界杰出科学家的爱国体现，更是早已成为激励中华民族在新时代不畏艰难险阻、勇赶潮流和实现中华民族伟大复兴中国梦不可或缺的民族精神的一部分。

---

① 张捷迁 1992 年 9 月 16 日写给钱学森的信。钱学森图书馆馆藏资料。

② 钱学森 1992 年 10 月 19 日写给张天戈的信。参见涂元季主编:《钱学森书信》第 6 卷，国防工业出版社 2007 年版，第 513 页。

③ 巴尔的摩，出生于 1938 年 3 月，美国生物学家，1975 年诺贝尔生理学或医学奖获得者之一。他是加州理工学院生物学教授，曾在 1997 年至 2006 年期间担任加州理工学院院长。

参考文献

一、档案类

（一）文字档案

1. 中国档案

北京大学档案馆

广东省档案馆

钱学森办公室

上海交通大学钱学森图书馆

上海交通大学档案馆

浙江大学档案馆

中国科学院档案处

中国科学院档案馆

中国科学院力学研究所档案室

中国科学院植物生理研究所档案室

中华人民共和国外交部档案馆

2. 美国档案

艾森豪威尔总统图书馆

胡佛总统图书馆

加州理工学院档案馆

马勃（钱学森好友）捐赠

麻省理工学院档案馆

美国国家档案馆波士顿分馆

美国国家档案馆河滨分馆

美国国家档案馆太平洋分馆

美国国家档案馆新馆

美国威斯康辛大学图书馆

美国最高法院档案

斯坦福大学胡佛研究所

（二）口述档案

（1）Larry Shirley, Interview with Earnest C. Watson, January 20, 1969.

（2）Mary Terrall, Interview with Frank J. Malina, December 14, 1978.

（3）Judith R. Goodstein, Interview with Lee A. DuBridge, February 19, 1981.

（4）Mary Terrall, Interview with Sidney Weinbaum, August 15, 20, and 22, 1985.

（5）Carol Bugé, Interview with Thomas K. Caughey, March 25 and April 2, 1987.

（6）Shirley K. Cohen, Interview with Frank E. Marble, January-March, 1994, April 21, 1995.

（7）2005 年 5 月 12 日，曾勋良、陈华新、史贵全在北京崇文门外大街便宜坊哈德门店采访蒋华。

（8）2007 年 6 月 26 日，钱学森图书馆筹建人员在中国航天科技集团大厦采访梁思礼。

（9）2009 年 4 月 20 日，著者在胡聿贤家中采访与钱学森同船归国人员胡聿贤。

（10）2010 年 5 月 25 日，著者在蒋英家中采访蒋英。

（11）2013 年 6 月 6 日，著者在中国科学院力学研究所采访郑哲敏。

（12）2013 年 6 月 6 日，著者在中国科学院力学研究所采访李佩。

（13）2013 年 10 月 3 日，著者在王祖耆家中采访与钱学森同船归国人员王祖耆。

（14）2014 年 10 月 18 日，著者在上海市第一人民医院采访与钱学森同船归国人员张士铎。

二、图书类

1.《邓小平文选》第 2 卷，人民出版社 1994 年版。

2. 冯·卡门、李·爱特生著，曹开成译:《航空与航天时代的科学奇才——冯·卡门》，上海科学技术出版社 1991 年版。

3. 顾吉环、李明、涂元季编:《科学道德——钱学森的言与行》，国防工业出版社 2015 年版。

4. 古熊等:《我们的钱学森——二十年来中国大陆科技发展概况》，香港现代出版公司 1970 年版。

5. 侯祥麟、罗沛霖、师昌绪等口述，王德禄、杜开昔访问，王德禄、高颖、程宏等整理:《1950 年代归国留美科学家访谈录》，湖南教育出版社 2013 年版。

6. 华润（集团）有限公司《红色华润》编委会:《红色华润》，中华书局 2010 年版。

7. 华心编:《因为我是中国人——钱学森等科学家回国纪实》，陕西人民出版社 1989 年版。

8. 李佩、郑哲敏主编:《钱学森教育思想和实践研究》，上海交通大学出版社 2014 年版。

9. 林孙美玉:《我心依然》，香港运通制版印刷国际有限公司 2014 年版。

10. 全国政协暨北京、上海、天津、福建政协文史资料委员会编:《建国初期留学生归国纪事》，中国文史出版社 1999 年版。

11. 世界知识出版社编辑:《中华人民共和国对外关系文件集》第 3 集（1954—1955），世界知识出版社 1958 年版。

12．涂元季:《人民科学家钱学森》，上海交通大学出版社 2002 年版。

13．涂元季主编:《钱学森书信》（十卷本），国防工业出版社 2007 年版。

14. 王炳南:《中美会谈九年回顾》，世界知识出版社 1985 年版。

15. 魏宏森主编:《钱学森与清华大学的情缘》，清华大学出版社 2011 年版。

16. 文洋:《钱学森在美国》，人民出版社 1984 年版。

17. 吴锡九:《回归》，上海辞书出版社 2012 年版。

18. 奚启新:《钱学森传》，人民出版社 2011 年版。

19. 杨皓译:《钱学森事件始末记》（风云书系 13），台北群伦出版社 1986 年版。

20.［美］约翰·巴伦著，沈思清译:《克格勃——苏联秘密警察全貌》，辽宁人民出版社 1985 年版。

21.［美］约翰·海因斯、哈维·克莱尔著，吴妍妍、吴锡林译:《维诺那计划：前苏联间谍揭秘》，群众出版社 2004 年版。

22. 张纯如著，张定绮、许耀云译:《中国飞弹之父——钱学森之谜》，台北天下文化出版股份有限公司 1996 年版。

23. 张现民主编:《钱学森年谱》（上、下），中央文献出版社 2015 年版。

24. 中国力学学会、中国科学院力学研究所编:《郭永怀文集》，科学出版社 1982 年版。

25. 中华人民共和国外交部档案馆编:《中华人民共和国外交档案选编第一集：1954 年日内瓦会议》，世界知识出版社 2006 年版。

26. Christopher Andrew and Vasili Mitrokhlin, *The Sword and the Shield: The Mitrokhin Archive and the Secret History of the KGB*. New York: Basic Books, 1999.

27. Ellen Schrecker, *The Age of McCarthyism: A Brief History with Documents*. Boston: Beford / St. Martin’s, 2002.

28. Johnson U. Alexis, *the Right Hand of Power*, Prentice-Hall, 1984.

29. Iris Chang, *Thread of Silkworm*, New York: BasicBooks, 1995.

30. Viorst Milton, *Hustlers and Heroes: An American Political Panorama*, Simon and Schuster, 1971.

31. *FRUS*, 1952-1954, Volume ⅹⅳ, China and Japan.

32. *FRUE*, 1955-1957，Volume Ⅱ.

33. *FRUE*, 1955-1957，Volume Ⅲ.

三、报刊类

1.《著名的我国科学家钱学森由美归国到达广州》,《南方日报》1955年10月11日。

2. 柏生:《热爱祖国的科学家钱学森》,《人民日报》1955年11月3日。

3.《我国著名科学家钱学森博士来校访问并与教师们举行了座谈》,《交大》1955年11月10日。

4. 钱学森:《我在美国的遭遇》,《人民日报》1956年1月6日。

5. 钱学森:《在中国人民政治协商会议第二届全国委员会第二次全体会议上的发言》,《人民日报》1956年2月3日。

6. 高易金:《钱学森的一家》,《新观察》1957年第6期。

7. 钱学森:《“稳妥可靠，万无一失”——周恩来总理关怀和领导“两弹”研究、制造和试验的情况》,《文献和研究》1987年第1期。

8. 黄萍荪:《我所知道的钱学森及其父亲》,《浙江日报》1987年10月31日。

9. 罗沛霖:《浦汇·矶市·燕城——忆钱学森兄的二三事》,《神州学人》1990 年第 5 期。

10. 许国志、疏松桂、何国柱:《钱学森一家在回国海轮上》,《神州学人》1991 年第 1 期。

11. 钱学森:《在授奖仪式上的讲话》,《人民日报》1991 年 10 月 19 日。

12. 张现民、范丰花:《陈叔通与钱学森回国》,《浙江档案》2006 年第 8 期。

13. 朱兆祥:《钱学森 1955 年回国和参观东北的经过》(上、下篇),《神州学人》2010 年第 1 期。

14. 郑文丰、沈志华:《沈志华: 有钱又“有病”的历史学人》,《贵阳日报》2011 年 11 月 21 日。

15. 钱永刚:《父亲钱学森牵着我的手》,《人民文摘》2012 年第 2 期。

16. 习近平:《在欧美同学会成立 100 周年庆祝大会上的讲话》,《人民日报》2013 年 10 月 22 日。

17. 徐娜、张现民:《美国媒体眼中的钱学森》,《党史文苑》2013 年第 11 期。

18. 宋健:《民族英雄钱学森》,《光明日报》2015 年 11 月 27 日。

19. Tsien Hsue-shen, A Chinese Scientist Comes Home, People's China, February 2, 1956.

20. Milton Viorst, The Bitter Tea of Dr. Tsien, Esquire: September, 1967.

附录一

钱学森回国大事年表

1950年

5月18日　美国陆、海、空三军人事安全局召开会议，研究决定钱学森案件问题。会议最终决定，禁止钱学森接触涉密和航空研究工作。

6月6日　美国陆军第六军总部致函加州理工学院，通知取消钱学森参与航空和涉密合同研究工作以及获取陆军、海军和空军信息的资格。

同日　美国联邦调查局特工亚瑟·C. 威滕伯格和菲利普·J. 赖利在加州理工学院古根海姆实验室钱学森办公室约谈钱学森，希望在其自愿情况之下，就其是否为共产党员、威因鲍姆的雇佣责任以及对共产主义的态度等问题进行谈话。

6月16日　被吊销涉密研究许可证的信件邮寄到校方，校方于当日派人转送，收到此信件并签收确认单。

同日　拜会加州理工学院工程系主任林德瓦尔并向其提出辞职请求。

6月17日　接到联邦调查员亚瑟·C. 威滕伯格电话，被询问关于从加州理工学院辞职的情况。

6月19日　联邦调查员亚瑟·C. 威滕伯格和菲利普·J. 赖利再次到钱

学森办公室，调查他在1938年至1939年之间参加帕萨迪纳活动的情况。

同日　致函国防部产业雇工审查委员会，就被取消涉密研究资格提出申诉。

同日　加州理工学院人事主管尤尔特致函陆军第六军军长，附信寄去向产业雇工审查委员会申诉信的副本以及钱学森签署的收到条，并希望答复钱学森被取消涉密研究资格的原因。

6月20日　美国联邦调查员亚瑟·C. 威滕伯格再次约谈钱学森。

同日　同加州理工学院教工委员会主席欧内斯特·C. 华森博士谈话，拟从加州理工学院辞职，准备返回中国。

6月26日　女儿出生，取名永真。

7月5日　产业雇工审查委员会行政办公室主任弗朗西斯·M. 雷复函尤尔特，并抄送钱学森。信中说：你6月19日要求撤销禁止钱学森参加国防部涉密信息和承包事项的信件已收到，需要指出的是，你还提出你本人及其他证人一同为钱学森来产业雇工审查委员会进行申诉；本案一旦提交到委员会，钱学森将要求提供一份撤销禁止他参加机密研究理由的声明，以确定申诉所要召开听证会的日期。

7月21日　杜布里奇致函在法国巴黎的冯·卡门，希望其通过军方设法解决钱学森的麻烦。

7月24日　致电白金斯搬运和仓储公司，预约公司派代表到家中商谈打包和运输回国行李事宜。

7月25日　白金斯搬运和仓储公司经理塞克史密斯来家中查看行李情况，并签署打包预约单。钱学森和塞克史密斯就行李打包和运输进行交谈，塞克史密斯就给赵忠尧打包中遇到的问题作了说明，并希望本次运输不会有什么问题出现。

7月27日　产业雇工审查委员会行政办公室主任弗朗西斯·M. 雷致函钱学森。信中说：你可以来华盛顿产业雇工审查委员会，也可以到委员会驻洛杉矶的代表机构。在举行听证会的时候，你和代表你的有关人员都可以参加，就说明你适合于从事国防部的涉密信息以及承包项目等提供口头或书面的证据，或者两者都有的证据。要求将你希望听证会的地点通知委员会，听证会的日期和具体地点我们将尽快告知你。

7月29日　致函美国国务院，表达回国愿望。

7月31日　四处打听国际贸易服务协会，希望其协助安排回国。

8月3日　将签好的货物出口声明邮寄至白金斯搬运和存储公司并附函。信中说，将打好包的行李寄至暂时地址：香港九龙秀竹园道六号，收货人黄立富（L. F. Wong, No.6 Sau Chuk,Yuan Road, KowLoon, HongKong），但最终收货人是自己，最终目的地是上海市愚园路1032弄111号。

8月4日　致函产业雇工审查委员会主席。信中说：我收到了弗朗西斯·M. 雷7月27日的信件，通知我已经接受我的上诉，我希望由华盛顿产业雇工审查委员会召开听证会，由于我8月底计划离开美国，因此希望你尽可能的安排这次听证会。

8月5日　致函美国国际贸易服务协会，咨询回国之事。

8月7日　收到弗朗西斯·M. 雷7月31日的信件，并复函产业雇工审查委员会主席。信中说：我在8月4日的信件中，向你说明希望由华盛顿产业雇工审查委员会召开我的听证会；今天收到弗朗西斯·M. 雷7月31日的信件，通知我的听证会8月23日将在洛杉矶召开；但我仍然希望由华盛顿产业雇工审查委员会召开，有什么安排请尽快通知我。

8月8日　弗朗西斯·M. 雷复函钱学森。信中说：你8月4日希望在华盛顿召开听证会的信件已经收到，产业雇工审查委员会答应你的请求，听证会已经确定：1950年8月23日，周三上午10时，地点在华盛顿国防部大楼2E-832房间。你或者代表你的其他有关人士可以出席听证会，提交口头或者书面又或者两者都有的证据，说明你有权利适合于接触国防部涉密信息和承包项目。如果你按照上述时间出席听证会，请你务必在8月19日之前通知产业雇工审查委员会。如果你或者代表你的其他人士不能按照上诉时间和地点出席，华盛顿产业雇工审查委员会将可能根据这个案件中的目前记录和所有的从你那里收到的信息作出决定。

8月11日　白金斯公司致电钱学森，说明行李托运的保险范围和收费问题。随后钱学森到白金斯公司，一方面提交已经签好字的货物出口声明；另一方面，要求修改打包时间，准备在8月18日对家中物品进行打包，8月19日对办公室物品进行打包。

8月12日　致函产业雇工审查委员会主席，告知可以如期参加听证会。信中说：弗朗西斯·M.雷8月8日的信件已经收到，通知我在8月23日参加在华盛顿举行的听证会，我将按照上述时间出席听证会。

8月18日　在家中接待打包公司派员来家中打包。包装工人罗伯特·D.格兰特带领几名工作人员对钱学森家中餐具和零散物品进行打包，并将大件行李如家具等托运至公司仓库进行包装。

8月19日　在加州理工学院办公室接待打包公司人员，因有事急着外出离开，遂要求打包人员先将需要打包的物品装至箱子，然后运抵公司仓库再进行打包工作。

8月21日　离开洛杉矶前往华盛顿。

8月22日　上午，会见海军部副部长金波尔，并简要汇报被吊销从事机密研究工作的许可证以及被诬陷为共产党党员的情况。金波尔说：我不认为你是共产党，我从来不认为你在什么地方对政治感兴趣；我同意加州理工学院的意见，不愿意你回去，希望留在加州理工学院。最后，金波尔为钱学森介绍了一名叫鲍特的律师。

同日　下午，在华盛顿会见辩护律师鲍特，简要介绍情况。鲍特说，在8月23日举行听证会时间过于紧张，建议听证会延期，并希望钱学森在23日上午再次会见金波尔。

8月23日　上午，再次会见金波尔。金波尔反对钱学森回国。

同日　金波尔给司法部打电话，不让钱学森回国。海关行政助理和几名海关人员来到打包公司仓库查看钱学森行李，并命令公司人员停止一切打包活动。

同日　下午，乘飞机离开华盛顿。晚上，到达洛杉矶国际机场，移民归化局总稽查艾伦·G. 朱尔立即向钱学森宣布了由司法部驻洛杉矶执行法官兰敦签署的不准离开美国的命令。命令称，任何一名外国侨民，如果不在合理的规章和规则下离开、进入美国或者企图离开、进入美国都是非法的。

8 月 24 日　洛杉矶地方法院法官本·哈里逊签署命令，扣押滞留在海关的钱学森行李。

8 月 25 日　《洛杉矶时报》报道《机密资料被查扣——加州理工学院教授财产在海关被滞留》。

同日　钱学森就行李被扣发表声明。

8 月 31 日　联邦调查局人员塞缪尔·G. 麦克尔道尼和罗杰·S. C. 沃尔科特访问加州理工学院古根海姆实验室主任米利肯，了解钱学森保存的资料情况。

9 月 5 日　联邦调查局人员塞镠尔·G. 麦克尔道尼和罗杰·S. C. 沃尔科特再次拜会古根海姆实验室主任米利肯，了解钱学森有关情况。

9 月 5—8 日　美国赖特—帕特森空军基地器材部的三名工作人员，对美国海关查扣的钱学森所携带的技术资料进行拍照，并制作成缩微胶卷。

9 月 6 日　下午 4 时，美国洛杉矶移民归化局总稽查艾伦·G. 朱尔和稽查威廉·J. 凯瑟前来钱学森位于布恩纳洛马东街 360 号的家中调查，询问钱学森很多个人问题。随后，下午 4 时 45 分，朱尔向钱学森出示逮捕令。

9 月 13 日　美国海关洛杉矶代表欧内斯特·S. 格雷泽和洛杉矶海关规费征收办公室行政助理罗伊·M. 戈林前往加州理工学院，向学院人事主管和古根海姆航空实验室图书馆管理员了解钱学森获得“秘密资料”的途径。

9 月 20 日　应辩护律师格兰特·B. 库柏的请求，在特米诺岛参加调查和非正式听证会。

9月22日　学生的妻子波琳·里德贝格·米勒斯交给林德瓦尔1.5万美元现金用来购买债券以保释钱学森出狱。

9月23日　从特米诺岛被释放。

9月27日　与杜布里奇会谈。

11月15日、16日　参加在洛杉矶西9街117号移民归化局办公大楼103房间举行的听证会。

1951年

2月15日、16日　在加利福尼亚州洛杉矶市西9街117号洛杉矶移民归化局办公大楼112号房间参加听证会。

3月26日　美国司法部移民局地区主任兰敦致函钱学森，通知听证会将于4月11日上午10时整在洛杉矶市西9街117号洛杉矶移民归化局Garland大楼103房间重新开启，希望准时到达。

4月11日　上午，参加在洛杉矶市西9街117号洛杉矶移民归化局Garland大楼103房间举行的驱逐出境诉讼听证会。

4月16日　下午，参加在洛杉矶西9街117号移民归化局办公大楼112房间举行的驱逐出境诉讼听证会。

4月26日　美国司法部移民归化局作出判决，钱学森被判定为“曾经是美国共产党员的侨民”，因而必须遣返出境。

5月3日　正式收到被美国司法部移民归化局驱逐出境的判决。

5月17日　委托马勃致函冯·卡门，详细汇报案件最新进展，寻求导师帮助。

9月17日　辩护律师库柏代表钱学森参加在华盛顿举行的辩论会，对已有的证据进行口头辩论。

12月29日　美国移民归化局洛杉矶办公室的史默莱通知：到目前为

止，洛杉矶办公室没有收到移民归化局华盛顿总部关于驱逐钱学森的决定。

1952年

2月26日　就遭受移民归化局驱逐的判决，向司法部移民上诉委员会正式提出上诉。

4月17日　美国司法部移民上诉委员会主席托·G.菲纽肯致函库柏，同意就钱学森驱逐案件召开口头辩论，拟定于5月19日下午2时召开。

4月22日　库柏复函司法部移民上诉委员会主席，确认按时参加5月19日召开的口头辩论会。

5月19日　下午，库柏代表钱学森参加美国司法部移民上诉委员会就驱逐钱学森以及钱学森的上诉举行的口头辩论会。

11月26日　美国司法部移民上诉委员会针对钱学森上诉作出裁决：驳回你的上诉请求，并指出驱逐令是最终决定。12月9日，司法部移民归化局致函钱学森，将移民上诉委员会驳回上诉决定通知钱学森，并说：在1950年8月23日，你获得不准离开美国的命令。除非这个命令被撤回，你离开美国的行动还是暂缓执行。

1953年

1月28日　美国司法部移民归化局驻洛杉矶负责人致函钱学森，重新商谈保释债券问题。

2月4日　前往美国司法部移民归化局，重新商谈保释债券问题，并领取假释期间遵守之规定。

3月10日　前往洛杉矶移民归化局登记，报告行踪。

4月14日　前往洛杉矶移民归化局登记，报告行踪。

5月7日　前往洛杉矶移民归化局登记，报告行踪。

6月4日　前往洛杉矶移民归化局登记，报告行踪，并签署了《监管令》。

7月9日　前往洛杉矶移民归化局登记，报告行踪。

8月6日　前往洛杉矶移民归化局登记，报告行踪。

9月3日　前往洛杉矶移民归化局登记，报告行踪。

10月8日　前往洛杉矶移民归化局登记，报告行踪。

11月5日　前往洛杉矶移民归化局登记，报告行踪。

12月3日　前往洛杉矶移民归化局登记，报告行踪。

1954年

1月7日　前往洛杉矶移民归化局登记，报告行踪。

1月27日　与林德瓦尔教授会面。

2月4日　前往洛杉矶移民归化局登记，报告行踪。

3月4日　前往洛杉矶移民归化局登记，报告行踪。

4月8日　前往洛杉矶移民归化局登记，报告行踪。

5月6日　前往洛杉矶移民归化局登记，报告行踪。

6月3日　前往洛杉矶移民归化局登记，报告行踪。

7月8日　前往洛杉矶移民归化局登记，报告行踪。

8月5日　前往洛杉矶移民归化局登记，报告行踪。

9月9日　前往洛杉矶移民归化局登记，报告行踪。

10月7日　前往洛杉矶移民归化局登记，报告行踪。

11月4日　前往洛杉矶移民归化局登记，报告行踪。

12月8日　致函在巴黎工作的好友马林纳，倾诉苦衷。

12月9日　前往洛杉矶移民归化局登记，报告行踪。

1955年

1月6日　前往洛杉矶移民归化局登记，报告行踪。

2月2日　前往洛杉矶移民归化局登记，报告行踪。

3月3日　前往洛杉矶移民归化局登记，报告行踪。

4月6日　前往洛杉矶移民归化局登记，报告行踪。

5月5日　前往洛杉矶移民归化局登记，报告行踪。

6月10日　前往洛杉矶移民归化局登记，报告行踪。

6月15日　致函陈叔通，寻求祖国援助。信中说，被美国政府扣留，今已五年。无一日、一时、一刻不思归国参加伟大的建设高潮。学森这几年中惟以在可能范围内努力思考学问，以备他日归国之用。

7月7日　前往洛杉矶移民归化局登记，报告行踪。

7月14日　致函司法部移民归化局洛杉矶分局官员克尔，告知住址已搬至加利福尼亚阿塔迪纳贝弗利路1041号（1041 Beverly Way, Altadena, California）。

7月22日　复函美国国家航空顾问委员会主席休·L. 德莱顿，婉言拒绝为《航空科学学报》“庆祝冯·卡门诞辰七十五周年”栏目撰写文章。

8月4日　美国司法部移民归化局签署同意钱学森离美的通知。通知指出，司法部1950年8月23日的命令已经撤销，钱学森可以离开美国。信中还说，离开美国将不会再遇到任何困难，请将离开的所有计划和安排通知司法部移民归化局。

8月5日　前往洛杉矶移民归化局登记，报告行踪。

同日　在洛杉矶移民归化局官员克尔办公室与克尔谈话。克尔告知钱学森，司法部于8月4日作出同意其离美的通知，若确定回国行程，须将离美计划和安排报告司法部移民归化局。

8月16日　前往美国总统轮船公司预订拟于9月17日前往中国香港的“克利夫兰总统号”船票。

8月17日　致函克尔，告知计划1955年9月17日从洛杉矶启航回国。

8月23日　致函白金斯搬运公司经理哈罗德·塞克史密斯，授权其负责归国携带物品打包、装箱、托运等工作，并嘱托将其物品运抵香港如下地址：方远谋先生，香港皇后大道中6号1楼，所有物品保价金额为5000美元。

9月7日　陈叔通致电钱学森，告之美方已通知中方取消禁止离美的命令。

9月12日　上午，与内分泌学家查尔斯·波斯纳取得联系，遂赶至加州帕萨迪纳北哈德逊街99号波斯纳办公室，让波斯纳确认给父亲治胃病的处方。

9月13日　白金斯搬运公司开具托运发票，总费用为1586.95美元。

9月14日　上午，美国海关人员在洛杉矶码头检查钱学森托运行李。

9月17日　下午，全家在联邦调查局人员的监视下登上"克利夫兰总统号"轮船，加州理工学院及喷气推进实验室的朋友们到码头送行。

9月19日　舱位从T-2升至C-1。

9月20日　"克利夫兰总统号"上的中国留学生印制了《克利夫兰轮第六十次航行归国同学录》。

9月21日　父亲钱均夫通过香港海岸电台呼叫"克利夫兰总统号"，船长转来电报："知你回国，甚慰。望小心保重，沿途勿登岸。政府将派人去边境车站接你。"

9月22日　下午，途经檀香山，给全国人大常务委员会副委员长陈叔通电报。说："想到回到祖国真是很高兴，我们乘坐的'克里（利）夫兰总统号'将于10月8日到达香港，到现在为止，没有什么阻碍。"

同日　中华人民共和国外交部、新华社联合致电新华社香港分社，要求派记者陪钱学森入境，说："留美学生钱学森博士9月17日乘'克里（利）夫兰'号轮离美，抵港当在10月上旬，请注意他抵港日期并于抵港时派人接他并陪他到深圳。"

9月27日　国务院致电广东省人民委员会，请协助迎接钱学森回国。

电报称:“在美国之科学家钱学森，已经美帝释放，于本月17日由加利福尼亚动身返国，约于下月初经香港入国境。科学院特派朱兆祥同志偕钱家属去接，希予协助并对钱与其家属之食宿负责招待。”

10月1日　与乘坐“克利夫兰总统号”归国的同学欢聚一堂，共度国庆六周年，并在联欢会上应邀作主旨讲话。

10月5日　乘“克利夫兰总统号”抵达菲律宾马尼拉港。

10月6日　晚，离开菲律宾前往香港。

10月8日　上午，乘“克利夫兰总统号”轮船抵达九龙湾，然后换乘小船在尖沙咀警察码头登岸，随即转至九广车站警察分驻所。

同日　下午，抵达深圳。朱兆祥和广东省人民政府交际处邵副处长在车站迎接。朱兆祥将吴有训和陶孟和联合署名的信件交给钱学森。

同日　晚，在朱兆祥的陪同下抵达广州火车站。广东省人民委员会办公室副主任郑天保、中国科学院华南植物研究所所长陈焕镛、中山大学校长许崇清、华南工学院院长罗明燏、华南医学院副院长梁伯强等到车站迎接。

10月9日　受到陶铸接见，并在其安排下游览广州风景名胜越秀山、黄花岗，参观毛主席在1926年曾经讲学过的地方——农民运动讲习所以及苏联经济及文化建设成就展览会。

同日　晚，参加中华全国自然科学专门学会联合会广州分会举行的欢迎宴会，杜国庠主持。

10月10日　上午，钱学森一家在朱兆祥的陪同下乘火车离开广州前往上海。

10月12日　上午，在朱兆祥的陪同下，到达上海火车站。73岁的老父亲钱均夫亲自到车站迎接。到车站迎接的还有中国科学院上海办事处及各研究所负责人王仲良、冯德培、罗宗洛，上海市人民委员会办公厅副主任管易文及上海高等教育管理局代表等。

同日　晚，应邀出席中国科学院上海办事处在国际大饭店十五楼举办的欢迎宴会。

10月13日　前往中国科学院上海植物生理研究所参观，并拜会加州理工学院校友殷宏章。在所长罗宗洛的陪同下参观实验室。

10月15—20日　偕全家回杭州探望，重访西湖和方谷园，并专程为亡故的母亲扫墓。其间，还偕夫人蒋英到浙江大学参观，在学校领导陪同下参观校园和实验室等。

10月22日　赴母校交通大学访问。在彭康校长、陈石英副校长的陪同下参观学生宿舍和实验室等。

10月23日　下午，在上海市岳阳路320号大楼64号会议室，参加中国科学院上海办事处举办的归国人员座谈会。

10月25日　应邀来交通大学同系主任、研究室主任等30余人座谈。钱学森以在美国的经历以及回国后的所见所闻，深刻说明美国科学研究受社会制度的制约不能充分发展的情况，而我国的科学研究具有广阔的发展前途。最后就近期所从事的研究工作与该校老师进行了交流。

10月26日　全家在朱兆祥的陪同下启程离沪赴京。

10月28日　上午，抵达北京火车站。中国科学院副院长吴有训和首都著名科学家华罗庚、周培源、钱伟长、赵忠尧等20余人到车站迎接。随后，钱学森一家被安排至北京饭店256、257房间。

附录二

人名译名对照表

艾伯特·德尔·古尔丘（Albert Del Guercio）

阿尔费雷德·E. 埃德加（Alfred E. Edgar）

阿尔费烈德·冈萨雷斯（Alfred Gonzales）

艾尔杰·希斯（Alger Hiss）

艾伦·G. 朱尔（Allan G. Juhl）

安德森（Anderson）

安格林纳·威因鲍姆（Angeline Weinbaum）

安格斯·D. 麦克唐纳德（Angus D. MacDonald）

阿盖尔·麦基（Argyle Mackey）

亚里士多德·迈克尔（Aristotle Michael）

亚瑟·C. 威滕伯格（Arthur C. Wittenburg）

阿瑟·厄德利（Arthur Erdelyi）

本·哈里逊（Ben Harrison）

本杰明·富兰克林（Benjamin Franklin）

伯纳德·W. 麦卡锡（Bernald W. Macarthy）

鲍勃·格兰特（Bob Grant）

坎贝尔（Campbell）

卡尔·尼尔曼（Carl Niemann）

查尔斯·波斯纳（Charles Posner）

查尔斯·T. 沃纳（Charles T. Warner）

查利·德普利马（Charlie Deprima）

克莱拉·波斯纳（Clara Posner）

克拉克·米利肯（Clark Millikan）

克莱德·C. 唐宁（Clyde C. Downing）

克洛忒（Crowther）

丹·A. 金波尔（Dan A. Kimball）

戴维·巴尔的摩（David Baltimore）

大卫·K. 博伊斯（David K. Boyce）

德·戈利亚（De Golia）

唐纳德·A. 科菲（Donald A. Coffey）

D. 波特（D. Porter）

D. E. 沃克（D. E. Walker）

唐纳德·L. 尼科尔森（Donald L. Nicholson）

唐纳德·S. 韦克林（Donald S.Wakeling）

德怀特·戴维·艾森豪威尔（Dwight David Eisenhower）

E. L. 泰勒（E. L. Taylor）

埃德蒙·L. 史密斯（Edmund L. Smith）

爱德华·弗曼（Edward Forman）

爱德文·马丁（Edwin Martin）

埃德温·P. 哈特曼（Edwin P. Hartman）

伊丽莎白·本特莉（Elizabeth Bentley）

伊丽莎白·恩达尔（Elizabeth Engdahl）

伊丽莎白·吉尔伯特（Elizabeth Gilbert）

伊丽莎白·肖（Elizabeth Shaw）

埃美瑞克（Emerick）

恩格斯（Engels）

欧内斯特·S. 格雷泽（Ernest S. Glazer）

欧内斯特·多林（Ernest Tolin）

埃斯特·吉尔伯特（Esther Gilbert）

E. P. 帕克（E. P. Parker）

欧内斯特·华森（Earnest Watson）

E. C. 海耶斯（E. C. Hayes）

E. H. 埃里克森（E. H. Erickson）

尤金·布伦纳（Eugene Brunner）

方远谋（Fong Yuen Mow）

弗朗西斯·D. 库利（Francis D. Cooley）

弗朗西斯·M. 雷（Francis M.W 莱尔·Pray）

弗朗西斯·奥德尔（Francis O’Dell）

弗兰克·E. 马勃（Frank E. Marble）

弗兰克·J. 马林纳（Frank J. Malina）

弗兰克·J. 奥本海默（Frank J. Oppenheimer）

弗兰克·普雷斯（Frank Press）

弗雷德·林德瓦尔（Fred Lindvall）

乔治·A. 基沃斯二世（George A. Keyworth Ⅱ）

G. E. 帕森斯（G. E. Parsons）

G. G. 韦尔施泰特（G. G. Wehrstedt）

乔治·R. 波特（George R. Porter）

吉尔默·G. 罗宾逊（Gilmer G. Robinson）

戈登·M. 理查森（Gordon M. Richardson）

格兰特·B. 库柏（Grant B. Cooper）

吉南（Guinane）

古斯塔夫·阿尔布雷克特（Gustave Albrecht）

盖伊·S. 基德维尔（Guy S. Kidwell）

汉斯·努斯鲍姆（Hans Nussbaum）

哈里·A. 康托尔（Harry A. Cantor）

哈利·C. 韦斯托弗（Harry C. Westover）

哈里·J. 布朗（Harry J. Browne）

哈里·古根海姆（Harry Guggenheim）

哈里·怀特（Harry White）

哈罗德·E. 沃森（Harold E. Watson）

哈罗德·R. 斯塔德菲尔德（Harold R. Stadfield）

哈罗德·罗登（Harold Rhoden）

哈罗德·塞克史密斯（Harold Sexsmith）

亨利·哈利·阿诺德（Henry Harley Arnold）

亨利·G. 格拉顿（Henry G. Grattan）

亨利·苏达姆（Henry Suydam）

赫伯特·克拉克·胡佛（Herbert Clark Hoover）

赫尔曼·R. 兰顿（Herman R. landon）

希尔卓德·哈雷克（Hildrod Haracher）

霍默·J. 斯图尔特（Homer J. Stewart）

贺拉斯·N. 吉宾（Horace N. Gilbert）

休·L. 德莱顿（Hugh L. Dryden）

汉弗莱·杜维廉（Humphrey Trevelyan）

伊戈尔·古琴科（Igor Gouzenko）

张纯如（Iris Chang）

J. P. 墨菲（J. P. Murphy）

杰克·D. 尼尔（Jack D. Neal）

杰克·T. 杨（Jack T. Young）

杰克森·切斯（Jackson Chance）

詹姆斯·C. 哈格蒂（James C. Hagerty）

詹姆斯·乔伊斯（James Joyce）

詹姆斯·M. 麦金纳尼（James M. McInerney）

詹姆斯·N. 尤尔特（James N. Ewart）

詹姆斯·R. 裴吉（James R. Page）

杰奎斯·卡特尔（Jaques Cattell）

约翰·C. 埃里奥特（John C. Elliott）

约翰·埃德加·胡佛（John Edgar Hoover）

约翰·福斯特·杜勒斯（John Foster Dulles）

约翰·M. 戴克（John M.Decker）

约翰·P. 安德鲁斯（John P. Andrews）

约翰·R. 马卡姆（John R. Markham）

约翰·谢伟思（John Service）

约翰·冯·诺伊曼（John von Neumann）

约瑟夫·A. 杜迈尔（Joseph A. Dummel）

约瑟夫·F. 利卡斯（Joseph F. Likas）

约瑟夫·雷芒德·麦卡锡（Joseph Raymond McCarthy）

J. V. 迪利翁（J. V. Dilion）

朱迪思·R. 古德斯坦（Judith R. Goodstein）

卡尔·马克思（Karl Marx）

凯瑟琳·麦克·科尔根（Katherine Mac Colgan）

基思·弗莱彻（Keith Fletcher）

克劳斯·富克斯（Klaus Fuchs）

K. C. 海耶斯（K. C. Hayes）

拉里·雪莉（Larry Shirley）

劳克林·E. 沃特斯（Laughlin E. Waters）

劳伦斯·波斯纳（Lawrence Posner）

李·A. 杜布里奇（Lee A. DuBridge）

伦纳德·M. 格林（Leonard M. Greene）

利奥·P. 伯格瑞巴（Leo P. Pogreba）

莱特希尔（Lighthill）

利普曼（Liepmann）

黄立富（L. F. Wong）

路易斯·邓恩（Louis Dunn）

莱尔·约翰逊（Lyall Johnson）

莱曼·P. 戴维森（Lyman P. Davison）

M. A. 格林菲尔德（M. A. Greenfield）

玛丽·罗登伯里（Marie Roddenbery）

马克·米勒斯（Mark Mills）

马丁·萨摩菲尔德（Martin, Summerfield）

马丁·萨摩菲尔德（Martin Summerfield）

马丁·波斯纳（Martin Posner）

玛丽·布洛克（Mary Bullock）

玛丽·克林顿（Mary Clinton）

玛丽·特勒尔（Mary Terrall）

马克斯·多伊兹（Max Deutz）

密尔顿·维奥斯特（Milton Viorst）

莫顿·阿尔珀林（Morton Alperin）

马伦（Mullen）

内森·西尔夫马斯特（Nathan Silvermaster）

纳尔逊·E. 内尔（Nelson E. Noell）

诺曼·钱德勒（Norman Chandler）

P. 斯蒂芬斯（P. Stephens）

P. S. 蔡斯（P. S. Chase）

帕特丽夏·琳（Patricia Line）

保罗·G. 邓布林（Paul G. Dembling）

保罗·鲍特（Paul Porter）

波琳·里德贝格·米勒斯（Pauline Riedeburg Mills）

潘纳（Penner）

佩顿·福特（Peyton Ford）

菲利普·G. 常（Philip G. Chang）

菲利普·J. 赖利（Philip J. Reilly）

波尔·迪韦（Pol Duwez）

帕克特（Puckett）

拉尔夫·克劳夫（Ralph Clough）

雷斯尼克（Resnick）

理查德·B. 胡德（Richard B. Hood）

理查德·D. 德劳尔（Richard D. Delauer）

理查德·恩格里斯（Richard English）

理查德·N. 路易斯（Richard N. Lewis）

理查德·艾伯特·罗莎诺夫（Richard Albert Rosanoff）

理查德·R. 布赖特（Richard R. Bright）

罗伯特·D. 格兰特（Robert D. Grant）

罗伯特·F. 塞拉斯（Robert F. Sellars）

罗伯特·J. 奥本海默（Robert J. Oppenheimer）

R. J. 特劳杰（R. J. Trauger）

R. J. 西格（R. J. Seeger）

罗伯特·艾克佛（Robert Ekvall）

罗伯特·罗宾逊（Robert Robinson）

罗比雄（Robischon）

罗杰·S. C. 沃尔科特（Roger S. C. Wolcott）

罗伊·M. 戈林（Roy M. Gorin）

罗伊·沃德尔（Roy Waddell）

塞缪尔·G. 麦克尔道尼（Samuel G. Mceldowney）

莎拉·雷斯尼克（Sarah Resnick）

塞弗特（Seifert）

萨特思维尔·奥伯（Shatswell Ober）

雪莉·K. 科恩（Shirley K. Cohen）

西德尼·威因鲍姆（Sidney Weinbaum）

西德尼·W. 索尔斯（Sidney W. Souers）

斯坦利·N. 巴尼斯（Stanley N. Barnes）

萨蒂（Suttie）

西尔万·鲁宾（Sylvan Rubin）

托马斯·J. 克里斯特曼（Thomas J. Christman）

西奥多·冯·卡门（Theodore Von Kármán）

托马斯·亚当森（Thomas Adamson）

托马斯·B. 英格里斯（Thomas B. Inglis）

托马斯·K. 考伊（Thomas K. Caughey）

托·G. 菲纽肯（Thos G. Finucane）

托拜厄斯·G. 克林格（Tobias G. Klinger）

尤·亚力克西斯·约翰逊（U. Alexis Johnson）

文斯·埃里克森（Vince Erickson）

W. C. 福琼（W. C. Fortune）

华莱士·凡得·维尔第（Wallace Vander Velde）

沃尔特·墨菲（Walter Murphy）

沃尔特·H. 帕支汉（Walter H. Padgham）

韦登（Weeden）

惠特克·钱伯斯（Whittaker Chambers）

威拉德·S. 雷顿（Willard S. Layton）

威廉·C. 帕特森（William C. Patterson）

威廉·迪瓦森（William Duvoisin）

威廉·G. 卡彭特（William G. Carpenter）

威廉·海恩斯（William Hynes）

威廉·J. 圣考利（William J. HcCauley）

威廉·J. 凯沙（William J. Kaiser）

威廉·R. 西尔斯（William R. Sears）

威廉·齐施（William Zisch）

威廉·W. 戈德尔（William W. Godel）

威利斯·F. 克尔（Willis F. Cole）

后　记

钱学森回国是钱学森爱国主义精神的最集中体现，是我们进行以爱国主义为核心的民族精神教育的生动教材，也是我们进行社会主义核心价值观教育和“弘扬爱国奋斗精神，建功立业新时代”的典型案例。但长期以来，关于钱学森回国的研究和报道既不够深入，也有失客观，甚至出现人云亦云、以讹传讹的现象，这就影响了教育效果。作为一名接受过历史学专业教育和从事钱学森研究多年的学人，理应从历史的角度对钱学森回国历程做一个全景式的梳理。写一部真实而全面的钱学森回国历史书稿，这不仅是我的梦想，也是我的责任使然、使命所在。

从事该课题的研究始于钱学森资料的征集与整理工作。2009 年 9 月，上海交通大学钱学森图书馆筹建办公室一行五人前往美国国家档案馆新馆、太平洋分馆、波士顿分馆以及钱学森学习、工作单位麻省理工学院和加州理工学院，征集有关钱学森的资料。这些档案馆存有大量钱学森的档案资料，其中大部分资料围绕钱学森回国案件展开，从最初的怀疑到吊销从事机密研究许可证，从发布禁止离境命令到扣押行李，等等。内容非常丰富，材料翔实完整。我在初步翻阅这些资料后，觉得有必要利用这些解密的档案资料还原钱学森回国的全过程，从此开始了相关资料的翻译与梳理工作。另外，为了准备当时手头正在从事的国家社科基金项目《钱学森年谱》的编撰，我尽可能将搜集到的钱学森回国材料以及钱学森案件有关内容准确而完整地补充到《钱学森年谱》中去，并加快了对这部分资料的翻译与整理工作，从而对这部分资料的核心内容和主要线索有了一个比较系统的了解。

2011 年，我试图以这个题目申请国家哲学社会科学规划项目，结果由于论证欠力，最终未获通过。但是我并没有放弃对这个课题的研究和资料的收集，特别是钱学森图书馆馆长、钱学森之子钱永刚教授给我提供了很多有关钱学森回国的资料，弥补了一些钱学森回国的细节。另外，基于前期思考以及个人对相关资料的把握，我仍然觉得这个课题值得深入研究。对这一课题进行研究不仅具有一定的理论价值，也具有重要的现实意义。在与一些友人和专家沟通时，受他们的热切鼓励，2014 年，我仍以该课题申报国家哲学社会科学规划项目。值得一提的是，对于这次前期准备和课题申报，我不仅加大了对相关资料的收集力度，而且对课题研究的价值和意义作了更为深入的思考和更加充分的论证。2014 年 6 月，很荣幸课题获准立项（立项号：14BDJ0023）。随后，我正式开始了课题研究内容的撰写工作。

经过几年的前期资料搜集以及随后两三年的资料梳理和研究，2015 年暑假，初稿终于完成。伏笔掩卷，真是感慨万千，不免想起那些与我一起努力但我不知其名的交大莘莘学子，他们埋头于宁静的图书馆，耕耘在二尺见方的课桌上。有的同学中午吃饭时间仍然或笔耕不辍，或冥思苦想；晚上闭馆，他们仍意犹未尽，依依不舍。是他们的精神深深鼓舞了我，是他们的激情浓烈感染了我，给了我挑灯夜战的精神力量，使我丝毫不敢懈怠，也使年逾不惑的我保持了与学子一样的激情和毅力。我在 2013 年完成博士论文后，利用两年多的时间拿出此书稿。随后，我又花了近一年时间对书稿进行修改、打磨和锤炼。2016年，在纪念钱学森诞辰105周年之际，我将课题成果提交有关部门评审。很荣幸，成果通过全国哲学社会科学规划办公室鉴定，并获优秀等级。从资料搜集到课题申请，再到课题结项，从前期准备到编撰完成，前后历经七年时间，在此期间，有一些领导和专家建议，成果比较成熟可在适当节点出版。结合他们的意见，并根据钱学森图书馆事业发展的需要，特决定在纪念钱学森回国70周年之际出版。

在书稿即将付梓出版之际，我绝不能忘记那些给我提供帮助的领导和各界友人。在我准备这个选题以及筹划钱学森归国70周年活动时，钱学森图书馆馆长钱永刚教授给了我高屋建瓴的指导和鼎力支持。钱学森图书馆的其他领导郑成良教授、张凯同志、盛懿研究馆员也给予殷切鼓励和全方位的关心。香港中央图书馆原馆长、九龙公共图书馆馆长伍志强先生慷慨相助，为我提供了钱学森抵达香港和离港时的很多媒体报道，内容鲜活而生动，为本书添彩颇多。香港大学机械工程系副教授黄明欣博士以及上海交通大学赴香港大学交流生小李为我到香港大学图书馆查找资料提供了诸多便利。我在准备资料的过程中，钱学森驶抵菲律宾的资料略显单薄，通过阅读有关文献，了解到华侨大学的朱东芹老师专门就菲律宾的媒体写了很多高质量的论文。于是，我想方设法联系到朱东芹副教授，通过她研究菲律宾报纸多年积累的资源和人脉，联系到菲律宾华裔青年联合会会长吴文焕先生。吴先生不会用电脑，每次写好信件后都要通过菲籍秘书安娜（Ana）小姐拍照后给我传过来。他还联系到当年在马尼拉采访钱学森的林孙美玉，将她写的自传中同钱学森的对话记录扫描给我。更让我感动的是，吴文焕先生拖着年迈的身体，亲自到菲律宾国家图书馆帮助我查到了《马尼拉时报》中有关钱学森抵达马尼拉的报道，对我襄助良多，弥补了钱学森抵达菲律宾这方面资料不足的缺憾。吴先生的鼓励更是我前进、不敢懈怠的动力。另外，钱学森案件正值艾森豪威尔总统执政时期，因此根据个人直觉推断，艾森豪威尔总统图书馆可能会有这方面的资料。由于以前没和他们有任何联系，我抱着试一试的心态冒昧给他们发去邮件。没有想到，艾森豪威尔总统图书馆的凯文·M. 贝利（Kevin M. Bailey）很快给我回复，并提供了有关钱学森案件的珍贵档案资料。

本书第一章第一节作为背景交代，大部分内容是依托在海外研修并以美国反共思潮作为研究对象的蔺晓林博士完成的。无论是他的硕士论文还是博士论文，他在麦卡锡主义领域已经辛勤耕耘了很多年，在这方面研究颇深。还有我的多年好友，也是外语专业的科班博士曹勇衡、赵飞副教授，可以说是我的翻译顾问。在翻译中遇到一些困惑或者比较纠结的地方，他们都给予我细致入微的解答和无私的帮助。虽然他们在 2013 年、2014 年先后到美国和英国作访问学者，有相当繁重的研究任务，工作也特别紧张，但他们都是有求必应，给了我莫大的支持。在资料翻译方面，我的同事邱文佳也给了我很多帮助。

在课题准备、论证以及完成过程中，我的博士生导师沐涛教授以及学术前辈王斯德先生都给予我连绵不断而影响深远的殷切鼓励。中央文献出版社总编杨茂荣编审、中国社会科学院当代研究所副所长张星星研究员、原上海市委党校副校长夏军教授对整本书稿提出了很好的意见和建议。西北大学教授孟凯韬先生冒着酷暑对文稿进行了全面审读，不仅对内容提出了许多真知灼见，而且从形式上作了一些修改。钱学森图书馆史贵全研究馆员对部分内容提出了审阅意见。《上海航天报》原总编游本凤研究员也先后两次协助审改书稿。中央党校李庆刚教授和华东师范大学陈春常博士也给了我很多细致入微但难以忘怀的关心和支持。我的同事汪长明和李梦涵同志协助审校了本书部分章节，特别是汪长明同志在本书稿送出版社前还协助我对部分文字进行仔细打磨。我的师弟卢平平在准备硕士论文答辩时也挤出时间帮助修改书稿。这一期间他还受伤，却仍然抱伤坚持审改，并提出了非常好的修改意见。扈阳同学武汉大学毕业后，在上海自学备考上海交通大学的硕士研究生。在他完成2016年研究生入学考试的第二天，他就接受了我的请求，拿起此书稿开始了核校工作。虽然岁末年终，虽然经过紧张备考他已身心俱惫，但他还是克服种种困难协助我全面梳理了一遍，不仅系统修改了不准确的措辞，而且明确指出了书稿中的错别字，对书稿质量的提升帮助很大。

华东师范大学陈波副教授参与其中一次听证会材料的校对工作，我的同事徐娜参与一次听证会的翻译工作，上海交通大学凯原法学院硕士研究生桂俪宁也参与了其中一次听证会记录的校对工作，华东政法大学国际法方向硕士研究生李寒玉则对四次听证会全记录协助核校了一遍，这些都对保证听证会内容的准确和完整帮助很大。需要说明的是，虽然听证会句子不长，但有些对话翻译的难度比较大，的确要发挥“蚂蚁啃骨头”的精神，反复阅读，一点点啃，一点点琢磨，才能彻底理顺句子，精准理解句子意思。

书稿完成后，原中共中央党史研究室副主任高永中先生和中国航天系统科学与工程研究院院长薛惠锋教授全面通读了本书稿，给予了关心、肯定和鼓励，并积极协助联络出版。在此深表谢忱。

最后，要特别感谢的则是我的家人，妻子牺牲了很多休息时间，照理家务，使我衣来伸手饭来张口，给了我很多时间从事研究工作。平时，她承担了绝大部分送孩子上学的任务，让我每天在上班时间提前一个多小时到校，尽早来到办公室梳理资料。周末，也是她陪着孩子一起到市里上课、学习，使我可以到学校工程馆自修室安心学习。女儿不仅懂事，她还在精神上给我鼓励，女儿也是本书的第一位读者，她利用假期时间，通读了本书稿，对部分语句做了很多提炼和梳理，特别是语言表达中指代不清的地方给我明确指出并作了一些修改。

应该说，《破浪——钱学森的回国历程（1950—1955）》是众友扶携的结果，是我多年“学习钱学森，研究钱学森”的一个成果。2015 年，全国很多地方都以不同形式举行了纪念钱学森归国 60 周年活动，我也有幸受邀参加了上海、内蒙古和浙江等地的纪念活动。在这些纪念会上，我以该课题的主要内容作了主题报告，引起了与会专家、学者的极大兴趣，这给了我莫大的鼓舞和鞭策。我也真诚希望并努力将课题做得更加完美、扎实。

资料是课题研究的基础和保障。为了将课题的资料收集得更加完整、全面，为了使论证更具说服力，为了将细节刻画得更加生动，无论中文资料还是英文资料，只要我想到并且与本课题有关的，我都会努力去查找。另外，与钱学森回国有关人物的图书、访谈等材料，我也不会轻易放过。例如，在英文 Yahoo 网站有一些公开的英文资料，我在查找一些与钱学森旅美期间相关重要人物时，不仅查到了他们的图片资料，而且找到了几份完整的访谈记录。在这些访谈材料中，受访者专门谈到了他们所了解的钱学森回国的一些细节，虽然每一份访谈笔录针对这一内容翻译出来也就区区三四百字，但我感到异常珍贵，因为这是围绕钱学森案件有关当事人的亲历、亲见，也是最让人口服心服的材料。我时常将资料查找比作沙里淘金、履滩拾贝，虽然每一次捡到的只是一个个零金碎玉，但这些零金碎玉多了也会熔铸成光彩夺目的人物雕塑。每一次淘金、捡玉、拾贝，都会让我体会到成功的乐趣，给我带来一份发自内心的惊喜。可以说，课题研究的过程也是惊喜不断发现的过程。

在资料搜集方面，虽然我发扬了傅斯年先生所说的“上穷碧落下黄泉，动手动脚找东西”的精神，也可谓不遗余力、煞费苦心，但由于还有一些资料没有完全掌握，不可能对钱学森回国做毫无盲区的扫描，因此对钱学森回国更进一步的细节没法全面刻画。在措辞和行文规范方面，虽然我经常利用乘坐校班车之机拿出书稿对文字反复琢磨，不断推敲，细加厘定，虽然抱着“书稿在白纸黑字付梓出版之前尽量少留遗憾”的初衷，或许仍会留有一些缺憾。另外，涉及美国一些机构以及听证会专业术语的翻译，虽然我请教了这方面的专家和学者，仍有待提高之处。学力有限，不足和疏漏在所难免，恳请读者、专家和同行给予批评指正。

张现民

2025 年 7 月